תלמוד בבלי

— מהדורת נאה —

בבא קמא חלק ד

Steinsaltz Center

KOREN

Please note that the number ranges that appear at the bottom of each daf of the Vilna pages indicate the corresponding pages of the Koren Talmud Bavli translation and commentary.

תלמוד בבלי

הוצאת קורן ירושלים

— מהדורת נאה —

מסכת בבא קמא
דף נה: עד דף סב:

COMMENTARY BY

Rabbi Adin Even-Israel Steinsaltz

EDITOR-IN-CHIEF

Rabbi Dr Tzvi Hersh Weinreb

EXECUTIVE EDITOR

Rabbi Joshua Schreier

•

STEINSALTZ CENTER

KOREN PUBLISHERS JERUSALEM

הכונס

הכונס צאן לדיר ונעל בפניה כראוי, ויצאה והזיקה — פטור; לא נעל בפניה כראוי, ויצאה והזיקה — חייב. נפרצה בלילה או שפרצוה לסטים, ויצאה והזיקה — פטור. הוציאוה לסטים — לסטים חייבין. הניחה בחמה, או שמסרה לחרש שוטה וקטן, ויצאה והזיקה — חייב. מסרה לרועה — נכנס הרועה תחתיו. נפלה לגינה ונהנית — משלמת מה שנהנית, ירדה כדרכה והזיקה — משלמת מה שהזיקה. כיצד משלמת מה שהזיקה? שמין בית סאה באותה שדה, כמה היתה יפה וכמה היא יפה; ר' שמעון אומר: אכלה פירות גמורים משלמת פירות גמורים, אם סאה — סאה, אם סאתים — סאתים.§

גמ' ת"ר: איזהו כראוי, ואיזהו שלא כראוי? דלת שיכולה לעמוד ברוח מצויה — זהו כראוי, שאינה יכולה לעמוד ברוח מצויה — זהו שלא כראוי. א"ר מני בר פטיש: מאן תנא מועד דסגי ליה בשמירה פחותה? ר"י היא; דתנן: קשרו בעליו במוסירה ונעל לפניו כראוי, ויצא והזיק, אחד תם ואחד מועד — חייב, דברי ר"מ; ר' יהודה אומר: תם — חייב, מועד — פטור, שנאמר: "ולא ישמרנו בעליו", ושמור הוא זה; ר"א אומר: אין לו שמירה אלא סכין. אפילו תימא ר"מ, שאני שן ורגל, דהתורה מיעטה בשמירתן. דאמר ר' אלעזר, ואמרי לה במתניתא תנא: ארבעה דברים התורה מיעטה בשמירתן, ואלו הן: בור ואש, שן ורגל. בור — דכתיב: "כי יפתח איש בור או כי יכרה איש בור ולא יכסנו", הא כסהו — פטור; אש — דכתיב: "שלם ישלם המבעיר את הבערה", עד דעביד כעין מבעיר; שן — דכתיב: "ובער בשדה אחר", עד דעביד כעין "ובער"; רגל — דכתיב "ושלח", עד דעביד כעין "ושלח". ותניא: "ושלח" — זה הרגל, וכן הוא אומר: "משלחי רגל השור והחמור". "ובער" — זה השן, וכן הוא אומר: "כאשר יבער הגלל עד תומו"; טעמא דעביד כעין "ושלח" "ובער", הא לא עביד — לא. אמר רבה: מתניתין נמי דיקא, דקתני "צאן"; מכדי בשור קא עסקינן ואתי — ניתני "שור", מאי שנא דקתני "צאן"? לאו משום דהתורה מיעטה בשמירתן? לאו, משום דכאן קרן לא כתיבא בה, שן ורגל הוא דכתיב ביה, וקמ"ל דשן ורגל דמועדין הוא, ש"מ.§ תניא, אמר ר' יהושע: ארבעה דברים, העושה אותן פטור מדיני אדם וחייב בדיני שמים, ואלו הן: הפורץ גדר בפני בהמת חבירו, והכופף קמתו של חבירו בפני הדליקה, והשוכר עדי שקר להעיד, והיודע עדות לחבירו ואינו מעיד לו.§ אמר מר: הפורץ גדר בפני בהמת חבירו. ה"ד? אילימא בכותל בריא — בדיני אדם נמי ניחייב! אלא בכותל

(שמות כא) (שם) (שם כב) (שם) (ישעיה לב) (מלכים א יד)

הכונס פטור. דהא נטרה, ומאי הוי ליה למעבד? הניחה בחמה. מלעברא לה שמשא, ולא סגי ליה בנעילה כראוי, דמוקמינן בגמרא דהיינו דלת שיכולה לעמוד ברוח מצויה. נכנס הרועה תחתיו. להתחייב בנזקין. נפלה לגינה. באונס, מגג בעלה הסמוך לגינת חבירו, או שהיתה רה"ר גבוה מן הגינה ונפלה. מה שנהנית. לפי הנאתה ולא לפי היזקה. שמין בית סאה באותה שדה. אין שמין את הערוגה לבדה — מפני שמפסיד מזיק, ששמין אותה בכל שוויה, ורחמנא אמר: "ובער בשדה אחר" ודרשינן בגמ': מלמד ששמין אותו על גב שדה אחרת. אלא שמין בית סאה באותה שדה כמה היתה יפה קודם שנאכלה ממנה הערוגה הזאת, וכמה היא יפה עכשיו. והשתא לא משלם כולהו דמיה, דמי שלוקח בית סאה כשהיא בתבואתה — אינו מוזלזל בה בשביל הפסד ערוגה אחת כי אם דבר מועט. ר"ש אומר אכלה פירות גמורין. שכבר בישלו כל צרכן. משלמת. כל ההיזק. והיכא דשיימינן אגב שדה — היכא דעדיין לא נגמרו. גמ' מאן תנא מועד בשמירה פחותה סגי ליה. מני מתני' דאמר: לאן שהזיקה בשן ורגל הוא, דהיינו מועד בתחילתו — סגי לה בנעילה כראוי, דהיינו שמירה פחותה, כדאוקימנא, שיכולה לעמוד ברוח מצויה, ואי אתי רוח שאין מצויה — לא קאי. קשרו בעליו. לשור. "ונעל בפניו כראוי" גרסי'. תם חייב. דלא סגי ליה בפחותה. וטעמא דר' יהודה בפרק "שור שנגח ד' וה'" (לעיל דף מה:). ר"א. פליג אתרוייהו. דאילו ר"מ מיהו בשמירה מעולה סגי ליה, ור"א סבר: לית ליה נטירותא למועד. הא כסהו. אפי' פורתא, ולא בעי עד דטאיס ליה בעפרא. כעין מבעיר. בפשיעה. כעין ובער. כעין שמאכילה לבהמתו בידים, כלומר בפשיעה. מתני' נמי דיקא. דטעמא משום דהתורה מיעטה. אבל בקרן מועדת לאו כר"י ס"ל. מדקתני צאן. דאין היזקה אלא בשן ורגל. עסקינן ואתי. כולהו פירקי עד השתא. פטור מדיני אדם. קסבר: גרמא בנזקין פטור. הפורץ גדר. ויצאתה הבהמה וברחה. הכופף קמתו. לצד הדליקה, כדי שתתבער בה האש. אי בכותל בריא בדיני אדם נמי ניחייב. מיהא אכותל, דהא בידים עבד. [א] ולבהמה ליכא למימר דמחייב, דהא תנן: פרצוה לסטים פטור. בכותל

(תורה אור)

הכונס צאן לדיר. זה היה ראוי לשנות לעיל בהדי מילי דשור, דלא היה לו להפסיק במילי דבור. אלא אגב דתנא נפל לבור והבאיש מימיו — תנא בתריה מילי דבור. א"נ: מילי דבור ראוי לשנות תחילה קודם שישנה דיני שמירה, וגם דיני אש היה ראוי לשנות תחילה. אלא אגב דתנן כסהו כראוי בבור, דהוצרך להזכיר דין פותח וכורה שבו דבר הכתוב — תנא נמי הך דנעל בפניה כראוי. **נפרצה** בלילה. אע"פ דתנא נעל בפניה כראוי פטור, אצטריך למתני נפרצה בלילה פטור, כדדייק בפ"ק (דף יד.): הא ביום — חייב, דקלא אית ליה למילתא ומסתמא ידע שנפרצה. אי נמי, בלילה אפילו נודע לו שנפרצה ויצתה הבהמה אין לו לטרוח יותר מדאי לחזר אחריה באפילה. **או** שפרצוה לסטים. ואצטריך לאשמועינן דאפילו הלסטים פטורים כשלא הוציאוה.

מאן תנא מועד בשמירה פחותה סגי ליה. לא בעי למימר דמתני' בין בתם בין במועד, וכדר"א בן יעקב בפרק "ד' וה'" (לעיל דף מה:), דמשמע ליה דמתני' במועד לחודיה איירי, מדנקט לאן דאין רגילות להיות בהן קרן אלא שן ורגל, שאין רגילות שיתכוונו להזיק, דהכי דייק בסמוך. וס"ל לגמרא השתא דמועד דשן ורגל כמועד דקרן, ולהכי קאמר: ר"י היא, דלר"מ כי היכי דבעי שמירה מעולה במועד דקרן — ה"נ בעי בשן ורגל. אע"ג דבקרן קרא כתיב — נלמוד סתום מן המפורש. ועוד: דכולהו נזקין כתיב בתר קרן, וקיימא אההוא דין שמירה המפורש בה. **רבי** יהודה היא. קצת תימה, דר"י דריש לעיל (דף מה:): "ולא ישמרנו" לזה ולא לאחר.

התורה מיעטה בשמירתם. ואע"ג דלעיל בפ"ב (דף כה:) הוה בעי למילף דשן ורגל חייב ברשות הרבים מק"ו מקרן, וכן בעי למילף למפטר קרן ברה"ר משן ורגל בק"ו אי לאו קראי, ולא פרכינן שכן מיעטה בשמירתם — משום דאין שייך להקשות משמירה אתשלומין. אי נמי, כר"א בן יעקב דאמר: אחד תם ואחד מועד סגי ליה בשמירה פחותה. **הא** כסהו פטור. וא"ת: ודלמא בכסוי מעולה הרבה קאמר. וכ"ת: למה לי קרא — דסד"א עד דטאיס ליה, כדאמר לעיל (דף נ.)! וי"ל: דפשיטא ליה דכסוי מעולה כטאיס ליה חשיב. אי נמי: השוה הכתוב הכורה לפותח, ופותח שמלאו מכוסה בכיסוי כעין שמירה פחותה — מסתמא לא החמירה עליו לכסותו בכיסוי מעולה יותר מן הראשון, ולא אמר הכתוב "לא יכסנו" אלא בכסוי הראשון, ואפותח ואכורה קאי בשוה. ובקונטרס משמע דכל כיסוי עד דטאיס ליה חשיב כשמירה פחותה. **עד** דעביד כעין וביער. אף על גב דבריש מכילתין (דף ג.) דרשינן מיניה אזלא ממילא — מ"מ מדלא כתיב "ובערה" ש"מ (א) אדאדם נמי קאי. **אילימא** בכותל בריא בדיני אדם נמי ליחייב. פי': אכותל. דאבהמה ודאי לא מיחייב בפריצת גדר בעלמא, דאין זה אלא גרמא בעלמא. וי"ס שכתוב בהן בהדיא "אכותל". וא"ת: נהי דחייב אכותל, נימא דפטור מדיני אדם קאי אבהמה! וי"ל: דלא שייך למתני פטור מדיני אדם אם היה שום חיוב, או בבהמה או בכותל. אבל כשמתרץ בכותל רעוע, אע"ג דאין דומה שיתחייב בדיני שמים על הכותל שהוא רעוע כל כך שיפול ברוח מצויה, או אפילו ברוח שאינה מצויה — מ"מ שייך למתני חייב בדיני שמים, כיון שיש דבר שהוא חייב בו, כגון הבהמה. והשתא א"ש דנקט בפני בהמת חבירו, ולא נקט "הפורץ גדר של חבירו" — דאכותל לא מיחייב, כדפרישית. והא דקאמר לקמן: מהו דתימא דכיון דלמסתר קאי, מאי קעביד? משמע דחייב בידי שמים קאי נמי אכותל — י"ל דה"ק: כיון דלמסתר קאי, שהבעלים מצווין לסותרו שלא יפול על בני אדם — ס"ד דכל הקודם במצוה זכה, ואין לזה להניח מלסתור בשביל בהמת חבירו, ובדיני שמים נמי לא ליחייב — קמ"ל. אי נמי, כלומר: למסתר ולמיפל קאי. [ועי' תוס' סנהדרין עז. ד"ה בנזקין]

אילימא

עין משפט נר מצוה

א א מיי' פ"ד מהלכות נזקי ממון הל' א סמג עשין סו סח טוש"ע ח"מ סי' שצו סעיף ב:
ב ב מיי' שם טוש"ע שם סעיף א:
ג ג מיי' שם טוש"ע שם סעיף ב:
ד ד מיי' שם טוש"ע שם סעיף ג:
ה ה מיי' שם הלכה ה טוש"ע שם סעיף ה:
ו ו מיי' שם הלכה ו טוש"ע שם סעיף ו:
ז ז מיי' שם הלכה ד טוש"ע שם סעיף ח:
ח ח ט מיי' שם פ"ג הלכה יא סמג שם טוש"ע ח"מ סי' שצד סעיף א:
ט י מיי' פ"ד שם הלכה יג טוש"ע שם סעיף ד:
י כ מיי' שם הלכה יד טוש"ע שם סעיף ה:
יא ל מיי' שם פ"ד הל' א סמג שם טוש"ע ח"מ סי' שצו סעיף א:
יב מיי' שם פ"ז הל' א סמג שם טוש"ע שם:
יג נ ס ע מיי' פ"ד מהל' נזקי ממון הל' ב ועיין בהשגות ובמ"מ סמג שם טוש"ע שם סעיף ד:

מסורת הש"ס

[עי' תוס' לקמן נז: ד"ה נפלה]

[עי' לקמן נח: תוס' ד"ה שמין ותוס' ב"ב נט: ד"ה שמין]

לעיל מה: [לקמן נט: ועי' תוס' שבת נב. ד"ה קשרה]

לעיל כ:

[תוספתא שבועות פ"ג ע"ש]

הגהות הב"ח

(א) תוס' ד"ה עד וכו' ש"מ דאלאדם נמי:

הגהות הגר"א

[א] רש"י ד"ה אי בכותל כו' ולבהמה כו'. נ"ב וכן פי' תוספות כאן ובסנהדרין אבל כתבו שם די"ל דגם לבהמה חייב בנזקיה וכ"ד דמתני' מיירי בנזקיה וכ"ד הרמ"ה. והרמב"ם כ' דלא בנזקיה מיחייב כאן משום דמתכוון (ועי' בהגר"א בח"מ סי' שצו סק"ח וס"ק י').

גמרא

בכותל רעוע. אמר מר: [א]הכופף קמתו של חבירו בפני הדליקה. היכי דמי? אילימא דמטיא ליה ברוח מצויה — [ב]בדיני אדם נמי נחייב! [ג]אלא דמטיא ברוח שאינה מצויה. ורב אשי אמר: [ד]טמון אתמר, משום דשוייה טמון באש.§ אמר מר: [ה]השוכר עדי שקר. ה"ד? אילימא לנפשיה — [ו]ממונא בעי שלומי, ובדיני אדם נמי ניחייב! [ז]אלא לחבריה. [ח]והיודע עדות לחבירו ואינו מעיד לו. במאי עסקינן? אילימא בבי תרי — פשיטא, [ט]דאורייתא הוא, °"אם לא יגיד ונשא עונו"! [י]אלא בחד. ותו ליכא? והאיכא (סימן: העושה בסם ושליח חבירו נשבר): *[כ]העושה מלאכה במי חטאת ובפרת חטאת — פטור מדיני אדם וחייב בדיני שמים! והאיכא: *הנותן סם המות בפני בהמת חבירו — פטור מדיני אדם וחייב בדיני שמים! והאיכא: *[ל]השולח את הבערה ביד חרש שוטה וקטן — פטור מדיני אדם וחייב בדיני שמים! והאיכא: *[מ]המבעית את חבירו — פטור מדיני אדם וחייב בדיני שמים! והאיכא: *נשברה כדו ברה"ר ולא סלקה, נפלה גמלו ולא העמידה — ר"מ מחייב בהזיקן, וחכ"א: פטור בדיני אדם וחייב בדיני שמים! אין, מיהא איכא טובא, והני אצטריכא ליה, מהו דתימא: בדיני שמים נמי לא ליחייב, קמ"ל; הפורץ גדר בפני בהמת חבירו — מהו דתימא: כיון דלמסתריה קאי מה עביד, בדיני שמים נמי לא ליחייב, קמ"ל. הכופף קמתו של חבירו נמי — מהו דתימא: לימא מי הוה ידענא דאתיא רוח שאינה מצויה, ובדיני שמים נמי לא ליחייב, קמ"ל. ולרב אשי דאמר נמי טמון איתמר, מהו דתימא: אנא כסויי כסיתיה ניהלך, ובדיני שמים נמי לא ליחייב, קמ"ל. והשוכר עדי שקר נמי — מהו דתימא: לימא *דברי הרב ודברי התלמיד, דברי מי שומעין, ובדיני שמים נמי לא ליחייב, קמ"ל. והיודע עדות לחבירו ואינו מעיד לו נמי — מהו דתימא: מי יימר דכי הוה (*אתינא) מסהדינא ליה הוה מודה? דלמא הוה משתבע לשקרא, ובדיני שמים נמי לא ליחייב, קמ"ל.§ "נפרצה בלילה, או שפרצוה לסטים" כו'.§ אמר רבה: והוא שחתרה. אבל לא חתרה, מאי — חייב? היכי דמי? אילימא בכותל בריא — כי לא חתרה אמאי חייב? מאי ה"ל למעבד? אלא בכותל רעוע — כי חתרה [נ]אמאי פטור? תחלתו בפשיעה וסופו באונס הוא! הניחא למ"ד: *תחילתו בפשיעה וסופו באונס — פטור, אלא למ"ד: תחילתו בפשיעה וסופו באונס — חייב, מאי איכא למימר? אלא, מתני' בכותל בריא, ואפילו לא חתרה, וכי איתמר דרבה — אסיפא איתמר: הניחה בחמה, או שמסרה לחרש שוטה וקטן, ויצתה והזיקה — חייב. אמר רבה: [ס]ואפי' חתרה. לא מבעיא היכא דלא חתרה, דכולה בפשיעה הוא. אלא אפי' חתרה נמי; מהו דתימא: הויא לה תחילתו בפשיעה וסופו באונס, קמ"ל דכולה פשיעה היא, מ"ט? דאמר ליה: מידע ידעת דכיון דשבקתה בחמה, כל *טצדקא דאית לה למיעבד עבדא ונפקא.§ "הוציאוה לסטים — לסטים חייבין".§ פשיטא

תורה אור: ויקרא ה

רש"י

בכותל רעוע. דלא אפסדיה, דלמסתר קאי. דמטי ליה. כשכפפה הגיע בה הדליקה. ברוח מצויה. הרי בידים הבעיר, ובדיני אדם ניחייב. ברוח שאינה מצויה. דמידי דלא סלקא אדעתיה היא. טמון איתמר. שכיסה קמת חבירו בסדינין כשבאה דליקה אצלה, והוא לא שלח את הבערה. ושוייה טמון, וגרם להפסיד את הניזק ולפטור את המבעיר, דפטור על טמון באש. לנפשיה. להוציא ממון מחבירו לעצמו. ממונא בעי לשלומי. אותו ממון שהוציא חייב להחזיר. לחבריה. שכר עדי שקר להוציא מנה מראובן לשמעון. פשיטא דאורייתא הוא. דחייב בדיני שמים. אם לא יגיד. בתרי קא משתעי, מדקפיד אהגדה משמע שאילו מגידין מתחייב זה ממון, ועוד קי"ל (סוטה דף ב:): כל מקום שנאמר עד – הרי כאן שני עדים, עד שיפרט לך הכתוב אחד, כדכתיב: "לא יקום עד אחד באיש" (דברים יט). אלא בחד. שמחייבו שבועה. ובדיני שמים מיחייב, דאי הוה מסהיד מחייב ליה שבועה, ודלמא לא הוי משתבע בשיקרא, ומשלם. ותו ליכא. דחייבינן בדיני שמים. העושה מלאכה במי חטאת. ששקל כנגדן משקלות, במסכת גיטין (דף נג.), והן נפסלין במלאכה. פטור מדיני אדם. דהיזק שאינו ניכר לא שמיה היזק. וכולהו הני תיובתי מתנייתא נינהו. המבעית. תקע לו באזנו פתאום ובעתו, דלא עבד ביה מעשה בגופו. ר"מ מחייב בהזיקן. פלוגתייהו מיפרשא ב"המניח את הכד" (דף כט.) בנתקל פושע, ובמפקיר נזקיו. אנא כסויי כסיתיה. שלא תבעיר בה האש מהר. דברי הרב שומעין. והיה להם שלא יעידו. והוא שחתרה. הא דתנן נפרצה בלילה פטור – כגון שחתרה הבהמה והפילה הכותל, דאנוס הוא. אבל לא חתרה. אלא מעצמה נפלה. תחילתו בפשיעה. אגב נפילה, דעביד למיפל. וסופו באונס. דהא לא נפלה, אלא חתרה. הניחא למאן דאמר כו'. פלוגתא היא בסוף "המפקיד" (ב"מ דף מב.) תרי לישני דתלמוד אליבא דרב יוסף. ה"ג: אלא מתני' בכותל בריא ואפילו לא חתרה. הניחה בחמה כו' אמר רבה ואפילו חתרה. וכותל בריא. תחלתו בפשיעה. שהניחה בחמה, ופשיעה היא אגב פתיחת הדלת, דאמרינן לקמיה: כל תחבולות שיכולה לעשות עושה אגב צערה. וסופו באונס. שחתרה. טצדקא. תחבולות.

כיון

תוספות

אילימא דמטיא ליה ברוח מצויה בדיני אדם נמי ליחייב. וא"ת: כיון שאין חילוק בין מקרב דבר אצל האש ובין מקרב האש אצל הדבר, אמאי אמרינן בפרק "כל הנשרפין" (סנהדרין דף עז. ושם*): כפתו במקום שסוף חמה או צינה לבא — פטור? ליחייב, למ"ד אשו משום חציו. וכן כפתו לפני ארי! וי"ל: דודאי אי כפתו והביאו במקום שסוף חמה או צינה לבא, או ארי — חייב. אבל התם איירי שכפתו במקום שהיה, ולא הזיזו ממקומו. ולא הוי מלמלם, הואיל והחמה והצינה והארי אין עליו בשעת כפיתה. והא דאתקיל עליה בדקא דמיא, אפילו כפתו והביאו שם ואח"כ אתקיל — פטור, דדמי לזורק חץ ותריס בידו, ואפילו קדם הוא ונטלו פטור. וא"ת: והיא דהסיך בו את הנחש דפטור, למ"ד מעצמו הוא *מכיש, אמאי פטור? לפי מה שפירש בשמעתין ד"פי פרה" (דף כג:) ששם ידו לתוך פיו והסיך — ליחייב משום אשו, דודאי הנחש יזיק האדם! וי"ל: דשאני התם, שאין הארס עדיין בעולם.

ממונא בעי לשלומי. וכי תימא: פטור מדיני אדם משום דלא ידעי' שהם עדי שקר! מ"מ כיון שאם היינו יודעין שהם עדות שקר משלם, אין שייך למיתני פטור מדיני אדם. אלא לחבריה. כגון שאין לחבריה מה לשלם, או שהלך למדינת הים, או כגון שאין אנו יודעים שהם עדי שקר. ודוקא שוכר, אבל אמר — פטור מדיני שמים, דסבור שלא ישמעו לו. דאין נראה לומר דנקט שוכר לאשמועינן דאפי' שוכר פטור מדיני אדם — שאין זה שום חידוש, ולקמן לא עביד צריכותא אלא מדיני שמים. ועוד דבפירקין תנן (דף נט:): השולח את הבערה ביד חש"ו — פטור מדיני אדם וחייב בדיני שמים, שלא ביד פקח — הפקח חייב. משמע דשולח פטור אף מדיני שמים.

פשיטא אם לא יגיד וכו'. וא"ת: ה"מ כשעבר על שבועתו, כדכתיב "ושמעה קול אלה"! וי"ל דה"ק קרא: כשעובר (א) בדבר שאם לא יגיד היה נושא עון — אז יביא קרבן שבועה. אבל בלא שבועה נמי איכא נשיאות עון, כדמוכח במתני' ב"אחד דיני ממונות" (סנהדרין דף לז:). ודוקא בב"ד, דכשאומרים אין אנו יודעים להעיד שוב אינם יכולין להעיד, דכיון שהגיד שוב אינו חוזר ומגיד, והיינו "אם לא יגיד" דקרא. אבל חוץ לב"ד — אין לחוש, שיכול לחזור ולהעיד.

העושה מלאכה במי חטאת. עד שלא נתן האפר, כדתניא במס' פרה (פ"ד מ"ד): פרה נפסלת במלאכה עד שתעשה אפר, והמלאכה פוסלת במים עד שיטיל האפר לתוכה. ובספרי יליף מקרא: יכול אף קדשן — ת"ל "למשמרת למי נדה" ולא שכבר מי נדה. פטור מדיני אדם. בפ' "הניזקין" (גיטין נג.) פריך מיניה למ"ד היזק שאין ניכר שמיה היזק. אבל הני אצטריך ליה. וא"ת: הנותן סם המות נמי חידוש הוא למיתני, כדאמרינן לעיל (דף מז:), דאפילו סם המות, דלא עבידא דאכלה — חייב בדיני שמים! ושמא אין כל כך חידוש. כסויי כסיתיה. וא"ת: גלוי וידוע למקום למה נתכוין, אם לטובה אם לרעה! וי"ל: דאפי' במתכוין לטובה שלא ימהר לשרוף ויוכל להציל בעל הבית בתוך כך, מ"מ בדיני שמים חייב, דאיבעי ליה לאזדהורי ולאסוקי אדעתיה שלא יבא לו הפסד בכך. מהו דתימא הויא לה תחלתו בפשיעה וסופו באונס קמ"ל דכולהו פשיעה היא. ק"ק: דה"ל למימר: מהו דתימא כולה אונס הוא, וכגון שנעל כל כך יפה שאינה יכולה לצאת אלא בחתירה — קמשמע לן דפושע הוא אגב חתירה, שהניחה בחמה.

פשיטא

מסורת הש"ס

לקמן נח. גיטין נג. — לעיל מז: — לקמן נט: — קדושין כד: לקמן נח. — לעיל כח: לקמן נט: ב"מ פב: — [קדושין מב: סנהדרין כט. תמורה כה. נדה יד:] — רש"ל מ"ז — לעיל כח: וש"נ — [מנחות מח.] — [ד"ה סוף] — [נ"ל מקיא]

עין משפט נר מצוה

יד א ב ג מיי' פי"ד מהלכות נ"מ הל' יד סמג עשין סט טוש"ע ח"מ סי' תיח סעיף יא:

טו ד מיי' שם טוש"ע שם סעיף טז:

טז ה מיי' פי"ז מהלכות עדות הלכה ז סמג לאוין כח טוש"ע ח"מ סי' לב סעיף ב:

יז ו מיי' שם טוש"ע שם בהג"ה:

יח ז מיי' שם סמג שם וטוש"ע שם:

יט ח מיי' שם סמג שם טוש"ע ח"מ סי' כח סעיף א:

כ ט מיי' פ"א מהלכות עדות הלכה א סמג עשין קח טוש"ע שם ועיין בכ"מ ובב"י שם:

כא י מיי' שם פי"ז הל' ז סמג שם טוש"ע שם:

כב כ מיי' פ"ז מהל' חובל ומזיק הלכה ה ועיין במ"מ:

כג ל מיי' פי"ד מהל' נזקי ממון הלכה ה סמג עשין סט טוש"ע ח"מ סי' תיח סעיף ז:

כד מיי' פ"ב מהלכות חובל ומזיק הל' ז סמג שם טוש"ע ח"מ סי' תכ סעיף לב:

כה נ מיי' פ"ד מהל' נזקי ממון הלכה א סמג עשין סח טוש"ע ח"מ סי' שצו סעיף א:

כו ס מיי' שם טוש"ע שם סעיף ה:

הגהות הב"ח

(א) תוס' ד"ה פשיטא וכו' כשעובר על שבועתו בדבר שאם לא יגיד:

גליון הש"ס

רש"י ד"ה אם לא יגיד וכו' ועוד קי"ל. תמוה לי הא באמת היכא דעד אחד מועיל בעדותו לחייב ממון חייב קרבן שבועה כדאמרי' בשבועות רפ"ד הכל מודים בעד סוטה וכו' ובתוס' ריש סוטה ד"ה כל הקשו באמת אמאי לא אמרינן דהוא עד הייט ב' דוקא. וע"ש מה שתירצו אבל לרש"י דכ"כ לקושטא דמילתא דהוא עד הייט ב' דוקא צ"ע: ד"ה פטור וכו' דהיזק שאינו ניכר לא שמיה היזק. קשה למ"ש רש"י תחלה העושה מלאכה ששקל בהן משקלות ובזה אף למ"ד דשמיה היזק פטור ע"ש בגיטין וצ"ע:

פְּשִׁיטָא, כֵּיוָן דְּאַפְּקוּהָ קַיְימָא לָהּ בִּרְשׁוּתַיְיהוּ לְכָל מִילֵּי! לָא צְרִיכָא, דְּקָמוּ לָהּ בְּאַפָּהּ; כִּי הָא דְּאָמַר רַבָּה אָמַר רַב מַתָּנָה אָמַר רַב: [א]הַמַּעֲמִיד בֶּהֱמַת חֲבֵרוֹ עַל קָמַת חֲבֵירוֹ – חַיָּיב. מַעֲמִיד פְּשִׁיטָא! לָא צְרִיכָא, דְּקָם לָהּ בְּאַפָּהּ. אֲמַר לֵיהּ אַבַּיֵי לְרַב יוֹסֵף: [ב]הִכִּישָׁהּ אָמְרַתְּ לָן, [ג]וְלִסְטִים נַמִי דְּהִכִּישׁוּהָ.§ "מְסָרָהּ לְרוֹעֶה – נִכְנַס הָרוֹעֶה" כו'.§ אָמְרִי: תַּחְתָּיו דְּמַאן? אִילֵימָא תַּחְתָּיו דְּבַעַל בְּהֵמָה, תְּנֵינָא חֲדָא זִמְנָא: *מְסָרוֹ לְשׁוֹמֵר חִנָּם וּלְשׁוֹאֵל, לְנוֹשֵׂא שָׂכָר וּלְשׂוֹכֵר – כּוּלָּן נִכְנְסוּ תַּחַת הַבְּעָלִים! אֶלָּא, תַּחְתָּיו דְּשׁוֹמֵר. וְשׁוֹמֵר קַמָּא אִפְּטַר לֵיהּ לְגַמְרֵי; לֵימָא תֶּיהֱוֵי תְּיוּבְתָּא דְּרָבָא, *דְּאָמַר רָבָא: שׁוֹמֵר שֶׁמָּסַר לְשׁוֹמֵר – חַיָּיב? אָמַר לָךְ רָבָא: [ד]מַאי "מְסָרוֹ לְרוֹעֶה"? לְבַרְזִילֵיהּ, דְּאוֹרְחֵיהּ דְּרוֹעֶה לְמִימְסַר לְבַרְזִילֵיהּ. אִיכָּא דְּאָמְרִי: מִדְּקָתָנֵי "מְסָרָהּ לְרוֹעֶה" וְלָא קָתָנֵי "מְסָרָהּ לְאַחֵר", ש"מ: מַאי "מְסָרָהּ לְרוֹעֶה" – מָסַר רוֹעֶה לְבַרְזִילֵיהּ, דְּאוֹרְחֵיהּ דְּרוֹעֶה לְמִימְסַר לְבַרְזִילֵיהּ, אֲבָל לְאַחֵר – לָא; לֵימָא מְסַיֵּיע לֵיהּ לְרָבָא, דְּאָמַר רָבָא: [ה]שׁוֹמֵר שֶׁמָּסַר לְשׁוֹמֵר – חַיָּיב? אָמְרִי: לָא, דִּלְמָא אוֹרְחָא דְּמִילְּתָא קָתָנֵי, וְהוּא הַדִּין לְאַחֵר.§ אִיתְּמַר: *שׁוֹמֵר אֲבֵידָה – רַבָּה אָמַר: כְּשׁוֹמֵר חִנָּם דָּמֵי, רַב יוֹסֵף אָמַר: [ו]כְּשׁ"ש דָּמֵי. רַבָּה אָמַר כְּשׁוֹמֵר חִנָּם דָּמֵי, מַאי הֲנָאָה קָא מָטֵי לֵיהּ; רַב יוֹסֵף אָמַר כְּשׁ"ש דָּמֵי, [ז]בְּהַהִיא הֲנָאָה דְּלָא בָּעֲיָא לְמֵיתְבֵי לֵיהּ רִיפְתָּא לְעַנְיָא הָוֵי כְּשׁ"ש. אִיכָּא דִּמְפָרְשִׁי הָכִי: רַב יוֹסֵף אָמַר כְּשׁ"ש דָּמֵי, כֵּיוָן דְּרַחֲמָנָא שַׁעְבְּדֵיהּ בְּעַל כּוּרְחֵיהּ, הִלְכָּךְ כְּשׁ"ש דָּמֵי. (סימן: החזירה לעולם השב חייא אמרת נשבר שכר). אֵיתִיבֵיהּ רַב יוֹסֵף לְרַבָּה: הֶחֱזִירָהּ

כֵּיוָן דְּאַפְּקוּהָ. אִיכָּא מְשִׁיכָה וְשִׁינּוּי רְשׁוּת, דַּהֲוֵי קְנוּיָה לְכָל מִילֵּי. דְּקָמוּ לָהּ בְּאַפָּהּ. שֶׁלֹּא מְשָׁכוּהָ, אֶלָּא עָמְדוּ בְּפָנֶיהָ לְכָל צַד, שֶׁלֹּא תֵּלֵךְ אָנֶה וָאָנָה אֶלָּא לַקָּמָה לֶאֱכוֹל. מַעֲמִיד. מַשְׁמַע שֶׁאוֹחֲזָהּ בְּיָדוֹ וּמוֹלִיכָהּ לַקָּמָה. הִכִּישָׁהּ. בְּמַקֵּל אָמְרַתְּ לָן בְּהַהִיא דְּהַמַּעֲמִיד, וּמִשּׁוּם הָכִי מִיחַיֵּיב. וְלִסְטִים נַמִי דְּהִכִּישׁוּהָ. בְּמַקֵּל. וְאַשְׁמוּעִינַן מַתְנִי' דְּהִכִּישָׁהּ בְּמַקֵּל זוֹ הִיא מְשִׁיכָה. אֶלָּא תַּחְתָּיו דְּשׁוֹמֵר. וְהָכִי מַשְׁמַע: מְסָרָהּ שׁוֹמֵר לְרוֹעֶה – נִכְנַס הָרוֹעֶה תַּחְתָּיו, וְאָזְלֵי בְּעָלִים וּמִשְׁתַּעוּ דִּינָא בַּהֲדֵי שֵׁנִי, וְהָרִאשׁוֹן מִסְתַּלֵּק. שׁוֹמֵר שֶׁמָּסַר לְשׁוֹמֵר חַיָּיב. אֲפִילּוּ בַּאוֹנָסִין. דְּאָמַר לֵיהּ מַפְקִיד: אַתְּ מְהֵימַנְתְּ לִי בִּשְׁבוּעָה, אִיהוּ לָא מְהֵימַן לִי בִּשְׁבוּעָה שֶׁנֶּאֶנְסָה. בְּפֶ' "הַמַּפְקִיד" (ב"מ לו:). לְבַרְזִילֵיהּ. לְתַלְמִידוֹ. שׁוֹמֵר אֲבֵידָה. הִכְנִיס אֲבֵידַת חֲבֵירוֹ לְבֵיתוֹ, כִּדְכְתִיב: "וַאֲסַפְתּוֹ אֶל תּוֹךְ בֵּיתֶךָ" וגו' (דברים כב). דְּלָא בָּעֵי לְמֵיתַב רִפְתָּא לְעַנְיָא. דְּהָעוֹסֵק בַּמִּצְוָה פָּטוּר מִן הַמִּצְוָה, מִ"וּבְלֶכְתְּךָ בַדֶּרֶךְ" נָפְקָא לָן בְּמַסֶּ' סוּכָּה (ד' כה.).

פשיטא כיון דאפקוה קיימא לה ברשותייהו לכל מילי. בהוליאוה לגוזלה איירי מתני', כדמוקי לה בירושלמי. וא"ת: ומנליה דקיימא ברשותייהו אפי' להתחייב על מה שהיא מזקת, דאהכי קאי, דקתני: ויצאתה והזיקה? דליכא למימר דכי היכי דמסרה לשומר חנם והשואל נכנסו תחת בעלים — ה"ה גזלן. דדלמא שומר הוא דמחייב אבל גזלן לא, דמצינו דברים שהשומר חייב והגזלן פטור. שהרי בכחשה בהמה הכחשה דהדרא, ובפירות שהרקיבו מקצת, מוכח ב"הגוזל קמא" (לקמן ד' צח:) דגזלן אומר לו "הרי שלך לפניך" — משום דלא חשיב שינוי, ולא קנינהו, ופטור אפילו בפשיעה, דלא קבל עליו שמירה. אבל שומר, כיון שמתחייב בכחשה דלא הדר' ובהרקיבו כולם אם נעשו בפשיעה — כמו כן יתחייב בכחשה דהדרא ובהרקיבו מקצתם, כיון דקבל עליו שמירה. דלמה לא יתחייב בזה כמו בזה, שאין השומר קונה בשינוי. ואפילו שואל, דקי"ל דאף לשואל שמין כדרב כהנא ורב אסי (לעיל ד' יא.). ואין לומר דמתחייבי לפי שאין יכולין לקיים בה מצות השבה, דמשתלם מגופו — דבשן ורגל איירי מתני', ויש כאן השבה מעליא כשמחזירים אותה לבעלים! וי"ל: דסברא הוא דגזלן נכנס תחת הבעלים. דכיון שהוציא מרשות בעלים שהיו חייבין בשמירתה, ואין הבעלים יכולים לשומרה, לפי שנגזלה מהם — יש על הגזלן לשומרה, דלענין נזקין אקרו בעלים כל מי שבידו לשומרה. ולא דמי לתפסו ניזק לר"ע (לעיל ד' לו:), דאפי' שומר חנם אינו על חלק חבירו, דשותף אין מתכוין להחזיק רק בשלו, ואינו בא להוציא חלק חבירו מרשותו כמו גזלן. ועוד: כיון דגזלן קמה ליה ברשותיה, גם לענין אונסין יש לחשב בעלים יותר משותף. והכי משמע לישנא ד"קמה ברשותייהו לכל מילי", (א) מה שהוא ברשותו לכל מילי יש לו להועיל כאן.

המעמיד בהמת חבירו על קמת חבירו חייב. ואע"פ שאין הבהמה שלו, חייב מטעם שן ורגל. דאע"ג דכתיב "בעירה" — כדידיה חשיבא, הואיל והוא עשה, כמו מדליק פשתנו של חבירו בנרו של חבירו. אבל אין לפרש דמחייב מטעם אש, דברי הזיקא והוי כאילו נותן לשם אש, ואע"ג דפטרינן נותן סם המות לפני בהמת חברו — שאני התם, או משום דלא עבידא דאכלה או משום דה"ל שלא תאכל, כדאמר לעיל (דף מז:). דא"כ מטעם זה ה"ל להתחייב [א] אפילו ברה"ר, ולא משמע בשום דוכתא דלחייב ברשות הרבים שן אפילו מקרב בהמתו אצל הפירות ומעמידה עלייהו. **הכישה** אמרת לן. ותחילה היה סובר דמעמיד בהמה — היינו שמחזיק בידו האפסר ומוליכה ממש על הקמה ומעמידה שם, ולהכי הוה פשיטא טפי. **וליסטים** נמי שהכישוה. לגוזלה מיירי, כדמוקי לה בירושלמי. ולא חשיב לה מילתא דפשיטא כמו שהיה חושב המקשה, ולא חייש לפרש למה אין פשיטא — לפי שקל להבין. **בההיא** הנאה דלא קבעי למיתב ריפתא לעניא. משום דעוסק במצוה. ודוקא בשעה דמתעסק בה, כגון שוטח לצורכה או משום עסק שצריך לה לאבידה. אבל בשביל שאבידה בביתו לא יפטר מלמיתב ריפתא לעניא, כיון שיכול לקיים שתיהם, כדמוכח בסוכה (דף כה. ושם*), דלא נפקא לן מקרא דעוסק במצוה פטור מן המצוה [ב] אלא דוקא היכא שאינו יכול לקיים שתיהם. וסברא הוא, דאטו אדם שיש לו תפילין בראשו וציצית בבגדו ומזוזה בפתחו יפטר מן המצות? ועוד: דבפרק "אין בין המודר" (נדרים לג:) אמר דפרוטה דרב יוסף לא שכיח, ואי פטרת ליה כל זמן שהאבידה בביתו — שכיח ושכיח הוא. פסק ר"ח וה"ג דהלכה כרב יוסף, משום דאמרינן ב"אין בין המודר" (שם) דכ"ע אית להו פרוטה דרב יוסף, ואפילו מאן דשרי למודר להחזיר אבידה — לא שרי אלא משום דפרוטה דרב יוסף לא שכיח. ואור"י: דאינה ראיה כלל, דגם רבה מודה לרב יוסף דעוסק במצוה פטור מן המצוה, אלא דס"ל דלא נעשה שומר שכר בכך, ומ"מ הוא נהנה — לכך אסור למודר, אבל לא הוה שומר שכר. ואין לדקדק נמי בשמעתין דהלכה כרב יוסף, דמשני רב יוסף לעולם בגינתו המשתמרת, וקמ"ל דלא בעינן דעת בעלים כדרבי אלעזר, והכי מוקי לה סוגיא ד"אלו מציאות" (ב"מ ד' כט. ושם). כי נראה דרבה קבלה מרב יוסף דקרא כדר"א אתי. ורבה נמי שהיה מדקדק מתחילה דכשומר חנם דמי, לא משמע ליה קרא אלא אסמכתא בעלמא, דהא טעמא משום דמאי הנאה קא מטי ליה כדלעיל, ולא פליגי רבה ורב יוסף אלא בסברא בעלמא. וה"פ דההיא ד"אלו מציאות" (שם ד' לא.): אי דמנטרא, לרבה כדאית ליה מפשיעה לרב יוסף כדאית ליה מגניבה ואבידה — פשיטא, דלהא לא צריך קרא. [ג] ונראה לר"י: דהלכה כרבה בכל מקום לגבי רב יוסף, בר משדה ענין ומחצה, כדאיתא ב"מי שמת" (ב"ב ד' קמג.). ואין לפרש דהיינו דוקא בבבא בתרא, כמו שיש מפרשים. מדאמר ב"מי שאחזו" (גיטין ד' עד: ושם*): ותסברא והא קי"ל כרבה, ובהא אין הלכה כרשב"ג. ואין לומר דשמא בההיא מילתא קיימא לן דהלכה כרבה — דהוה ליה למימר: והא קי"ל בהא הלכתא כרבה כדאמר, ובהא אין הלכה כרשב"ג. ועוד: דבפרק "המפקיד" (ב"מ מג.) גבי מפקיד מעות אצל שולחני מותרים ישתמש בהן (*צרורים לא ישתמש בהן) לפיכך אם אבדו חייב באחריותם, קאמר רב נחמן דקי"ל כוותיה בדיני: נאנסו — לא, דמשום שהתירו לו חכמים להשתמש בהן אינו נעשה רק שומר שכר, א"כ ב"אלו מציאות" (שם דף כט.) גבי מה יהא בדמים, רבי טרפון אומר: ישתמש בהן לפיכך אם אבדו חייב באחריותן — לא הוי אלא ש"ש כמו שאמר שם לרבה. ואין לומר דהתם מודה רב נחמן דחייב באונסין משום היתר תשמיש, משום דבלאו הכי היה שומר שכר שהיה שומר אבידה. דאין זה סברא, דמשום שני *סברות — דפטור מלמיתב ריפתא לעניא, ועוד דמותר להשתמש — לא יעשה בשביל כך שואל אלא ש"ש בעלמא. ועוד יש להביא ראיה דהלכתא כרבה, מדמוקי סתמא דגמרא מתניתין ד"האומנין" (ב"מ דף פ:) הלוהו על המשכון שומר שכר, מתורתא דלא כרבי אליעזר, דאמר במלוה חבירו על המשכון ואבד — ישבע ויטול מעותיו. ולרב יוסף הו"מ לאוקמה אפילו כרבי אליעזר, דלמסקנא מוקי כולהו אליביה, ופלוגתייהו במלוה צריך למשכון, אי מצוה קעביד אי לא, פי': שצריך למשכון להשתמש בו, ופוחת לו והולך מהלואתו. כך פירש התם בקונטרס. וא"כ הו"מ לאוקמה מתניתין באין צריך למשכון, דכ"ע מצוה

עין משפט נר מצוה

כז א ב מיי' פ"ד מהל' נזקי ממון הלכה ג ועי' בהשגות ובמ"מ סמג עשין סח טוש"ע ח"מ סי' שלד סעיף ג:

כח ג מיי' שם סמג שם טור ש"ע ח"מ סי' שצו סעיף ג:

כט ד ה מיי' שם הל' יא טוש"ע שם ס"ט:

ל ו ז מיי' פי"ג מהלכות אבידה הלכה י סמג עשין עד טוש"ע ח"מ סי' רסז סעיף טז:

הגהות הב"ח

(א) תום' ד"ה פשיטא וכו' למה שהוא ברשותו:

הגהות הגר"א

[א] תום' ד"ה המעמיד כו' אפילו ברה"ר כו'. נ"ב אבל הרשב"א פסק לחייב: [ב] ד"ה בההיא כו' אלא דוקא כו'. נ"ב והג"א (פ"ב דסוכה וע"ש בר"ן) וש"פ כתבו דבשעה שעוסק אפילו יכול לקיים שתיהם פטור ע"ש: [ג] בא"ד ונראה לר"י דהלכה כו'. נ"ב והרי"ף ורמב"ם חולקין ע"ז:

מהרנ"ש בשם מה' שכנא הגיה דמלת סברות נ"ל שכירות

מסורת הש"ס

לעיל מז:

לעיל יח: ב"מ לו:

ב"מ כט. פב. שבועות מד. נדרים לג:

[ד"ה שלוחי]

[ד"ה הא]

[עי' ב"מ מג.]

*הֶחֱזִירָהּ לְמָקוֹם שֶׁיִּרְאֶנָּה — אֵינוֹ חַיָּיב לְטַפֵּל בָּהּ, נִגְנְבָה אוֹ אָבְדָה — חַיָּיב בְּאַחְרָיוּתָהּ; מַאי נִגְנְבָה אוֹ אָבְדָה? לָאו נִגְנְבָה מִבֵּיתוֹ, וְאָבְדָה מִבֵּיתוֹ? לָא, מִמָּקוֹם שֶׁהֶחֱזִירָהּ. וְהָא קָתָנֵי: אֵינוֹ חַיָּיב לִיטַּפֵּל בָּהּ! א"ל: הָכָא בְּמַאי עָסְקִינַן — כְּגוֹן שֶׁהֶחֱזִירָהּ בַּצָּהֳרַיִם. וְתַרְתֵּי קָתָנֵי, וְהָכִי קָתָנֵי: [א]הֶחֱזִירָהּ שַׁחֲרִית לְמָקוֹם שֶׁיִּרְאֶנָּה, (א) וּשְׁכִיחַ דְּעָיֵיל וְנָפֵיק וְחָזֵי לָהּ — אֵינוֹ חַיָּיב לִיטַּפֵּל בָּהּ; הֶחֱזִירָהּ בַּצָּהֳרַיִם לְמָקוֹם שֶׁיִּרְאֶנָּה, דְּלָא שְׁכִיחַ דְּעָיֵיל וְנָפֵיק, דְּלָא חָזֵי לָהּ, וְנִגְנְבָה אוֹ אָבְדָה — חַיָּיב בְּאַחְרָיוּתָהּ. אֵיתִיבֵיהּ: *[ב]לְעוֹלָם הוּא חַיָּיב עַד שֶׁיַּחֲזִירֶנָּה לִרְשׁוּתוֹ; מַאי "לְעוֹלָם"? לָאו אֲפִילּוּ מִבֵּיתוֹ? ש"מ: כְּשׁוֹמֵר שָׂכָר דָּמֵי! [א] א"ל: [ג]מוֹדֵינָא לָךְ בְּבַעֲלֵי חַיִּים, דְּכֵיוָן *דְּנָקְטִי לְהוּ נִיגְרָא בְּרַיְיתָא, בָּעֵי נְטִירוּתָא יְתֵירְתָּא. אֵיתִיבֵיהּ רַבָּה לְרַב יוֹסֵף: °"הָשֵׁב", *אֵין לִי אֶלָּא בְּבֵיתוֹ, לְגִינָּתוֹ וּלְחוּרְבָּתוֹ מִנַּיִן? ת"ל: "תְּשִׁיבֵם", מִכָּל מָקוֹם; מַאי "לְגִינָּתוֹ וּלְחוּרְבָּתוֹ"? אִילֵימָא לְגִינָּתוֹ הַמִּשְׁתַּמֶּרֶת וּלְחוּרְבָּתוֹ הַמִּשְׁתַּמֶּרֶת — הַיְינוּ בֵּיתוֹ! אֶלָּא פְּשִׁיטָא, לְגִינָּתוֹ שֶׁאֵינָהּ מִשְׁתַּמֶּרֶת וּלְחוּרְבָּתוֹ שֶׁאֵינָהּ מִשְׁתַּמֶּרֶת. ש"מ: כְּשׁוֹמֵר חִנָּם דָּמֵי! א"ל: [ד]לְעוֹלָם לְגִינָּתוֹ הַמִּשְׁתַּמֶּרֶת וּלְחוּרְבָּתוֹ הַמִּשְׁתַּמֶּרֶת, וּדְקָא קַשְׁיָא לָךְ: הַיְינוּ בֵּיתוֹ! הָא קָא מַשְׁמַע לָן דְּלָא בָּעֵינַן דַּעַת בְּעָלִים, כִּדְרַבִּי אֶלְעָזָר. *דְּא"ר אֶלְעָזָר: [ה]הַכֹּל צְרִיכִין דַּעַת בְּעָלִים, [ו]חוּץ מֵהֲשָׁבַת אֲבֵידָה, שֶׁהֲרֵי רִיבְּתָה בּוֹ תּוֹרָה הֲשָׁבוֹת הַרְבֵּה. א"ל אַבַּיֵי לְרַב יוֹסֵף: וְאַתְּ לָא תִּסְבְּרָא דְּשׁוֹמֵר אֲבֵידָה כְּשׁוֹמֵר חִנָּם דָּמֵי? וְהָא *אָמַר רַבִּי חִיָּיא בַּר אַבָּא אָמַר רַבִּי יוֹחָנָן: [ז]הַטּוֹעֵן טַעֲנַת גַּנָּב בַּאֲבֵידָה — מְשַׁלֵּם תַּשְׁלוּמֵי כֵּפֶל; וְאִי ס"ד שׁוֹמֵר שָׂכָר הָוֵי, אַמַּאי מְשַׁלֵּם תַּשְׁלוּמֵי כֵּפֶל? קַרְנָא בָּעֵי שַׁלּוּמֵי! א"ל: הָכָא בְּמַאי עָסְקִינַן — [ח]כְּגוֹן שֶׁטּוֹעֵן טַעֲנַת לִסְטִים מְזוּיָּין. א"ל: *לִיסְטִים מְזוּיָּין גַּזְלָן הוּא! א"ל, שֶׁאֲנִי אוֹמֵר: [ט]לִסְטִים מְזוּיָּין, *כֵּיוָן דְּמִיטַּמַּר מֵאֱינָשֵׁי — גַּנָּב הוּא. אֵיתִיבֵיהּ:
לֹא

תורה אור: דברים כב

רש"י

הֶחֱזִירָהּ. לַאֲבֵידָה. לְמָקוֹם שֶׁיִּרְאֶנָּה. בְּעָלֶיהָ. שׁוֹמֵר חִנָּם פָּטוּר מִגְּנֵיבָה וַאֲבֵידָה, וְשׁוֹמֵר שָׂכָר חַיָּיב, בְּפֶ' "הַשּׁוֹאֵל" (ב"מ דף לד:). שַׁחֲרִית. שְׁכִיחַ אִינִישׁ בְּבֵיתֵיהּ, אֲבָל בַּצָּהֳרַיִם מָלוּי בִּמְלַאכְתּוֹ בַּשָּׂדֶה. עַד שֶׁיַּחֲזִירֶנּוּ לִרְשׁוּתוֹ. שֶׁל בְּעָלִים. מַאי לְעוֹלָם לָאו אֲפִילּוּ. הֲנִיחָהּ מוֹצֵא בְּבֵיתוֹ? וְקָתָנֵי חַיָּיב. מוֹדֵינָא לָךְ. בַּאֲבֵידַת בַּעֲלֵי חַיִּים דְּחַיָּיב הַמּוֹצֵא בִּגְנֵיבָה וַאֲבֵידָה. וְלָאו מִשּׁוּם שְׂכַר מִצְוָה, אֶלָּא מִשּׁוּם דִּגְנֵיבָה וַאֲבֵידָה דִּידְהוּ פְּשִׁיעוּתָא הִיא. דְּכֵיוָן דְּנָקְטוּ נַגְרֵי בְּרַיְיתָא. כֵּיוָן שֶׁרָאָה שֶׁמְּלוּמָּדוֹת הֵן לָצֵאת – בָּעֵי נְטִירוּתָא יְתֵירְתָּא, וַאֲפִי' הָוֵי שׁוֹמֵר חִנָּם חַיָּיב. אֲבָל שׁוֹמֵר אֲבֵידָה דְּמִטַּלְטְלֵי פָּטוּר מִגְּנֵיבָה וַאֲבֵידָה. נַגְרֵי. פְּסִיעוֹת. הָשֵׁב. הֲשָׁבָה מַעַלְיָיתָא מַשְׁמַע. לְגִינָּתוֹ וּלְחוּרְבָּתוֹ מְנַיִן. דְּסַגִּי לֵיהּ לַמּוֹצֵא בַּהֲשָׁבָתוֹ לְגִינָּתָן דִּבְעָלִים. הַכֹּל צְרִיכִין דַּעַת בְּעָלִים. גּוֹנֵב וְגוֹזֵל, אוֹ אֶחָד מֵאַרְבָּעָה שׁוֹמְרִין שֶׁהֶחְזִירוֹ – צָרִיךְ לְהוֹדִיעוֹ לַבְּעָלִים, וְאִם לֹא הוֹדִיעוֹ חַיָּיב הַמַּחֲזִיר בְּאַחְרָיוּתָן. טַעֲנַת גַּנָּב. לִפְטוֹר עַצְמוֹ ע"י גַּנָּב, שֶׁטּוֹעֵן: נִגְנְבָה הֵימֶנּוּ הָאֲבֵידָה שֶׁמָּצָאתִי, וְנִמְצָא שֶׁבְּיָדוֹ הוּא – מְשַׁלֵּם תַּשְׁלוּמֵי כֶפֶל כְּגַנָּב עַצְמוֹ. דְּדָרְשִׁינַן בְּפֶרֶק "מְרוּבֶּה" (לקמן דף סג:): "וְאִם לֹא יִמָּצֵא הַגַּנָּב" – אִם לֹא יִמָּצֵא כְּמוֹ שֶׁאָמַר אֶלָּא הוּא עַצְמוֹ גְּנָבוֹ, וּכְתִיב בַּתְרֵיהּ: "יְשַׁלֵּם שְׁנַיִם". אִי אָמְרַתְּ בִּשְׁלָמָא שׁוֹמֵר אֲבֵידָה כְּשׁוֹמֵר חִנָּם דָּמֵי – מִשּׁוּם הָכִי מְשַׁלֵּם כֶּפֶל, דְּהָוֵי בָּעֵי לְמִפְטַר נַפְשֵׁיהּ בְּטַעֲנַת גַּנָּב. קַרְנָא בָּעֵי שַׁלּוּמֵי. מֵעִיקָּרָא כִּי טָעֵין נִגְנְבָה הֲוָה מִחַיֵּיב נַפְשֵׁיהּ לְשַׁלּוּמֵי קַרְנָא. טַעֲנַת לִסְטִים מְזוּיָּין. גַּנָּב מְזוּיָּן נָטַל הֵימֶנּוּ בְּחָזְקָה. דְּקָא פָּטַר נַפְשֵׁיהּ בְּטַעֲנַת אוֹנֶס. לִסְטִים מְזוּיָּין גַּזְלָן הוּא. וּבְטַעֲנַת אוֹנֶס פָּטַר נַפְשֵׁיהּ. וְכֶפֶל – בְּטוֹעֵן טַעֲנַת גַּנָּב הוּא, דִּכְתַב בֵּיהּ רַחֲמָנָא (דִּכְתִיב): "וְגוּנַּב מִבֵּית הָאִישׁ" (שמות כב). גַּנָּב הוּא. וּמְשַׁלֵּם כֶּפֶל. וְכֵן הַפּוֹטֵר עַצְמוֹ בְּטַעֲנַת לִסְטִים מְזוּיָּין. וּלְעִנְיַן חִיּוּב – לָא מִיחַיֵּיב שׁוֹמֵר שָׂכָר עָלֶיהָ אִם אֱמֶת אִתּוֹ, דְּהָא אֲנִיס.
לָא

תוספות

מלוה קעביד, ולכל הוי כשומר שכר. והא דבעי לאוקמא פלוגתייהו בדרבה ורב יוסף, והוי רבה כר"א שהוא שמותי, ועוד קאמר: לימא דרב יוסף תנאי היא, ומסיק דרב יוסף ככולי עלמא, ומשמע דרבה ודאי תנאי היא ואינו יכול להעמיד אלא כר"א ולא כרבי עקיבא, דאי לרבי עקיבא ודאי הוי שומר שכר — אי אפשר לומר כן, דעל כרחך לרבה אפי' לרבי עקיבא שומר חנם הוי. דב"אלו מציאות" (ב"מ דף כט. ושם) לרבה לא הוי לרבי טרפון דמתיר להשתמש אלא שומר שכר, א"כ לר"ע לא הוי אלא שומר חנם. לכך נראה דרבה לא יעמיד כלל פלוגתייהו בשומר אבידה, אלא יאמר דלכולי עלמא שומר חנם הוי, ופלוגתייהו בדשמואל, דר"ע אית ליה דשמואל אבד קתא דמגלא אבד אלפא זוזי, ור"א לית ליה דשמואל. ורב יוסף כי מוקי פלוגתייהו בדשמואל — לא קאי רבי אליעזר כוותיה, שהוא פוטר את המלוה באבידה אף מדמי המשכון, ולכך מוקי פלוגתייהו בשומר אבידה והוי כר"ע. וקאמר: לימא דרב יוסף תנאי היא — דרבה ודאי לאו תנאי, דמוקי פלוגתייהו בדשמואל. ומסיק דכולי עלמא אית להו דרב יוסף כו'. והא דתנן בשבועות (ד' מג. ושם): "סלע הלויתני עליו ושתים היה שוה" דמשמע שחייב לשלם המשכון כשאבד — מיירי שאבד בפשיעה, לרבה דאמר שומר חנם הוי.

לא ממקום שהחזירה. ואפילו שומר חנם חייב, דפושע הוא.

לעולם הוא חייב עד שיחזירנה כו'. היא סיפא דברייתא דלעיל בתוספתא דב"מ (פ"ב ע"ש), ולהכי דייק מינה שפיר דחייב בגניבה ואבידה קאמר. **אמר** ליה מודינא לך בבעלי חיים דכיון דנקטי להו נגרי ברייתא כו'. וכגון שנגנבה באותו ענין שנגרי ברייתא גרמו לה להגנב. ולעיל לא אסיק אדעתיה האי שינויא, דהשתא מצי למימר דנגנבה או שאבדה דלעיל — מביתו קאמר. אי נמי, הך סיפא — אאבידה דוקא קאי, שניגרי ברייתא גרמו לה להאבד. אבל לענין גניבה — פטור, שאין גורמין לה ליגנב, ומשום הכי ברישא דקתני בהדיא נגנבה לא מצי לשנויי הכי.

אלא לגינתו שאינה משתמרת. פי': (ב) אלא ברוח מצויה. וס"מ כשומר חנם דמי, דכלתה שמירתו. **קרנא** בעי לשלומי. וכיון שחייב עצמו לשלומי בשויו — אפילו נמצא שגנבו פטור מכפל. **כגון** שטענו טענת לסטים מזויין. תימה: אמאי מוקי לה בלסטים מזויין ומסיק למימר דגנב הוא? לוקמיה כגון שטענו טענת גניבה באונס — שנגנבה ממנו באונס גדול, כגון ששמר כספים בחפירה בקרקע שאי אפשר לגנבם אלא במחילות תחת הקרקע, דהוי אונס כליסטים מזויין. או אם בא עליו חולי של טירוף הדעת או שינה נפלה עליו באונס, או אונס אחר שאינו יכול לשמור. ולרבה דפטר בסוף "הפועלים" (ב"מ דף צג:) על בעידנא דעיילי אינשי או דנס בעידנא דניימי אינשי, משכחת כפל שטוען טענת גנב בעידנא דעיילי או בעידנא דניימי אינשי. ולהנהו אמוראי דפליגי עליה התם, מ"מ משכחת, כדפרישית! מיהו איכא למימר דהכא לא חייש כיון דמשני שפיר בלסטים מזויין, וס"ל דגנב הוא. ובסמוך נמי אברייתא דפריך "לא אם אמרת" הוה מצי למימר נמי: וליטעמיך דגזלן הוא אכתי תקשי לך דמצינו שומר שכר משלם כפל בטוען טענת גנב באונס. אך בההוא ק"ו דאין עליו תשובה קשה, דבפרק "השואל" (ב"מ דף לה.) מסיק עלה דקסבר האי תנא לסטים מזויין גזלן הוא. ומה בכך? אכתי יש עליו תשובה, דמה לשומר שכר שכן משלם כפל בטוען טענת גנב באונס! ואין לומר דכיון דגניבה באונס לא שכיח לא חשיב פירכא, אבל לסטים מזויין שכיח טפי — דבכמה מקומות פריך מחומרות דלא שכיחי. ועוד, אע"ג דלא שכיח יכול לטעון כן! ונראה לר"י: דכיון שחייב הכתוב שומר שכר בגניבה, וסתם גניבה קרובה לאונס, כדאמרינן ב"השואל" (שם) — סברא הוא דבכל ענין שתהיה הגניבה יתחייב מגזרת הכתוב אפילו באונס גמור, ואף על גב דבלסטים מזויין, דהיינו שבויה דקרא, פטר בו הכתוב אף על פי שאין אונסו גדול יותר. ודוחק. [ועי' תוס' ב"מ מג. ד"ה אמר שמואל].
לא

מסורת הש"ס

[תוספתא דב"מ פ"ב]
[תוספתא שם]
[לקמן קיח:]
ב"מ לא. ע"ש חולין פז.
ב"מ לה.
לקמן סג. קו:
[ב"מ כב. לה.]
[לקמן עט:]

עין משפט נר מצוה

לא א ב ג ד מיי' פי"א מהל' גזילה ואבידה הלכה יד טו ועיין במ"מ סמג עשין עד טוש"ע ח"מ סי' רסז סעיף א:
לב ה מיי' פ"ד מהל' גניבה הלכה י ועיין שם ופ"א מהלכות גזילה ואבידה הלכה ח סמג עשין עא טוש"ע ח"מ סי' שנה סעיף א:
לג ו מיי' פי"א מהלכות גזילה ואבידה הל' טז סמג עשין עד טוש"ע ח"מ סי' רסז סעיף א:
לד ז ח מיי' פ"ד מהל' גניבה הל' ד (וטוש"ע ח"מ סי' שנב):
לה ט מיי' שם פ"א הל' ג סמג עשין עא (טוש"ע ח"מ שם):

הגהות הב"ח

(א) גמ' דשכיח דעייל ונפיק: (ב) תוס' ד"ה אלא וכו' פי' שאינה משתמרת אלא ברוח מצויה:

הגהות הגר"א

[א] גמ' א"ל מודינא כו'. נ"ב וגירסת הרמב"ם (א"ל ההוא (בבע"ח) כו' ור"ל דמיירי ג"כ ממקום שהחזירה אבל הרא"ש כתב כגירסא שלנו (ועבהגר"א סימן רסז ס"ק ה' ומש"ש ועוד דקאמר משמע דידוע דמשתעי בב"ח היאך פשיטא ליה כ"כ. עיין בתוספתא פ"ב דב"מ המוצא בהמת חבירו חייב כו' לעולם כו' ועתוס' כאן ד"ה לעולם כו'):

לֹא, אִם אָמַרְתָּ בְּשׁוֹמֵר חִנָּם שֶׁכֵּן מְשַׁלֵּם תַּשְׁלוּמֵי כֵפֶל, תֹּאמַר בְּשׁוֹמֵר שָׂכָר שֶׁאֵינוֹ מְשַׁלֵּם תַּשְׁלוּמֵי כֵפֶל? וְאִי ס"ד לִסְטִים מְזוּיָּין גַּנָּב הוּא, נִמְצָא בְּשׁוֹמֵר שָׂכָר מְשַׁלֵּם תַּשְׁלוּמֵי כֵפֶל בְּטוֹעֵן טַעֲנַת לִסְטִים מְזוּיָּין! א"ל, הָכִי קָאָמַר: לֹא, אִם אָמַרְתָּ בְּשׁוֹמֵר חִנָּם שֶׁכֵּן מְשַׁלֵּם תַּשְׁלוּמֵי כֵפֶל [א]בְּכָל טַעֲנוֹתָיו, תֹּאמַר בְּשׁוֹמֵר שָׂכָר שֶׁאֵינוֹ מְשַׁלֵּם תַּשְׁלוּמֵי כֵפֶל אֶלָּא בְּטוֹעֵן טַעֲנַת לִסְטִים מְזוּיָּין? אֵיתִיבֵיהּ: °"וְנִשְׁבַּר אוֹ מֵת", *"אֵין לִי אֶלָּא שְׁבוּרָה וּמֵתָה, גְּנֵיבָה וַאֲבֵידָה מִנַּיִן? אָמַרְתָּ ק"ו: וּמַה שּׁוֹמֵר שָׂכָר [ב]שֶׁפָּטַר בּוֹ שְׁבוּרָה וּמֵתָה [ג]חַיָּיב בִּגְנֵיבָה וַאֲבֵידָה, [ד]שׁוֹאֵל שֶׁחַיָּיב בִּשְׁבוּרָה וּמֵתָה אֵינוֹ דִּין [ה]שֶׁחַיָּיב בִּגְנֵיבָה וַאֲבֵידָה? וְזֶהוּ ק"ו שֶׁאֵין עָלָיו תְּשׁוּבָה; וְאִי ס"ד לִסְטִים מְזוּיָּין גַּנָּב הוּא, אַמַּאי אֵין עָלָיו תְּשׁוּבָה? אִיכָּא לְמִפְרַךְ: מַה לְּשׁוֹמֵר שָׂכָר, שֶׁכֵּן מְשַׁלֵּם תַּשְׁלוּמֵי כֵפֶל בְּטוֹעֵן טַעֲנַת לִסְטִים מְזוּיָּין! א"ל, קָסָבַר הַאי תַּנָּא: *קַרְנָא בְּלָא שְׁבוּעָה עֲדִיפָא מִכְּפֵילָא בִּשְׁבוּעָה. לֵימָא מְסַיַּיע לֵיהּ: *[ו]הַשּׂוֹכֵר פָּרָה מֵחֲבֵירוֹ וְנִגְנְבָה, וְאָמַר הַלָּה: הֲרֵינִי מְשַׁלֵּם וְאֵינִי נִשְׁבָּע, וְאח"כ נִמְצָא הַגַּנָּב — מְשַׁלֵּם תַּשְׁלוּמֵי כֵפֶל לַשּׂוֹכֵר; סַבְרוּהָ כְּרַבִּי יְהוּדָה, דְּאָמַר: שׂוֹכֵר כְּנוֹשֵׂא שָׂכָר דָּמֵי, וּמִדְּקָתָנֵי: וְאָמַר "הֲרֵינִי מְשַׁלֵּם וְאֵינִי נִשְׁבָּע", מִכְּלָל דְּאִי בָּעֵי פָּטַר לֵיהּ נַפְשֵׁיהּ בִּשְׁבוּעָה! ה"ד? כְּגוֹן דְּקָא טָעֵין טַעֲנַת לִסְטִים מְזוּיָּין, וְקָתָנֵי; וְאח"כ נִמְצָא הַגַּנָּב — מְשַׁלֵּם תַּשְׁלוּמֵי כֵפֶל לַשּׂוֹכֵר, ש"מ: לִסְטִים מְזוּיָּין גַּנָּב הוּא! אָמְרִי: מִי סָבְרַתְּ כְּר"י, דְּאָמַר: *שׂוֹכֵר כְּנוֹשֵׂא שָׂכָר דָּמֵי? דִּלְמָא כְּר"מ ס"ל, דְּאָמַר: (א) שׂוֹכֵר כְּשׁוֹמֵר חִנָּם דָּמֵי. אִיבָּעֵית אֵימָא, כִּדְמַחֲלִיף רַבָּה בַּר אֲבוּהּ וְתָנֵי: *"שׂוֹכֵר כֵּיצַד מְשַׁלֵּם? ר"מ אוֹמֵר: כְּשׁוֹמֵר שָׂכָר, ר"י אוֹמֵר: כְּשׁוֹמֵר חִנָּם. רַבִּי זֵירָא אָמַר: הָכָא בְּמַאי עָסְקִינַן — בְּטוֹעֵן טַעֲנַת לִסְטִים מְזוּיָּין, וְנִמְצָא לִסְטִים שֶׁאֵינוֹ מְזוּיָּין.§ "נָפְלָה לְגִינָּה וְנֶהֱנֵית — מְשַׁלֶּמֶת מַה שֶּׁנֶּהֱנֵית".§ אָמַר רַב: [ז]בְּנֶחְבְּטָה. אֲבָל אָכְלָה, אֲפִילּוּ מַה שֶּׁנֶּהֱנֵית אֵינָהּ מְשַׁלֶּמֶת. לֵימָא, רַב לְטַעְמֵיהּ, *דְּאָמַר רַב: הָיָה לָהּ שֶׁלֹּא תֹּאכַל? אָמְרִי: הָכִי הַשְׁתָּא?! אֵימוּר דְּאָמַר רַב הָתָם הָיָה לָהּ שֶׁלֹּא תֹּאכַל, הֵיכָא דְּאִיתַּזְּקָא הִיא, דְּמָצֵי א"ל מָרֵיהּ דְּפֵירֵי: לָא מְשַׁלַּמְנָא. הָיָה לָהּ שֶׁלֹּא תֹּאכַל, לְאַזּוֹקֵי הִיא אַחֲרִינֵי דִּפְטִירָה לְשַׁלּוּמֵי, מִי אָמַר?! אֶלָּא, לָא

תורה אור: שמות כב

רש"י

לא אם אמרת כו'. מתניתא היא [°ולא ידענא היכא תניא]. בכל טענותיו. כלומר כל טענות שעל ידי גנב, בין מזויין ובין שאינו מזויין, דהא שומר חנם פטור בגניבה ואבידה, הלכך כשנמצא שקרן משלם כפל. תאמר בשומר שכר שאינו משלם כפל. בטענת גנב שאינו מזויין, אפי' נמצאת בידו, דהא מעיקרא לא הוה פטר נפשיה מקרנא. אין לי. שיהא שואל חייב. אלא בשבורה ומתה. שהן אונס. שפטר בו שבורה ומתה. דכתיב ביה: "ומת או נשבר או נשבה", וכתיב בתריה: "שבועת ה' תהיה בין שניהם" (שמות כב). חייב בגניבה ואבידה. דכתיב ביה: "אם גנב יגנב" וגו'. מה לשומר שכר כו'. תאמר בשואל שאין בו כפל לעולם, דהא מיחייב באונסין, דכתיב: "ונשבר או מת", וכי נמי טעין לסטים מזויין נטלו הימנו הוה מיחייב נפשיה בקרנא, ומי שאינו בא לגנוב את הקרן לא ישלם כפל. קסבר האי תנא. ד"ונשבר או מת". קרנא בלא שבועה עדיפא מכפילא בשבועה. שואל עדיף שמתחייב בשבורה ומתה בלא שום שבועת שקר, משומר שכר שפטור עליהן. ואע"פ שיש בשומר שכר כפל בטוען טענת לסטים מזויין — אין זה חומר, דכפל אינו בשומרין עד שישבע לשקר שנגנבה הימנו ואח"כ באו עדים, בפרק "מרובה" (לקמן דף סג:), הלכך קנסא משום שבועה הוא דקנסיה רחמנא. מסייע ליה. דלסטים מזויין גנב הוא. ואיני נשבע. דאי בעינא משתבע דנגנבה מפטרינא. לשוכר. דכיון דשילם נמצאת הגניבה שלו. סברוה. רבנן דבעו לסייעיה לרב יוסף מהא: ר"י היא דאמר שוכר כשומר שכר דמי, ב"השוכר את הפועלים" (ב"מ צג.) ומחייב בגניבה. ומדקתני. איני נשבע, מכלל דאי בעי אשתבועי דנגנבה כדקטעין הוה מפטר, והיכי דמי דמפטר? הא מיחייב בגניבה! אלא ודאי דקטעין לסטים מזויין גנבה בחזקה, וקתני דכי נמצא אותו לסטים משלם כפל. שוכר כשומר חנם דמי. ובגנב שאינו מזויין הוה פטר נפשיה מעיקרא. ואי בעית אימא. לעולם ר"י היא, ובגנב שאינו מזויין. וכדמחליף רבה בר אבוה. ב"השוכר את הפועלים". ר' זירא אמר. לעולם כשומר שכר דמי, ואפי' הכי לא תסייעיה, דהאי דקתני כפל — בלסטים שאינו מזויין קאמר. וקתני רישא: איני נשבע, מכלל דאי בעי פטר נפשיה, (ב) במאי עסקינן — בטוען טענת לסטים מזויין, הלכך אי בעי איפטר, וכשנמצא הגנב נמצא שאינו מזויין ובר כפל הוא. אמר רב. האי דקתני מה שנהנית משלמת — שנחבטה קאמר, כשנחבטה על התבואה שיקעתן בקרקע והפסידם, והיא נהנית שלא לקתה מקרקע. ופרכינן: אבל אכלה אפי' מה שנהנית לא משלמת בתמיה. לימא רב לטעמיה דאמר. גבי הכניס פירותיו לחצר חבירו שלא ברשות ב"שור שנגח את הפרה" (לעיל דף מז:) דקתני: הוזקה בהם בהמה של בע"ה חייב בעל הפירות. ואמר רב: כשהוחלקה בהן שנו, אבל אכלה והתריזה — פטור המכניס, דהוה לה שלא תאכל. והכא נמי אמר בעל הבהמה: בירידתה אנוסה היא שהרי נפלה, ובאכילתה היה לה שלא תאכל, ומה אני יכול לעשות. לא

תוספות

לא אם אמרת בשומר חנם. נראה דקאי אהא דבעי למילף בשלהי "המפקיד" (ב"מ דף מא: ושם*) שליחות יד בשומר שכר משומר חנם. אע"ג דשומר שכר מתחייב קרנא בלא שבועה, *קסבר האי תנא כפילא בשבועה עדיפא מקרנא בלא שבועה. ותימה: להאי תנא, מנלן דפרשה ראשונה נאמרה בשומר חנם ושניה בשומר שכר? איפוך אנא, דבפרק "השואל" (שם דף לד:) לא קיימא לן אלא משום דקרנא בלא שבועה עדיפא! ועוד קשה: דבסמוך גבי ק"ו שאין עליו תשובה, דפריך: מה לשומר שכר שכן משלם תשלומי כפל כו', כלומר, ולכך דין הוא שיתחייב בגניבה ואבידה. אדרבה, כיון דחמור הוא ה"ל לומר שלא יתחייב כדי שיתחייב כפלו! וי"ל: דהא פשיטא דעדיפא חומרא דקרנא בלא שבועה מחומרא דכפילא בשבועה, דמי יודע שיבא לידי כך, ולכך יש לנו להעמיד פרשה שניה שחייב קרן בגניבה — בשומר שכר שהוא חמור, ופרשה ראשונה שפטור — בשומר חנם, דדבר פשוט הוא שזה חמור מזה. אבל לעשות פירכא על ק"ו שפיר פרכינא מכפל אע"פ שהוא חומרא קטנה, כיון שאין בלמד, אע"פ שיש בלמד חומרא אחרת חמורה ממנה. והאי תנא דבסמוך דקסבר קרנא בלא שבועה עדיף מכפילא בשבועה, ס"ל דאפי' פירכא אין לעשות ממנה, מפני שזה קולתו גרמה לו שמתחייב בכפל וזה חומרתו גורמת לו שפטור מכפל. וכה"ג איכא בריש ב"מ (דף ד. ושם) גבי ר' חייא תורת הזמה לא פריך. **נמצא** ש"ש משלם תשלומי כפל בטוען טענת לסטים מזויין. אבל אי גזלן הוא — ניחא, דטוען טענת גזלן ונמצא שהוא בידו לא משלם כפל. וא"ת: אכתי נמצא ש"ש משלם כפל בטוען טענת גנב בבעלים! ושמא אין שייך כפל בטוען טענת גנב בענין זה. ואפי' שייך אין לחוש אי המ"ל "ולטעמיך" ולא קאמר. **קסבר** האי תנא קרנא בלא שבועה עדיפא. וא"ת: ורב יוסף דס"ל לעיל אליבא דההוא תנא דלסטים מזויין *הוא, וגם סובר אותו תנא כפילא בשבועה עדיף, א"כ מנלן גניבה ואבידה בשואל? דמשומר שכר לא יליף! וכן יש להקשות לרבי יוחנן דאסיקנא לעיל אליביה דקסבר לסטים מזויין גנב הוא, וב"המפקיד" (ב"מ דף מא:) מוכח דקסבר כפילא בשבועה עדיפא, בשמעתא דשליחות יד צריכה חסרון. וכן סבר התם ר"א, וב"מרובה" (לקמן דף עט: ושם*) ס"ל דכי מיטמר מאינשי גנב הוא אע"פ שבעלים רואין, ומסתמא ס"ל הכי בלסטים מזויין! וי"ל: דנפקא להו מ"וכי ישאל" — וי"ו מוסיף על ענין ראשון וילמד עליון מתחתון ותחתון מעליון, כדמסיק בפרק "השואל" (ב"מ דף נה. ושם). ולאותה מסקנא לא נצטרך ק"ו של ברייתא זו, והא דמייתי ליה התם היינו מקמי דתיקו ליה מ"וכי ישאל" וילמד תחתון מעליון. **סברוה** כר' יהודה דאמר שוכר כנושא שכר דמי. משום דהכי קי"ל כסתם מתני' בפ' בתרא דשבועות (דף מט.) דקתני: נושא שכר והשוכר משלמים את הגניבה ואת האבידה. ורבי ירמיה נמי אית ליה הכי ב"המפקיד" (ב"מ דף לו. ושם*) גבי פעמים שנכנס בחטאת כו'. וביבמות בריש פרק "אלמנה" (ד' סו: ושם*) גבי כהן ששכר פרה מישראל, דמסיק דנהי דמיחייב בגניבה ובאבידה. וב"השואל" (ב"מ דף צז.) נמי גבי מר בר חיננא אגר ליה כודנייתא לבי חוזאי וחייבינהו רבא, ומסיק דנגנבה. לא נ"מ מידי, אלא לפי דבריו דבעי לאוקמא כר"י רוצה להשיב לו. וב"האומנים" (ב"מ ד' פ:) איכא כה"ג: ואי בעית אימא כדמחליף רבה בר אבוה. והתם יתיישב טפי שאומר כן כדי להעמיד התם מתני' כר"מ. ושמא אגב שהביאו שם הביאו כאן. *נפלה לגינה *והזיקה משלמת מה שנהנית. [א] והוא שאינה יכולה לירד. דא"כ אפי' נפלה משלמת מה שהזיקה, דתחילתה בפשיעה וסופה באונס הוא. וסיפא דקתני: ירדה — אורחא דמילתא נקט, והוא הדין נפלה כיון שיכולה לירד. אי

עין משפט נר מצוה

ד"ה קרנא דסלקא דעתא דכפילא כצ"ל רש"ל

לו א מיי' פ"ד מהלכות גניבה הלכה א:
לז ב מיי' פ"א מהל' שכירות הל' ב סמג עשין פט טוש"ע ח"מ סי' שג סעיף יב:
לח ג מיי' שם טוש"ע שם סעיף ב:
לט ד ה מיי' שם סמג שם טוש"ע ח"מ סי' שמ סעיף א:
מ ו מיי' פ"א מהלכות שאלה ופקדון הל' א:
מא ז מיי' פ"ג מהלכות נזקי ממון הלכה יא סמג עשין סז טוש"ע ח"מ סי' שצד סעיף א:

הגהות הב"ח

(א) גמ' שוכר כשומר חנם דמי נ"ב אע"ג דרבה השיב לעיל למודה בבעלי חיים אף שהוא ש"ח דחייב בגניבה כיון דאנקטה נגרי ברייתא מ"מ היינו דוקא שנגנבה באותו ענין שנגרי ברייתא גרמו כו' כדכתבו תוס' לעיל ע"א ד"ה א"ל מודינא לך כו' ע"ש: (ב) רש"י ד"ה רבי זירא וכו' פטר נפשיה הכא במאי:

הגהות הגר"א

[א] תום' ד"ה נפלה כו' והוא כו'. נ"ב והראב"ד חולק על זה וכתב דאין זה פשיעה וכי יאחזנה בזנבה כו':

גליון הש"ם

רש"י ד"ה לא אם אמרת וכו' ולא ידענא. ע' ברכות דף כ"ה ע"ב רש"י ד"ה מאן שמעת וש"נ:

נ"ל גנב הוא וגם ס"ד דכפילא כצ"ל רש"ל

מסורת הש"ס

רש"ל
ב"מ לג.
[ב"מ מא: לד:]
שם לד:
[לעיל מה:]
לעיל מה: ב"מ פ: לג. לה. שבועות מט:
לעיל מז:
[ד"ה ור"י]
[ד"ה שוכר]
[ד"ה דמחייב]
[שייך למתני' לעיל נה:]
[נ"ל ונהגית]

לָא מִבָּעֲיָא קָאָמַר; לָא מִבָּעֲיָא אָכְלָה [א]דִּמְשַׁלֶּמֶת מַה שֶּׁנֶּהֱנֵית, אֲבָל נֶחְבְּטָה — אֵימָא *מַבְרִיחַ אֲרִי מִנִּכְסֵי חֲבֵירוֹ הוּא, וּמַה שֶּׁנֶּהֱנֵית נַמִי לֹא מְשַׁלֵּם, קמ"ל. וְאֵימָא ה"נ! מַבְרִיחַ אֲרִי מִנִּכְסֵי חֲבֵירוֹ מִדַּעְתּוֹ הוּא, הַאי לָאו מִדַּעְתּוֹ. אִי נַמִי, מַבְרִיחַ אֲרִי מִנִּכְסֵי חֲבֵירוֹ לֵית לֵיהּ פְּסֵידָא, הַאי אִית לֵיהּ פְּסֵידָא. הֵיכִי נְפַל? רַב כָּהֲנָא אָמַר: [ב]שֶׁהוּחְלְקָה בְּמֵימֵי רַגְלֶיהָ. רָבָא אָמַר: שֶׁדְּחָפָתָהּ חֲבֶרְתָּהּ. מ"ד שֶׁדְּחָפָתָהּ חֲבֶרְתָּהּ — כָּל שֶׁכֵּן שֶׁהוּחְלְקָה בְּמֵימֵי רַגְלֶיהָ; וּמַאן דְּאָמַר שֶׁהוּחְלְקָה בְּמֵימֵי רַגְלֶיהָ, [ג]אֲבָל דְּחָפָתָהּ חֲבֶרְתָּהּ — פָּשְׁעָה, וּמְשַׁלֶּמֶת מַה שֶּׁהִזִּיקָה, דְּא"ל: *איבָּעֵי לָךְ עֲבוּרֵי חֲדָא חֲדָא. אָמַר רַב כָּהֲנָא: לֹא שָׁנוּ אֶלָּא בְּאוֹתָהּ עֲרוּגָה, אֲבָל מֵעֲרוּגָה לַעֲרוּגָה — מְשַׁלֶּמֶת מַה שֶּׁהִזִּיקָה; וְרַבִּי יוֹחָנָן אָמַר: [ד]אֲפִי' מֵעֲרוּגָה לַעֲרוּגָה, וַאֲפִילּוּ כָּל הַיּוֹם כּוּלּוֹ, עַד שֶׁתֵּצֵא וְתַחֲזוֹר לָדַעַת. א"ר פַּפָּא: לָא תֵּימָא עַד שֶׁתֵּצֵא לָדַעַת וְתַחֲזוֹר לָדַעַת, אֶלָּא [ה]כֵּיוָן שֶׁיָּצְתָה לָדַעַת אע"פ שֶׁחָזְרָה שֶׁלֹּא לָדַעַת; מ"ט? דְּא"ל: כֵּיוָן דְּיָלְפָא, כָּל אֵימַת דְּמִשְׁתַּמְטָא לְהָתָם רָהֲטָא.§ "יָרְדָה כְּדַרְכָּהּ וְהִזִּיקָה — מְשַׁלֶּמֶת מַה שֶּׁהִזִּיקָה".§ בָּעֵי רַבִּי יִרְמְיָה: יָרְדָה כְּדַרְכָּהּ וְהִזִּיקָה בְּמֵי לֵידָה, מַהוּ? [לעיל כא וש"נ] אַלִּיבָּא דְּמַאן דְּאָמַר *תְּחִלָּתוֹ בִּפְשִׁיעָה וְסוֹפוֹ בְּאוֹנֶס חַיָּיב — לָא תִּיבָּעֵי לָךְ, כִּי תִּיבָּעֵי לָךְ — אַלִּיבָּא דְּמַאן דְּאָמַר תְּחִלָּתוֹ בִּפְשִׁיעָה וְסוֹפוֹ בְּאוֹנֶס פָּטוּר, מַאי? מִי אָמְרִינַן: כֵּיוָן דִּתְחִלָּתוֹ בִּפְשִׁיעָה וְסוֹפוֹ בְּאוֹנֶס — פָּטוּר. אוֹ דִלְמָא: הָכָא כּוּלָּהּ בִּפְשִׁיעָה הוּא, דְּכֵיוָן דְּקָא חָזֵי דְּקְרִיבָה לָהּ לְמֵילַד, אִיבָּעֵי לֵיהּ לְנַטּוּרָהּ וּלְאִסְתַּמּוּרֵי

רש"י

לָא מִבָּעֲיָא אָכְלָה דִּמְשַׁלֶּמֶת. מִיהָא מַה שֶּׁנֶּהֱנֵית, אע"ג דְּלֹא פָּשַׁע בִּשְׁמִירָתָהּ, דְּהָא נֶהֱנֵית. **אֲבָל נֶחְבְּטָה.** דַּאֲפִי' בְּהַהִיא הֲזִיקָא אֲנוּסָה הֲוַאי. **אֵימָא.** הַאי בַּעַל הַשָּׂדֶה מַבְרִיחַ אֲרִי מִנִּכְסֵי חֲבֵירוֹ הוּא, שֶׁהִצִּיל אֶת בֶּהֱמַת חֲבֵירוֹ שֶׁלֹּא נֶחְבְּטָה בַּקַּרְקַע, וּמִצְוָה הוּא דַּעֲבַד, וּמִידֵּי לָא לִשְׁקוֹל, קמ"ל. **שֶׁהוּחְלְקָה בְּמֵימֵי רַגְלֶיהָ.** מֵרה"ר לַגִּינָּה, דַּאֲנוּסָה דְּלָא סָלְקָא אַדַּעְתֵּיהּ הוּא. **לֹא שָׁנוּ.** [נדרים לג. ב"ב נג.] דְּמַה שֶּׁנֶּהֱנֵית הוּא דִּמְשַׁלֶּמֶת, וְלֹא מַה שֶּׁהִזִּיקָה. **אֶלָּא.** שֶׁאָכְלָה מִיָּד בְּאוֹתָהּ עֲרוּגָה שֶׁנָּפְלָה שָׁם. דְּכֵיוָן דַּאֲנוּסָה הָיְתָה בִּנְפִילָתָהּ — אֲנוּסָה הָיְתָה נַמִי בַּאֲכִילָתָהּ דְּכֵיוָן דַּחֲזָיָא לִתְבוּאָה תּוֹתָהּ לָא מוֹקְמָה אַנַּפְשָׁהּ. **אֲבָל.** הָלְכָה מֵעֲרוּגָה לַעֲרוּגָה וְאָכְלָה — מְשַׁלֶּמֶת מַה שֶּׁהִזִּיקָה. **לָא תֵּימָא עַד שֶׁתֵּצֵא לָדַעַת.** שֶׁיֵּדְעוּ הַבְּעָלִים שֶׁיָּצְאת. **וְתַחֲזוֹר לָדַעַת.** שֶׁלֹּא נָעַל בְּפָנֶיהָ כָּרָאוּי. **אֶלָּא כֵּיוָן שֶׁיָּצְאת לָדַעַת.** שֶׁיָּדְעוּ בִּילִיאָתָהּ. **אַף עַל גַּב שֶׁחָזְרָה שֶׁלֹּא לָדַעַת.** [ב"מ לג:] דְּהַשְׁתָּא לָא סַגֵּי לָהּ בִּשְׁמִירָה פְּחוּתָה, דְּאָמַר לֵיהּ: כֵּיוָן דְּיָלְפָא כו'. **תְּחִלָּתוֹ בִּפְשִׁיעָה.** דְּאִלּוּ לֵידָה הָיָה לוֹ לְשׁוֹמְרָהּ שֶׁלֹּא תִּכָּנֵס וְתֹאכַל. **וְסוֹפוֹ בְּאוֹנֶס.** לֹא הָיָה יוֹדֵעַ שֶׁתֵּלֵד.

תוספות

א"נ מבריח ארי מנכסי חבירו לית ליה פסידא. וא"ת: והרי פורע חובו, דחשבינן ליה מבריח ארי בריש "אין בין המודר" (נדרים דף לג.), אע"ג דאית ליה פסידא! וי"ל דהכי פי': מבריח ארי מנכסי חבירו — מדעתו, וכיון דמדעתו, אפי' אית ליה פסידא כמו פורע חובו, חשיב מבריח ארי. האי שלא מדעתו. א"נ: מבריח ארי מנכסי חבירו, אפי' כשאינו מדעתו, אלא חבירו מכריחו להבריח ארי מעדרו — לית ליה פסידא למבריח. האי — אית ליה פסידא. וכיון דאיכא תרתי, שלא מדעתו ואית ליה פסידא — לא חשיב מבריח ארי. אבל מדעתו אפי' אית ליה פסידא, או שלא מדעתו ולית ליה פסידא — חשיב מבריח ארי, ואין נותן לו אפי' שכרו. וא"ת: דבסוף "השוכר [את] הפועלים" (ב"מ צג:) אמר דשומר חנם שהיה לו לקדם ברועים ומקלות ולא קדם — חייב. ומפרש: שומר חנם — בחנם, וש"ש — בשכר. ומסיק דחוזר ונוטל מב"ה. ומשמע דשומר חנם לא מחייב לקדם בשכר, אבל כ"ש אם קדם בשכר — דשפיר עבד, ונותנים לו מה שהוציא. ומסתברא דה"ה איניש דעלמא שאינו שומר, וגם שכר עצמו נוטל. ואין סברא לחלק בין רועה עצמו, שמוטל עליו להתעסק ולשמור, לאיניש דעלמא. ועוד אמרינן ב"הגוזל בתרא" (לקמן דף קטו:): שטף נהר חמורו וחמור חבירו, והניח שלו והציל של חבירו — אין לו אלא שכרו. ושכרו מיהא שקיל, ולא אמרינן מבריח ארי בעלמא הוא. וכן משיב אבידה, שנותנין לו שכר כפועל בטל (ב"מ דף לא: ושם) לא אמר דליהוי כמבריח ארי בעלמא ולא יטול כלום. ואין לומר דבכל הנהו, אע"ג דמן הדין היה פטור, מ"מ תקנת חכמים הוא שישלם לו כדי שישיב אבידתו של חבירו, אבל פורע חובו — אין לנו לעשות תקנה ע"י זה. דהא הכא בשמעתין משמע דאי הוה מדעתו הוה חשיב מבריח ארי ולא היה נוטל כלום, אעפ"י שהוא מציל חבירו מן ההפסד לא עשו תקנה. ונראה לר"י: דמבריח ארי שאינו נוטל שכר — היינו כשאין הדבר ברור שיבא לידי הפסד, כגון שהארי רחוק ואין יודע אם יבא כאן הארי אם לאו, ואין מצילו אלא מדאגה ומן הפחד שדואג שמא יבא. אבל אם הדבר ברור שיבא לידי הפסד ולידי דריסת הארי, או מציל מפי הארי עצמו — אז ודאי נוטל שכרו, כמו שטף נהר חמור חבירו. והך דשמעתין מיירי שהצילו ירקות מאער בעלמא, שאין בעל הבהמה רוצה שתחבט בהמתו בארץ ותצטער, אע"פ שלא היו דמיה נפחתין בכך, ולכך היה נחשב מבריח ארי אי הוה מדעתו. ופורע חובו אין מצילו מהפסד, דמה שהיה הלוה זקוק לפרעו — אין זה הפסד, שהרי נתחייב לו, ואינו מצילו אלא מצער בעלמא, וחשיב מבריח ארי. א"נ: כדמפרש טעמא בירושלמי דכתובות (פי"ג) ובנדרים (פ"ד): מפייסא הוינא ליה ומחיל לי, ואפי' במשכון מפייס הוינא ליה ויהיב לי משכוני. ואפי' בב"ח דוחק עצמו מסיק לה בירושלמי. ונראה דהטעם משום שיכול לומר לו: הייתי מוצא הרבה בני אדם שהיו פורעין עבורי, כי דרך אהובים שמרחמים על אהוביהם להציל מן הצער הזה, דהיינו מעין אותו טעם. והא דקרי ב"חזקת הבתים" (ב"ב דף נג.) מבריח ארי נתן צרור והועיל, דסכר מינה מיא והוליא מינה מיא, אע"פ שמצילה מהפסד, שהיה נהר שוטפה — לא נקט לשון מבריח ארי לענין שיפטר חבירו משכר הברחתו, אלא כלומר דאין זה חזקה, דאין זה תיקון כמו רפק בה פורתא או נעל וגדר ופרץ, אלא מגין עליה פורתא שלא תבא לידי קלקול. ורבינו גרשון פסק בתשובה אחת על אנס גוי שאנס ביתו של ישראל, ובא ישראל אחר ולקחו ממנו — שלא יחזיר לבעלים בחנם. אבל רש"י פי' ב"הנזקין" (גיטין דף נח:*) גבי גוי הבא מחמת חוב ומחמת [ד"ה אין בו] אנפרות אין בו משום סיקריקון, שאם החזיק גוי בקרקע של ישראל מחמת חוב שהיה לו עליו או מחמת אנפרות בגזל בעלמא ואינו מסור בידו להרגו — אין בו דין סיקריקון, אפילו אם שהתה י"ב חדש, לתת רביע לבעלים כתיקון חכמים, אלא מחזיר לו הקרקע בחנם. דכיון דאין כאן סיקריקון — לא גמר ומקני מידי. ואע"ג דשהתה י"ב חדש — לא בא לו שעה לכופו, הלכך אין מכירת הגוי מכירה כלל. ור"י אמר: דלא מבעיא במקום שאם לא קנאו ישראל לא היה חוזר לבעלים לעולם, שהיה מוכרו או נותנו לגוי אחר והיה אבוד מן הבעלים לגמרי — דלא חשיב מבריח ארי, כיון שמצילו מן ההפסד. ואפי' קנאו בשויו — מצילו מהפסד הוא, כמו מקדים ברועים ובמקלות בשכר, דאמרינן שנותן שכר עד כדי דמיהם. וה"מ לכושרא דחיותא, או לטרחא יתירתא. אלא אפי' יודע ודאי שאם לא מהדר זה לקנות היה חוזר לבעלים בדמים הללו כל שעה שירצו, דהשתא אין מצילו מן ההפסד — אעפ"כ אין לדמותו כלל למבריח ארי. דכיון שילא הבית מחזקת ישראל ובא ליד הגוי, וזה מוציאו מיד הגוי ומחזירו ליד ישראל — לא דמי למבריח ארי, ונוטל מה שהניחו. ואותם היהודים הבורחים מעירם והשר מחזיק קרקעותיהם שאין בהן טסקאות. ואפי' יש בהן טסקא, אם הניח הקרקעות ביד אחרים לפרוע מהן טסקא, אומר ר"י: שאם בא ישראל וקנאו מיד השר — מחזירם לבעלים, ונוטל מה שהניחו, דאין זה דינא דמלכותא אלא גזילה. כי ראינו במדינה שסביבותינו שמשפט היהודים לעמוד כמו פרשים בכל מקום שירצו, ודין מלכותא היו תופסין שלא יחזיק המושל בנחלת היהודים כשיצאו מעירו, וכן היו נוהגין בכל ארץ בורגוני"א. ואם יש שר שבא לשנות את הדין ולעשות דין לעצמו — אין זה דינא דמלכותא, שהרי זה הדין אין הגון כלל, ודמיא למוכס שאין לו קצבה (לקמן דף קיג.). והיכא שמשביח נכסי חבירו אין דומה כלל למבריח ארי, כגון יורד לתוך שדה חבירו ונטעו שלא ברשות, ומקיף את חבירו משלש רוחותיה, וכגון ההוא ד"האומנין" (ב"מ דף עו.): השוכר את הפועל לעשות בשלו, והראהו בשל חבירו — דנוטל מבעל הבית מה שההנהו. ואין להקשות: בשטף נהר חמור חבירו למה אין לו אלא שכרו, למה [נ"א יאמר] אין לו כל הפסדו? דכיון דבעל חמור עומד שם — מה לנו לעשות לו תקנה שלא מדעתו, אם ירצה* — יתנה (עם) המציל לשלם חמורו. ועוד: דע"כ מיירי ביכול להציל על ידי הדחק, דאל"כ — לימא ליה: מהפקר קזכינא, כדאמרינן התם על חבית של דבש. ומ"מ, שכרו נותן לו, דמסתמא ניחא ליה שכל מי שיציל יטול שכר כל זמן שלא ימחה בידו, כיון שאין יכול להציל אלא ע"י הדחק. **לא** שנו אלא באותה ערוגה. דכיון שתחלת נפילתה באותה ערוגה באונס, אינו חייב להעלותה מאותה ערוגה. אבל מערוגה לערוגה הוי כשדה אחר.
שמין

עין משפט נר מצוה

מב א ב ג ד מיי' פ"ג מהלכות נזקי ממון הלכה יא סמג עשין סז טוש"ע ח"מ סימן שלד סעיף א:
מג ה מיי' שם הלכה יב ועי' בהשגות ובמ"מ טוש"ע שם סעיף ב:

גליון הש"ס

גמ' איבעי לך עבורי. עיין בב"מ דף לג ע"ב תוספות ד"ה איבעי לך:

עין משפט
נר מצוה

שייך לעיל במשנה

מד א ב ג מיי' פ"ד מהל' נזקי ממון הל' יג סמג עשין סז טוש"ע ח"מ סי' שצד סעיף ז:

הגהות הגר"א

[א] תוס' ד"ה שמין כו' וכ"ל דשמין בית סאה. נ"ב והראב"ד פי' דהכי קאמר שאם אכלה פחות מסאה שמין בפ"ע ולר"י בפחות מתרקב:

גי' ת"ח אמתני' וכן הוא בפ' השואל לט: וע"ש

נ"א היה רש"ל

מסורת הש"ס

[לקמן נט.]

נ"א הוא רש"ל

כתובות קה.

תורה אור

וּלְאִסְתַּמּוּרֵי בְּגַוָּהּ? תֵּיקוּ. § "כֵּיצַד מְשַׁלֶּמֶת מַה שֶּׁהִזִּיקָה" וכו'. § מנה"מ? אָמַר רַב מַתָּנָה, דְּאָמַר קְרָא: °"וּבִעֵר בִּשְׂדֵה אַחֵר", *מְלַמֵּד שֶׁשָּׁמִין עַל גַּב שָׂדֶה אַחֵר. הַאי "וּבִעֵר בִּשְׂדֵה אַחֵר" מִבָּעֵי לֵיהּ לְאַפּוּקֵי רה"ר! א"כ, לִכְתּוֹב רַחֲמָנָא: וּבִעֵר בִּשְׂדֵה חֲבֵירוֹ, א"נ: שָׂדֶה אַחֵר, מַאי "בִּשְׂדֵה אַחֵר"? שֶׁשָּׁמִין עַל גַּב שָׂדֶה אַחֵר. וְאֵימָא: כּוּלֵּיהּ לְהָכִי הוּא דַּאֲתָא, לְאַפּוּקֵי רה"ר מְנָלַן? אִם כֵּן, לִכְתְּבֵיהּ רַחֲמָנָא גַּבֵּי תַּשְׁלוּמִין: °"מֵיטַב שָׂדֵהוּ וּמֵיטַב כַּרְמוֹ יְשַׁלֵּם בִּשְׂדֵה אַחֵר", ל"ל דִּכְתַבֵיהּ רַחֲמָנָא גַּבֵּי "וּבִעֵר"? ש"מ תַּרְתֵּי. הֵיכִי שָׁיְימִינַן? א"ר יוֹסֵי בַּר חֲנִינָא: אסְאָה בְּשִׁשִּׁים סְאִין; ר' יַנַּאי אָמַר: בתַּרְקַב בְּשִׁשִּׁים תַּרְקַבִּים; חִזְקִיָּה אָמַר: גקֶלַח בְּשִׁשִּׁים קְלָחִים. מֵיתִיבֵי: אָכְלָה קַב אוֹ קַבַּיִם, אֵין אוֹמְרִים תְּשַׁלֵּם דְּמֵיהֶן, אֶלָּא רוֹאִין אוֹתָהּ כְּאִילּוּ הִיא עֲרוּגָה קְטַנָּה וּמְשַׁעֲרִים אוֹתָהּ; מַאי לָאו בִּפְנֵי עַצְמָהּ? לָא, בְּשִׁשִּׁים. ת"ר: אֵין שָׁמִין קַב — מִפְּנֵי שֶׁמַּשְׁבִּיחוֹ, וְלֹא בֵּית כּוֹר — מִפְּנֵי שֶׁפּוֹגְמוֹ. מַאי קָאָמַר? א"ר פַּפָּא, ה"ק: אֵין שָׁמִין קַב בְּשִׁשִּׁים קַבִּים — מִפְּנֵי שֶׁמַּשְׁבִּיחַ מַזִּיק, וְלֹא כּוֹר בְּשִׁשִּׁים כּוֹרִין — מִפְּנֵי שֶׁפּוֹגֵם מַזִּיק. מַתְקִיף לָהּ רַב הוּנָא בַּר מָנוֹחַ: הַאי "וְלֹא בֵּית כּוֹר", "וְלֹא כּוֹר" מִבָּעֵי לֵיהּ! אֶלָּא אָמַר רַב הוּנָא בַּר מָנוֹחַ מִשְּׁמֵיהּ דְּרַב אַחָא בְּרֵיהּ דְּרַב אִיקָא, הָכִי קָתָנֵי: אֵין שָׁמִין קַב בִּפְנֵי עַצְמוֹ — מִפְּנֵי שֶׁמַּשְׁבִּיחַ נִיזָּק, וְלֹא קַב בְּבֵית כּוֹר — מִפְּנֵי שֶׁפּוֹגֵם נִיזָּק, אֶלָּא בְּשִׁשִּׁים. הַהוּא גַּבְרָא דְּקַץ קַשְׁבָּא מֵחַבְרֵיהּ, אֲתָא לְקַמֵּיהּ דְּרֵישׁ גָּלוּתָא, א"ל: לְדִידִי חֲזִי לִי, וּתְלָתָא תָּאלָתָא בְּקִינָּא הָווּ קָיְימִי וְהָווּ שָׁווּ מֵאָה זוּזֵי, זִיל הַב לֵיהּ תְּלָתִין וּתְלָתָא וְתִילְתָּא. אֲמַר: גַּבֵּי רֵישׁ גָּלוּתָא דְּדָאֵין דִּינָא דְּפַרְסָאָה לָמָּה לִי! אֲתָא לְקַמֵּיהּ דְּר"נ, א"ל: בְּשִׁשִּׁים. א"ל רָבָא: אִם אָמְרוּ בְּנִזְקֵי מָמוֹנוֹ, יֹאמְרוּ בְּנִזְקֵי גוּפוֹ? אֲמַר לֵיהּ אַבַּיֵי לְרָבָא: בְּנִזְקֵי גוּפוֹ מַאי דַּעְתִּיךְ? דְּתַנְיָא: הַמַּבְכִּיר כַּרְמוֹ שֶׁל חֲבֵירוֹ סְמָדָר, רוֹאִין אוֹתוֹ כַּמָּה *הָיְתָה יָפָה קוֹדֶם לָכֵן וְכַמָּה *הִיא יָפָה לְאַחַר מִכָּאן. וְאִילּוּ בְּשִׁשִּׁים לָא קָתָנֵי. אַטּוּ גַּבֵּי בְּהֶמְתּוֹ נַמִי מִי לָא תַּנְיָא כִּי הַאי גַּוְונָא? דְּתַנְיָא: *קְטָמָה נְטִיעָה — רַבִּי יוֹסֵי אוֹמֵר, גּוֹזְרֵי גְזֵירוֹת שֶׁבִּירוּשָׁלַיִם אוֹמְרִים: נְטִיעָה בַּת שְׁנָתָהּ — שְׁתֵּי כֶסֶף, בַּת שְׁתֵּי שָׁנִים — אַרְבָּעָה כֶסֶף; אָכְלָה חָזִיז — רַבִּי יוֹסֵי הַגְּלִילִי אוֹמֵר: נִידּוֹן בַּמְשׁוּיָּיר שֶׁבּוֹ, וַחֲכָמִים אוֹמְרִים: רוֹאִין אוֹתָהּ כַּמָּה הָיְתָה יָפָה וְכַמָּה הִיא יָפָה.

אָכְלָה

שמות כב

שם

רש"י

וּלְאִסְתַּמּוּרֵי בְּגַוָּהּ. לְהִשָּׁמֵר וּלְהִזָּהֵר בָּהּ. הֵיכִי שָׁיְימִינַן. לְבֵית סְאָה דְּמַתְנִי'. סְאָה בְּס' סְאִין. הַאי בֵּית סְאָה דְּקָתָנֵי בְּמַתְנִי' דְּבִשְׁבִיל עֲרוּגָה אַחַת שָׁמִין בֵּית סְאָה – לָאו בֵּית סְאָה בְּאַנְפֵּי נַפְשָׁהּ שָׁיְימִינַן, דְּמַכְחִישִׁין לֵיהּ לַמַּזִּיק, לְפִי שֶׁבֵּית סְאָה נִמְכֶּרֶת בְּיוֹקֶר, לְפִי שֶׁמּוּעָט הוּא וְאֵינוֹ מָצוּי לִימָּכֵר, וְעָנִי שֶׁאֵין יָדוֹ מַשֶּׂגֶת לִדְמֵי קַרְקַע גְּדוֹלָה קוֹנֶה אוֹתוֹ בְּיוֹתֵר מִדָּמָיו, וְקָרַחַת עֲרוּגָה שֶׁל קַב אוֹ קַבַּיִם חֲשִׁיב לוֹ לְפִי דָּמָיו. אֶלָּא שָׁמִין שִׁשִּׁים סְאִים כַּמָּה שָׁוִין, וְרוֹאִין כַּמָּה דָּמִים מַגִּיעִין לְבֵית סְאָה, וְחוֹזְרִין וְשָׁמִין כַּמָּה נִפְחֲתוּ דָּמָיו בִּשְׁבִיל קָרַחַת עֲרוּגָה זוֹ. וְא"ת: לָמָּה הוּזְכַּר בֵּית סְאָה? שֶׁאִם הָיָה שָׁמִין מִתְּחִלָּה הָעֲרוּגָה בְּשִׁשִּׁים סְאִין כַּמָּה הָיוּ יָפִין וְכַמָּה הֵן יָפִין – לֹא הָיָה מְשַׁלֵּם כְּלוּם, שֶׁאֵין קָרַחַת עֲרוּגָה קְטַנָּה נִיכֶּרֶת בְּשִׁשִּׁים סְאִין, אֲבָל בְּבֵית סְאָה נִיכֶּרֶת. תַּרְקַב בְּשִׁשִּׁים תַּרְקַבִּין. שְׁלֹשִׁים סְאִין שָׁמִין, וְלֹא שִׁשִּׁים. דְּא"כ מַפְסַדְתְּ לֵיהּ לַנִּיזָּק, שֶׁאֵין קוֹנִין מְצוּיִין לְשִׁשִּׁים סְאִין, לְפִי שֶׁמְּרוּבִּין הֵן לְאָדָם בֵּינוֹנִי וּמוּעָטִין הֵן לִמְשׁוּפָּע בִּנְכָסִים. קֶלַח בְּס' קְלָחִים. מַה שֶּׁאָכְלָה בְּס' שִׁיעוּרִין כְּמוֹתוֹ. מְשַׁלֵּם דְּמֵיהֶן. כְּמוֹ שֶׁנִּמְכָּרִין קַב אוֹ קַבַּיִם בַּשּׁוּק. **מַאי לָאו בִּפְנֵי עַצְמוֹ.** וְקַשְׁיָא לְכוּלְּהוּ. **לֹא בְּשִׁשִּׁים.** וּלְכָל חַד כִּדְאִית לֵיהּ. **אֵין שָׁמִין קַב בְּשִׁשִּׁים קַבִּים.** אִם אָכְלָה קַב, אֵין שָׁמִין בְּשִׁשִּׁים קַבִּים. מִפְּנֵי שֶׁמַּשְׁבִּיחַ מַזִּיק. דְּשִׁשִּׁים קַבִּים אֵין לָהֶם מֶכֶר, מִפְּנֵי שֶׁמְּרוּבִּין הֵן לְעָנִי, וּמוּעָטִין לְבֵינוֹנִי, וְכָל שֶׁכֵּן לְעָשִׁיר. וְעוֹד: שֶׁאֵין קָרַחַת קַב נִיכֶּרֶת בְּשִׁשִּׁים קַבִּים. **וְלֹא כּוֹר בְּשִׁשִּׁים כּוֹרִין.** אָכְלָה כּוֹר תְּבוּאָה – אֵין שָׁמִין אוֹתָהּ בְּשִׁשִּׁים כּוֹרִין. מִפְּנֵי שֶׁפּוֹגֵם מַזִּיק. לְפִי שֶׁאָדָם הַמְּשׁוּפָּע בִּנְכָסִים וְתָאֵב לִקְנוֹת קַרְקַע גְּדוֹלָה קוֹנֶה אוֹתָהּ כְּשֶׁהוּא מוֹלְאָהּ בְּהַרְבֵּה יוֹתֵר מִדָּמָיו. וְעוֹד: קָרַחַת כּוֹר גְּדוֹלָה הִיא מְאֹד. אֶלָּא כָּל סְאָה שָׁמִין בְּשִׁשִּׁים. **וְלֹא כּוֹר מִבָּעֵי לֵיהּ.** כִּדְקָתָנֵי: אֵין שָׁמִין קַב, וְלֹא קָתָנֵי בֵּית קַב. קַב בְּבֵית כּוֹר. אֵין קָרַחְתּוֹ נִרְאֵית. כּוֹר. שְׁלֹשִׁים סְאָה. **קַשְׁבָּא.** דֶּקֶל. **אֲמַר לֵיהּ.** רֵישׁ גָּלוּתָא, אֲנִי רָאִיתִי. **וּתְלָתָא תָּאלָתָא בְּקִינָּא הָווּ.** שְׁלֹשָׁה דְּקָלִים זֶה אֵצֶל זֶה. **דִּינָא דְּפַרְסָאָה.** שֶׁאֵינוֹ דִּין תּוֹרָה. **אִם אָמְרוּ.** בְּס' לְהָקֵל עַל הַמַּזִּיק. **בְּנִזְקֵי מָמוֹנוֹ.** כַּמֶּה שֶׁאָכְלָה בְּהֶמְתּוֹ וְהִזִּיקָה. **יֹאמְרוּ בְּנִזְקֵי גוּפוֹ.** שֶׁמַּזִּיק בְּעַצְמוֹ בְּיָדַיִם, שֶׁקָּצַץ לַדֶּקֶל. **הַמַּבְכִּיר כַּרְמוֹ.** שִׁיחֵת וְכִילָּה. **קְטָמָה נְטִיעָה** גָּרְסִינַן, בְּהֵמָה שֶׁקָּטְמָה נְטִיעָה. **גּוֹזְרֵי גְזֵירוֹת.** קוֹנְסֵי קְנָסוֹת, אַדְמוֹן וְחָנָן בֶּן אַבְשָׁלוֹם, בְּפֶרֶק בַּתְרָא דִּכְתוּבּוֹת. **חָזִיז.** שַׁחַת. **בַּמְשׁוּיָּיר שֶׁבָּהּ.** רוֹאִין אֶת הַנּוֹטֵר לְפִי מַה שֶּׁמַּעֲלָה כָּל עֲרוּגָה וַעֲרוּגָה בִּימֵי הַקָּצִיר, וּמְשַׁלֵּם. **כַּמָּה הָיְתָה יָפָה.** הַקַּרְקַע לִימָּכֵר, כְּשֶׁהִיא עִם הַשַּׁחַת.

סְמָדָר

תוספות

*שמין **בית סאה באותה שדה.** פי' בקונטרס (בריש פירקין) שאם אכלה ערוגה אחת — שמין אותה אגב בית סאה, כמה היתה יפה קודם שאכלה ממנה, וכמה היא יפה עכשיו. וקשה לר"י: דאי אבית סאה קאי — ה"ל למימר: כמה היה יפה וכמה הוא יפה, בלשון זכר. ועוד: דקבעי בגמ' היכי שיימינן — הלא פירשה יפה משנתינו, ששמין ערוגה בבית סאה! ומה שפ"ה בגמ': היכי שיימינן — דבית סאה באנפי נפשה לא שיימינן, דמכחישין ליה למזיק, דקרחת ערוגה של קב או קביים חשובה לפי דמיו. אלא שמין ס' סאין, ורואין כמה דמים מגיעים לבית סאה וחוזרין ושמין כמה נפחתה בשביל הערוגה. וקשה: דהיכן מלינו שתי שומות הללו? דבקרא לא כתיב אלא "בשדה אחר" ששמין מה שהזיק אגב שדה אחרת, ומן המשנה לא משתמע כלל. ועוד: דלמ"ד בגמ' קלח בששים קלחים, כלומר בששים שיעורים כמותו, אמאי נקט במתניתין בית סאה? ועוד קשה: דפריך בגמרא אכולהו אמוראי מהא דתניא: אכלה קב או קביים רואין אותה כאלו היא ערוגה קטנה ומשערין אותה, מאי לאו בפני עצמה. תקשי ליה *ממתני' דקתני שמשערין אותה בבית סאה! [א] ונראה לפרש: ד"שמין בית סאה" דקתני, היינו: בית סאה הנאכל שמין באותה שדה, כדקתני סיפא במילתא דר"ש: אם סאה — סאה, אם סאתים — סאתים. ולפי שלא פי' משנתינו בכמה שמין אותה, אלא שבאותה שדה שמין אותה מפרש בגמרא היכי שיימינן. ומפרש ר' יוסי בר חנינא: סאה בששים סאין, בין אכלה פחות בין אכלה יותר — לעולם שמין סאה בששים, ומשלם לפי החשבון. חזקיה אומר: קלח בששים קלחים, כלומר: לעולם מה שאכלה בששים שיעורין כמותן. ר' ינאי אומר: תרקב בששים תרקבין, ובין אכלה פחות או יותר — משלם לפי חשבון. ולר' ינאי משביח יותר מזיק מלר' יוסי בר חנינא, דקרחת תרקב אינה ניכרת בשלשים סאין כמו קרחת סאה בס' סאין, כדאמר רב פפא דאין שמין כור בס' כורים מפני שפוגם מזיק. ואע"ג דקתני במתניתין בית סאה באותה שדה, לרבי ינאי לא לשיעורא נקטינן, שאין משערין בו כלל, אלא בתרקב משערין. ונראה לר"י דכי משערין, למר בתרקב ולמר בסאה — לאו בבית סאה זרע קאמר, דהוי נ' על נ'. דאין דומה שדברה משנתינו בזה, דבבהמה אחת איירי, ומתי אכלה כל זה? אלא בסאה פירות קאמר דמשערין, כדקתני: אם סאה סאה. ואין לתמוה על לשון "בית סאה" דקתני במתניתין, דכיון שהפירות מחוברין לקרקע — שייך שפיר לקרות לסאה פירות הנאכל "בית סאה". והא דפריך בגמרא אברייתא: האי ולא בית כור ולא כור מבעי ליה — היינו משום דברישא קתני "קב" ובסיפא "בית כור". ומיהו, אי הוה מפרשינן דבבית סאה זרע קאמר, כגון נ' על נ' — הוי ניחא טפי. אע"ג דבגמרא נקט לכולהו בלא "בית", כדקאמר: סאה תרקב קב וכור — אין להקפיד, דלפעמים קרי נמי לבית כור זרע "כור" סתם, כדאשכחן בפרק "המקבל" (ב"מ דף קה:): נותן ארבעה קבין לכור, ומסיק דארבעה קבין לכור זרע קאמר.

קשבא פי' בקונטרס: דקל. וכן משמע, דקאמר: ותלתא תאלתא בקינא הוו קיימי. ותאלי הם דקלים, כדמוכח ב"החובל" (לקמן דף צב.): חזא תאלי בי גופני, וקאמר גופני קנו דקלי. וקשה: דבפ"ק דע"ז (דף יד:) תנן: דקל טב וחצב ונקלבא. ומפרש בגמ': חצב — קשבא! ושמא יש מיני דקלים הרבה, שאחד קרוי דקל סתם, ואחד קרוי חצב דהיינו קשבא. ובערוך פירש דקשבא הוא דקלא פרסאה.

דדאין דינא דפרסאה. י"מ: של דקל פרסאי, דאמר לקמן הלכתא כוותיה דריש גלותא בדקלא פרסאה. ולפי מה שפירש בערוך דקשבא דקלא פרסאה אי אפשר לפרש כן.

אבלה

אָכְלָה סְמָדָר, רַבִּי יְהוֹשֻׁעַ אוֹמֵר: רוֹאִין אוֹתָן כְּאִילּוּ הֵן עֲנָבִים עוֹמְדוֹת לִיבָּצֵר. וַחכ"א: רוֹאִין כַּמָּה הָיְתָה יָפָה וְכַמָּה הִיא יָפָה. רַבִּי שִׁמְעוֹן בֶּן יְהוּדָה אוֹמֵר מִשּׁוּם רַבִּי שִׁמְעוֹן: בד"א — בִּזְמַן שֶׁאָכְלָה לוּלְבֵי גְפָנִים וְיִחוּרֵי תְאֵנִים, אֲבָל אָכְלָה פַּגִּים אוֹ בוֹסֶר, רוֹאִין אוֹתָן כְּאִילּוּ עֲנָבִים עוֹמְדוֹת לִיבָּצֵר; קָתָנֵי מִיהַת, וַחכ"א: רוֹאִין אוֹתָן כַּמָּה הָיְתָה יָפָה וְכַמָּה הִיא יָפָה, וְלָא קָתָנֵי בְּשִׁשִּׁים! אֶלָּא מַאי אִית לָךְ לְמֵימַר? בְּשִׁשִּׁים, ה"נ בְּשִׁשִּׁים. אָמַר אַבַּיֵי: ר' יוֹסֵי הַגְּלִילִי וְר' יִשְׁמָעֵאל אָמְרוּ דָּבָר אֶחָד; ר' יוֹסֵי הַגְּלִילִי — הָא דַּאֲמָרַן. רַבִּי יִשְׁמָעֵאל, דְּתַנְיָא:* °"מֵיטַב שָׂדֵהוּ וּמֵיטַב כַּרְמוֹ יְשַׁלֵּם" — מֵיטַב שָׂדֵהוּ שֶׁל נִיזָּק וּמֵיטַב כַּרְמוֹ שֶׁל נִיזָּק, דִּבְרֵי ר' יִשְׁמָעֵאל. ר"ע אוֹמֵר: לֹא בָּא הַכָּתוּב אֶלָּא לִגְבּוֹת לַנִּיזָּקִין מִן הָעִידִּית, וְק"ו לַהֶקְדֵּשׁ; וְלָא תֵּימָא כְּרַב אִידִי בַּר אָבִין, דְּאָמַר רַב אִידִי בַּר אָבִין: כְּגוֹן שֶׁאָכְלָה עֲרוּגָה בֵּין הָעֲרוּגוֹת, וְלָא יָדְעִינַן אִי כְּחוּשָׁה הֲוַאי אִי שְׁמֵינָה הֲוַאי, דְּאָמַר: קוּם שַׁלֵּים שְׁמֵינָה בְּמֵיטָב דְּאִיכָּא הָשְׁתָּא — דְּהָכִי לָא אָמְרִינַן, מַאי טַעֲמָא? הַמּוֹצִיא מֵחֲבֵירוֹ עָלָיו הָרְאָיָה. אֶלָּא בְּמֵיטָב דִּלְקַמֵּיהּ, וּמַאי נִיהוּ? כִּי הֵיאַךְ דְּסָלֵיק. אָמַר מָר, ר"ש בֶּן יְהוּדָה אוֹמֵר מִשּׁוּם ר"ש: בַּמֶּה דְּבָרִים אֲמוּרִים — שֶׁאָכְלָה לוּלְבֵי גְפָנִים וְיִחוּרֵי תְאֵנִים. הָא סְמָדָר — רוֹאִין אוֹתָן כְּאִילּוּ עֲנָבִים עוֹמְדוֹת לִיבָּצֵר; אֵימָא סֵיפָא: אָכְלָה פַּגִּים אוֹ בוֹסֶר — הוּא דְּרוֹאִין אוֹתָן כְּאִילּוּ עֲנָבִים עוֹמְדוֹת לִיבָּצֵר, הָא סְמָדָר — רוֹאִין אוֹתָן כַּמָּה הִיא יָפָה וְכַמָּה הָיְתָה יָפָה! אָמַר רָבִינָא, כְּרוֹךְ וּתְנֵי: בד"א — בִּזְמַן שֶׁאָכְלָה לוּלְבֵי גְפָנִים וְיִחוּרֵי תְאֵנִים, אֲבָל אָכְלָה סְמָדָר פַּגִּין אוֹ בוֹסֶר — רוֹאִין אוֹתָן כְּאִילּוּ עֲנָבִים עוֹמְדוֹת לִיבָּצֵר. אִי הָכִי, ר"ש בֶּן יְהוּדָה הַיְינוּ רַבִּי יְהוֹשֻׁעַ! אִיכָּא בֵּינַיְיהוּ °כְּחַשׁ גּוּפְנָא, וְלָא מְסַיְּימִי. אַבַּיֵי אָמַר: מְסַיְּימִי וּמְסַיְּימִי, מַאן תַּנָּא דְּחָיֵישׁ לִכְחַשׁ גּוּפְנָא? ר"ש בֶּן יְהוּדָה הִיא; דְּתַנְיָא,* ר"ש בֶּן יְהוּדָה אוֹמֵר מִשּׁוּם ר"ש בֶּן מְנַסְיָא: אוֹנֵס אֵינוֹ מְשַׁלֵּם אֶת הַצַּעַר, מִפְּנֵי שֶׁסּוֹפָהּ לְהִצְטַעֵר תַּחַת בַּעְלָהּ, אָמְרוּ לוֹ: אֵינוֹ דּוֹמֶה נִבְעֶלֶת בְּרָצוֹן לְנִבְעֶלֶת בְּאוֹנֶס. אָמַר אַבַּיֵי: הָנֵי תַּנָּאֵי וְר"ש בֶּן יְהוּדָה אָמְרוּ דָּבָר אֶחָד; רַבִּי שִׁמְעוֹן בֶּן יְהוּדָה — הָא דַּאֲמָרַן. הָנֵי תַּנָּאֵי מַאי הִיא? דְּתַנְיָא, רַבִּי יוֹסֵי אוֹמֵר: נְכִי חַיָּה, בֶּן עַזַּאי אוֹמֵר: נְכִי מְזוֹנוֹת. מ"ד נְכִי חַיָּה, כ"ש נְכִי מְזוֹנוֹת; ומ"ד נְכִי מְזוֹנוֹת, אֲבָל נְכִי חַיָּה — לָא, דְּאָמַר לֵיהּ: אִתְּתָא דִּידִי פְּקִיחָא הִיא וְלָא מִבָּעֲיָא חַיָּה. רַב פַּפָּא וְרַב הוּנָא בְּרֵיהּ דְּרַב יְהוֹשֻׁעַ עֲבוּד עוּבְדָא כְּוָותֵיהּ דר"נ בְּשִׁשִּׁים. לִישָּׁנָא אַחֲרִינָא: רַב פַּפָּא וְרַב הוּנָא בְּרֵיהּ דְּרַב יְהוֹשֻׁעַ שָׁמוּ דִּקְלָא אַגַּב קְטִינָא דְּאַרְעָא. [א]וְהִלְכְתָא כְּוָותֵיהּ דְּרַב פַּפָּא וְרַב הוּנָא בְּרֵיהּ דְּרַב יְהוֹשֻׁעַ בְּדִקְלָא דְּאַרְמָאָה, [ב]וְהִלְכְתָא כְּוָותֵיהּ דר"ש גָּלוּתָא בְּדִקְלָא פַּרְסָאָה. אֱלִיעֶזֶר זְעֵירָא הֲוָה

תורה אור: דתניא מיטב שדהו — שמות כב

רש"י

סְמָדָר. עֲנָבִים דַּקִּין כְּתַחְלָתָן, לְאַחַר שֶׁפָּרְחוּ מִיָּד. (א) וְכַמָּה הִיא יָפָה. הַקַּרְקַע לִימָּכֵר כְּשֶׁהִיא סְמָדָר, וּלְהָקֵל בָּאוּ. בד"א. (ב) בְּנִישׁוּמִין אַגַּב קַרְקַע. בִּזְמַן שֶׁאָכְלָה לוּלְבֵי גְפָנִים. *הָאֶשְׁכּוֹלוֹת נִרְאֶה בַּחֲנִיטַת הַגְּפָנִים וְנִיכָּר, וַעֲדַיִין לֹא פָּרַח לִהְיוֹת הָעֲנָבִים גְּמוּרִים, וְהוּא לוּלָב. וְכֵן יִחוּר בִּתְאֵנִים. אֲבָל אָכְלָה פַּגִּים. בִּתְאֵנָה, אוֹ בוֹסֶר בַּעֲנָבִים, שֶׁהֵן כְּפוֹל הַלָּבָן, וְהָוֵו כְּפֵירוֹת גְּמוּרִים – רוֹאִין אוֹתָן כו'. לַנִּזָּקִין מִן הָעִידִּית. אוֹתָהּ שׁוּמָא שֶׁשָּׁמוּ ב"ד מֵאָה אוֹ מָאתַיִם – יִגְבֶּה קַרְקַע בְּמֵאָה אוֹ בְּמָאתַיִם מִן הָעִידִּית שֶׁבִּנְכָסָיו. וְלָא תֵּימָא. דְּהַאי מֵיטַב שֶׁל נִיזָּק דְּקָאָמַר ר' יִשְׁמָעֵאל, וְקַשְׁיָא לָן בְּפ"ק:* אָכְלָה כְּחוּשָׁה מְשַׁלֵּם שְׁמֵינָה: וְתָרְצָה רַב אִידִי: כְּגוֹן שֶׁאָכְלָה כו' דְּהַמּוֹצִיא מֵחֲבֵירוֹ עָלָיו הָרְאָיָה וּכְחוּשָׁה הוּא דִּמְשַׁלֵּם. אֶלָּא מַאי מֵיטַב דְּנִיזָּק דְּקָאָמַר ר' יִשְׁמָעֵאל – לָאו בִּסְפֵיקָא מַיְירֵי. וְה"ק: אוֹתָהּ עֲרוּגָה שֶׁאָכְלָה – יְשַׁלֵּם כְּפִי מַה שֶּׁהָיְתָה רְאוּיָה לְהֵיטִיב וּלְהַשְׁבִּיחַ לְקַמֵּיהּ. כִּי הֵיאַךְ דְּסָלֵיק. בִּימוֹת הַקָּצִיר. סְמָדָר. לְאַחַר שֶׁפָּרְחוּ הָעֲנָבִים מִיָּד. וְלוּלָבִין – קוֹדֶם שֶׁפָּרְחוּ. כְּרוֹךְ וּתְנֵי. הוֹסֵיף סְמָדָר עִמָּהֶם בַּמִּשְׁנָה. כְּחַשׁ גּוּפְנָא. לְנַכּוֹת מִן הַתַּשְׁלוּמִין מַה שֶּׁיַּכְחִישׁוּ הָעֲנָבִים בַּגְּפָנִים אִם יַעַמְדוּ שָׁם עַד הַבָּצִיר, שֶׁתָּמִיד יוֹנְקִים לַחְלוּחַ הַגֶּפֶן. אַבַּיֵי אָמַר מְסַיְּימִי וּמְסַיְּימִי וּמַאן תַּנָּא דְּחָיֵישׁ לִכְחַשׁ גּוּפְנָא ר"ש. דִּשְׁמַעְנָא לֵיהּ בְּדוּכְתָּא אַחֲרִיתִי. שֶׁסּוֹפָהּ לְהִצְטַעֵר. אַלְמָא: מְנַכִּין מִן הַתַּשְׁלוּמִין כְּפִי מַה שֶּׁעֲתִידָה לְהַכְחִישׁ. נְכִי חַיָּה. בִּדְמֵי וְלָדוֹת קָמַיְירֵי, דִּמְנַכֶּה לוֹ מַה שֶּׁהַבַּעַל עָתִיד לִיתֵּן בִּשְׂכַר הַמְיַילֶּדֶת. וְנֶזֶק הָאִשָּׁה שֶׁהִיא נִזּוֹקָה וּמִצְטַעֶרֶת עַכְשָׁיו יוֹתֵר מִשֶּׁיֵּשׁ לָהּ חַיָּה – הֲרֵי הוּא מְשַׁלֵּם לָאִשָּׁה נֶזֶק וְצַעַר, וְנִמְצָא הַכֹּל בִּכְלָל. וּמִדְּמֵי וְלָדוֹת שֶׁהוּא נוֹתֵן לַבַּעַל מְנַכִּין שְׂכַר חַיָּה. נְכִי מְזוֹנוֹת. שֶׁהוּא צָרִיךְ לְהוֹסִיף עַל מְזוֹנוֹת אִשְׁתּוֹ בִּימֵי קִישּׁוּיָהּ, וְהָשְׁתָּא אֵין קִישּׁוּי. אַלְמָא: מְנַכִּינַן מַה שֶּׁהוּא עָתִיד לְהוֹצִיא. דִּקְלָא פַּרְסָאָה. חָשׁוּב הוּא מְאֹד, וְנִישּׁוֹם בִּפְנֵי עַצְמוֹ.

מְסָאנֵי

תוספות

אכלה סמדר ר' יהושע אומר רואין אותן כאילו הן ענבים עומדות ליבצר. ואפילו אם נתקלקל המשויירת — משלם כענבים העומדות ליבצר. ודוקא בסמדר, דענבים פעמים שאלו מתקלקלים ואלו ניצולים, לפיכך אין נידונין במשוייר. אבל תבואה רגילה להתקלקל כולה יחד, ובחזיז מודה ר' יהושע, או כרבי יוסי הגלילי או כרבנן. ובתבואה גדולה כמו סמדר בענבים — יסבור כמשוייר שבו. אי נמי: בתבואה לא קנסו כל כך כמו בענבים, ולא יהא נידון כמשוייר שבו לרבי יהושע. ונראה, דאע"ג דאמר ר' יהושע רואין אותן כאילו עומדות ליבצר — מ"מ שמין אותן אגב קרקע. דהא ר"ש נמי קאמר הכי בפגים או בוסר, ועי"כ אגב קרקע שמין אותן, כיון דצריכי לשדה. (ג) ובפירות גמורים דוקא קאמר רבי שמעון דמשלם פירות גמורים, במשנתנו.

ומאי ניהו כי היאך דסליק. הכא משמע דסבר אביי דפליגי דנידון במשוייר שבו. והקשה ר"ת: דבריש "הניזקין" (גיטין דף מח: ושם) ס"ל לאביי דפליגי אי שיימינן בדניזק או בדמזיק! וי"ל: אע"ג דמשמע דפליגי אי בדמזיק אי בדניזק, דהא תניא פ"ק (דף ו:) בהדיא: מיטב שדהו של ניזק, ומיטב כרמו של ניזק, דברי ר' ישמעאל, ר"ע אומר כו'. מ"מ משמע ליה לאביי דבמשוייר נמי פליגי, מדקאמר ר"ע: לא בא הכתוב, דמשמע שרוצה לומר: לא בא הכתוב להחמיר על המזיק כמו שאמרת, אלא דוקא לגבות לנזקין מן העידית לבד. ואי בעידית לחודיה פליגי — א"כ לא היה ר' ישמעאל מחמיר על המזיק טפי מר"ע, אלא אדרבה היה ר"ע מחמיר טפי, דאין חייב לקנות מעידית דניזק אם אין לו, כדפרישית בפ"ק (דף ו: ושם ד"ה כגון).

ר' שמעון בר יהודה היינו רבי יהושע. תימה: אמאי לא קאמר: כרוך ותני, בד"א — בזמן שאכלה לולבי גפנים וסמדר! וי"ל: משום דאין שייך לכלול סמדר בהדי לולבים. דלא הוה ליה להזכיר לולבים, אלא הכי ה"ל למימר: בד"א — בזמן שאכלה סמדר. אבל בהדי פגים ובוסר שייך לכוללו שפיר, דטעמא משום דחשיב כפגין.

איכא בינייהו כחש גופנא ולא מסיימי. וא"ת: לימא תנא בתרא לטפויי ולהחמיר בתשלומין קאתי, כדאמר בריש "המוכר פירות" (ב"ב דף צג:)! וי"ל: דשאני הכא, דדלמא לא בא לטפויי כי אם על חכמים, דאמילתייהו דרבנן קאי.

מאן תנא דחייש לכחש גופנא ר"ש היא. אביי בא לומר דמסיימי שפיר, ולא לאפוקי רבנן דפליגי עליה דר"ש באונס קאתי, דאינהו נמי חיישי. וטעמייהו, משום דאינו דומה נבעלת באונס לנבעלת ברצון, כדקאמרי.

אונס אינו משלם את הצער. בפרק "אלו נערות" (כתובות דף לט. ושם*) גבי הא דתנן: האונס נותן את הצער, בעי בגמרא: צער דמאי, אע"פ דדבר פשוט הוא שיש צער גדול לבתולה שנבעלה מתחילה כשמשיר בתוליה ורוב קטנות חולות מזה. היינו משום דצער דהסרת בתולים פשיטא ליה דלא משלם, לפי שסופה להצטער תחת בעלה. דתנא דמתניתין דהתם חייש לכחש גופנא, מדקתני: שהאונס נותן את הצער ומפתה פטור. ומדפטרינן מפתה אלמא חייש לכחש גופנא מה שסופה להצטער תחת בעלה, הלכך בעי: צער דמאי.

דהוה

עין משפט נר מצוה

מה א ב מיי' פ"ד מהלכות נזקי ממון הלכה יד סמג עשין סז טוש"ע ח"מ סימן שצד סעיף ו:

הגהות הב"ח

(א) רש"י ד"ה כמה היתה יפה: (ב) ד"ה בד"א בנישומין אגב: (ג) תוס' ד"ה אכלה כו' דצריכי לשדה דבפירות:

גליון הש"ס

גמ' כחש גופנא. עיין בב"מ דף קד ע"ב ובתוספות שם ד"ה סבר:

מסורת הש"ס

נ"ל האשכול יעב"ץ

[דף ו:]

לעיל ו: גיטין מח:

כתובות לט. [ע"ש]

[ד"ה צער]

מו א מיי' פי"ז מהל' אישות הלכה יא סמג עשין מח טוש"ע אה"ע סימן ל סעיף יז וסימן ק סעיף ג:

מז ב ג מיי' פ"ג מהל' נזקי ממון הלכה טו ועיין בהשגות ובכ"מ סמג עשין סז טוש"ע ח"מ סימן שנג סעי' ד:

מח ד מיי' שם פי"ד הלכה ה סמג עשין סט טוש"ע ח"מ סימן תיח סעיף ז:

מט ה מיי' שם הלכה ו טוש"ע שם סעיף ח:

נ ו ז ח מיי' שם הלכה ז ועי' בהשגות ובכ"מ טוש"ע שם סעיף ט:

נא ט מיי' שם הלכה ה טוש"ע שם סעי' ז:

הֲוָה סַיֵּים מְסָאנֵי אוּכָּמֵי וְקָאֵי בְּשׁוּקָא דִּנְהַרְדְּעָא, אַשְׁכְּחוּהוּ דְּבֵי רֵישׁ גָּלוּתָא וַא"ל: מַאי שְׁנָא הָנֵי מְסָאנֵי? אֲמַר לְהוּ: דְּקָא מְאַבֵּילְנָא אַיְרוּשָׁלַיִם. אֲמַרוּ לֵיהּ: אַתְּ חֲשִׁיבַתְּ לְאִיתְאַבּוּלֵי אַיְרוּשָׁלַיִם?! סְבוּר יוּהֲרָא הֲוָה, אַתְיוּהּ וַחֲבָשׁוּהּ. אֲמַר לְהוּ: גַּבְרָא רַבָּה אֲנָא. אֲמַרוּ לֵיהּ: מְנָא יָדְעִינַן? אֲמַר לְהוּ: אוֹ אַתּוּן בְּעוּ מִינַּאי מִילְּתָא, אוֹ אֲנָא אִיבָּעֵי מִינַּיְיכוּ מִילְּתָא. אֲמַרוּ לֵיהּ: בְּעֵי אַתְּ. אֲמַר לְהוּ: הַאי מַאן דְּקָץ כּוּפְרָא, מַאי מְשַׁלֵּם? אֲמַרוּ לֵיהּ: מְשַׁלֵּם דְּמֵי כּוּפְרָא. וְהָא הָווּ תַּמְרֵי! א"ל: מְשַׁלֵּם דְּמֵי תַּמְרֵי. אֲמַר לְהוּ: וְהָא לָאו תַּמְרֵי שְׁקַל מִינֵּיהּ! אֲמַרוּ לֵיהּ: אֵימָא לָן אַתְּ. אֲמַר לְהוּ: בְּשִׁשִּׁים. אֲמַרוּ לֵיהּ: מַאן אָמַר כְּוָותִיךְ? אֲמַר לְהוּ: הָא שְׁמוּאֵל חַי וּבֵית דִּינוֹ קַיָּים. שְׁדַרוּ קַמֵּיהּ דִּשְׁמוּאֵל, אֲמַר לְהוּ: שַׁפִּיר קָאָמַר לְכוּ בְּשִׁשִּׁים, וְשַׁבְקוּהוּ.§ "ר"ש אוֹמֵר: אָכְלָה פֵּירוֹת גְּמוּרִים" כו'.§ מ"ט? הָא דְּאָמַר רַחֲמָנָא °"וּבִעֵר בִּשְׂדֵה אַחֵר" – *מְלַמֵּד שֶׁשָּׁמִין עַל גַּב הַשָּׂדֶה, ה"מ מִידֵּי דְּצָרִיךְ לַשָּׂדֶה, הָנֵי כֵּיוָן דְּלָא צְרִיכֵי לַשָּׂדֶה – בְּעֵינַיְיהוּ בָּעֵי שַׁלּוֹמֵי. אָמַר רַב הוּנָא בַּר חִיָּיא א"ר יִרְמְיָה בַּר אַבָּא: דָּן רַב כְּר"מ, וּפָסַק הִלְכְתָא כְּר"ש; דָּן רַב כְּר"מ, דְּתַנְיָא:* [א]כָּתַב לָרִאשׁוֹן וְלֹא חָתְמָה לוֹ, לַשֵּׁנִי וְחָתְמָה לוֹ – אִבְּדָה כְּתוּבָּתָהּ, דִּבְרֵי ר"מ. רַבִּי יְהוּדָה אוֹמֵר: יְכוֹלָה הִיא שֶׁתֹּאמַר: נַחַת רוּחַ עָשִׂיתִי לְבַעְלִי, אַתֶּם מַה לָּכֶם עָלַי. וּפָסַק הִלְכְתָא כְּר"ש, כִּי הָא דִּתְנַן, ר"ש אוֹמֵר: אָכְלָה פֵּירוֹת גְּמוּרִין מְשַׁלֶּמֶת פֵּירוֹת גְּמוּרִין, אִם סְאָה – סְאָה, אִם סָאתַיִם – סָאתַיִם.§ **מתני'** [ב]הַמַּגְדִּישׁ בְּתוֹךְ שְׂדֵה חֲבֵירוֹ שֶׁלֹּא בִּרְשׁוּת, וַאֲכָלָתַן בְּהֶמְתּוֹ שֶׁל בַּעַל הַשָּׂדֶה – פָּטוּר, וְאִם הוּזְקָה בָּהֶן – בַּעַל הַגָּדִישׁ חַיָּיב. וְאִם הִגְדִּישׁ בִּרְשׁוּת – בַּעַל הַשָּׂדֶה חַיָּיב.§ **גמ'** לֵימָא, תְּנַן דְּלָא כְּרַבִּי, דְּאִי כְּרַבִּי, *הָאָמַר: עַד שֶׁיְּקַבֵּל עָלָיו בַּעַל הַבַּיִת לִשְׁמוֹר! אָמַר רַב פָּפָּא: הָכָא [ג]בְּנַטָּר בֵּי דָרֵי עָסְקִינַן, דְּכֵיוָן דְּא"ל "עַיֵּיל וְגָדוֹשׁ" – עַיֵּיל וְאֶנְטַר לָךְ הוּא.§ **מתני'** *[ד]הַשּׁוֹלֵחַ אֶת הַבְּעֵרָה בְּיַד חֵרֵשׁ שׁוֹטֶה וְקָטָן – פָּטוּר בְּדִינֵי אָדָם וְחַיָּיב בְּדִינֵי שָׁמַיִם. [ה]שָׁלַח בְּיַד פִּקֵּחַ – הַפִּקֵּחַ חַיָּיב. [ו]אֶחָד הֵבִיא אֶת הָאוּר וְאֶחָד הֵבִיא אֶת הָעֵצִים – הַמֵּבִיא אֶת הָעֵצִים חַיָּיב. [ז]אֶחָד הֵבִיא אֶת הָעֵצִים וְאֶחָד הֵבִיא אֶת הָאוּר – הַמֵּבִיא אֶת הָאוּר חַיָּיב. [ח]בָּא אַחֵר וְלִיבָּה – הַמְלַבֶּה חַיָּיב, לִיבַּתָּה הָרוּחַ – כּוּלָּן פְּטוּרִין.§ **גמ'** *אָמַר ר"ל מִשְּׁמֵיהּ דְּחִזְקִיָּה: [ט]לֹא שָׁנוּ אֶלָּא שֶׁמָּסַר לוֹ גַּחֶלֶת וְלִיבָּה, אֲבָל מָסַר לוֹ שַׁלְהֶבֶת – חַיָּיב, מ"ט? מַעֲשָׂיו קָא גָּרְמוּ לוֹ; וְרַבִּי יוֹחָנָן אָמַר: אֲפִילּוּ מָסַר לוֹ שַׁלְהֶבֶת – פָּטוּר, מ"ט? צְבָתָא דְּחֵרֵשׁ גָּרְמָה לוֹ, וְלָא מְחַיֵּיב עַד שֶׁיִּמְסוֹר לוֹ גְּוָוזָא סִלְתָּא

מְסָאנֵי אוּכָּמֵי. מִנְהַג אֲבֵלִים. **כּוּפְרָא.** בִּתְמָרִים, כְּבוֹסֶר בַּעֲנָבִים. **דְּמֵי כּוּפְרָא.** אֵינוֹ כְּלוּם לִימָּכֵר עַכְשָׁיו. **וְהָא הָווּ תַּמְרֵי.** לְאַחַר זְמַן. **בְּשִׁשִּׁים.** עִם הַקַּרְקַע, דְּהַכֹּל בִּכְלָל. שֶׁהַקּוֹנֶה קַרְקַע בְּפֵירוֹתֶיהָ נוֹתֵן עֵינָיו קְנָת בַּשֶּׁבַח שֶׁל אַחַר זְמַן. **דָּן רַב.** מַעֲשֶׂה עֲבַד. **פָּסַק הִלְכְתָא.** כְּלוֹמַר: לִימֵּד לַתַּלְמִידִים שֶׁהֲלָכָה כְּר"ש, הֲלָכָה פְּסוּקָה לְדוֹרוֹת. **לֹא חָתְמָה לוֹ.** שָׂדֶה הַמְיוּחֶדֶת לִכְתוּבָּה. **אִבְּדָה כְּתוּבָּתָהּ.** וְלֹא מָצֵית לוֹמַר נַחַת רוּחַ עָשִׂיתִי לְבַעְלִי, דְּא"כ הֲוָה לָהּ לְמֶעֱבַד לָרִאשׁוֹן. אֶלָּא וַדַּאי גָּמְרָה וּמַקְנְיָא. **נַטָּר בֵּי דָרֵי.** שׁוֹמֵר הַגְּרָנוֹת. שֶׁמִּנְהָגָן הָיָה לַעֲשׂוֹת כָּל בְּנֵי הַבִּקְעָה בְּגוֹרֶן אֶחָד, זֶה גְּדִישׁוֹ וְזֶה גְּדִישׁוֹ, וּמְמַנִּין שׁוֹמֵר. וּבְהַהִיא אֲפִי' רַבִּי מוֹדֶה. **מתני'** הַמֵּבִיא אֶת הָעֵצִים חַיָּיב. דְּאִי לָאו אַחֲרוֹן קַמָּא לָא עָבֵיד מִידֵּי. **גמ'** **צְבָתָא.** לָבֶת, טנליי"ש. **גְּוָוזָא.** קוֹלִים.

תורה אור

הוה סיים מסאני אוכמי. משמע שלא היו רגילין במנעלים שחורין. וכן משמע ב"סדר תעניות אלו" (תענית כב. ושם) דקאמר: אדהכי אתא ההוא גברא דסיים מסאני אוכמי ולא רמי חוטי, כדי שלא יכירו בו שהוא יהודי. ותימה: דבפ"ק דביצה (דף טו.) תנן אין משלחין מנעל לבן ביו"ט מפני שצריך בילת הגיר להשחירו. משמע שלא היו נועלים אלא שחור! ואומר ר"ת: דהמנעל ודאי היה שחור, אבל הרצועות היו לבנות. ומסאני אוכמי דהכא ודמסכת תענית — היינו המנעל והרצועות הכל היה שחור. [א] והיינו דאמרינן בפרק "בן סורר" (סנהדרין דף עד: ושם*) בשעת השמד אפי' לשנויי ערקתא דמסאני אסור. שהרצועות היו משונות משל גוים. ואבילות דאליעזר היה כזה שהיה לבוש שחורים ומתכסה שחורים, והיה רוצה שאפי' הרצועות יהיו שחורים, שלא יהא עליו כלל צד לבנונית, מפני חיבתה של ירושלים.

כתב לראשון ולא חתמה לו כו'. בסוף "מי שהיה נשוי" (כתובות דף נה. ושם*) מפרש רב אשי דאפילו ר"מ לא קאמר אלא בשני לקוחות, דאם איתא דנחת רוח עבדה — מקמא אבעי לה למעבד. אבל בלוקח אחד — אפילו ר"מ מודה. וא"ת: דבפ' "הניזקין" (גיטין נח. ושם*) גבי לקח מן האיש וחזר ולקח מן האשה מקחו בטל, אמר רב: לא שנו אלא דא"ל לך חזק וקני, אבל בשטר — קנה. ואלקח מן האיש וחזר ולקח מהאשה קאי, כדמוכח בסוגיא! ואור"י: שיש לחלק בין כתבה בשטר עצמו של בעל, לכתבה שטר בפני עצמו. ועוד אומר ר"י: דאפילו בשטר של בעל איירי התם, אלא שכתבה שהיא עצמה מכרה ללקוחות. אבל חתמה לו דהכא — היינו שמחלה שעבוד כתובתה שיש לה על שדה זו. וכן משמע לשון חתמה — כלומר שנתרצית במקח, ולא מחתה בו. וה"ר אלעזר משנ"ץ פי': דטעמא דרב התם דבשטר קונה — משום דס"ל אחריות טעות סופר הוא, והוי כאילו קבל עליה אחריות, אבל אם פירש בלא אחריות — לא קנה אפי' בשטר. ושמואל דאמר עד שתכתוב לו אחריות — משום דקסבר אחריות לאו טעות סופר הוא. דפליגי בהכי בפ"ק דבבא מציעא (דף יד.), דשמואל קאמר בהדיא דשעבוד צריך לימלך, ורב נמי אמר התם: נמצא שאינו שלו — רב אמר יש לו מעות ויש לו שבח, ומשמע דפשיטא ליה דאפי' לא פירש לו את השבח קאמר רב דיש לו שבח, והיינו משום דאית ליה דאחריות טעות סופר הוא.

ופסק הלכה כר"ש דאמר אכלה פירות גמורין כו'. פי' ר"ת: דמהכא פשיטא לן בפרק "נערה" בכתובות (דף נא. ושם*) דכל העומד לגזוז כגזוז דמי לענין בעל חוב דלא טריף להו, אע"ג דפלוגתא לענין שבועה בפרק "שבועת הדיינין" (שבועות דף מג. ושם*) בענבים העומדים ליבצר אי כבצורות דמיין אי לא. **המגדיש** בתוך שדה חבירו וכו' אצטריך למיתנייה, או למסתמא דלא כרבי, או לאשמועינן דאפילו רבי מודה בהא, כדמפרש בגמרא.

לבתה הרוח כולן פטורין. פר"י: דברוח מצויה איירי, כדמשמע בגמ' דסתם ליבוי דרוח מיירי ברוח מצויה, מדפריך עלה דברייתא: וליהוי כזורה ורוח מסייעתו, ואי ברוח שאין מצויה — הא לא הוה ליה לאסוקי אדעתיה. וא"ת: כיון דמתלבה ברוח מצויה — יתחייב האחרון של הנחת עצים [ואור] דבכל דוכתי אשכחן שמתחייב לענין אש בשיכול להזיק ברוח מצויה, כגון אבנו וסכינו ומשאו שהניחן בראש גגו ונפלו ברוח מצויה והזיקו, וכופף קמת חבירו בפני הדליקה דמטיא ליה ברוח מצויה! ואין לחלק משום דבהנהו אין מחוסר אלא הולכת האש בעלמא ע"י רוח מצויה, אבל כאן מחוסר ליבוי ואין שם אש עליו, ולא קרינא ביה המבעיר את הבערה. דהא בפ"ק (דף ט:) אמר: גחלת כמה דשביק ליה מעמיא עמיא ואזלא, אע"פ שמתנדנדת בטלטולו מעמיא עמיא ואזלא. הא אם דרכה להתלבות ע"י נדנודו של חרס המטלטלה — היה המוסר לו חייב. הכא נמי יהיה האחרון חייב, אע"פ שמחוסר ליבוי! וי"ל: דלבתו הרוח דמתני' קאי א"בא אחר וליבה", דהשתא הוי ליבה וליבתה הרוח, כברייתא דגמ'. וכן משמע לישנא ד"כולן". ובאין בליבויו כדי ללבות, ולא ברוח בפני עצמו כדי ללבות, כמו שמפרש בגמ'. ובתנס דחק לפרש ד"ליבתו הרוח" היינו "ליבה וליבתו הרוח". אלא נראה לפרש: ד"ליבתו הרוח" — היינו שליבתה הרוח בפני עצמה ברוח שאין מצויה. ו"ליבה וליבתו הרוח" בגמ' — בין מצויה בין אין מצויה, וכגון שקודם ליבוי כבר בא הרוח, שליבתו לבסוף איזה רוח שיהיה. דמאחר שבא כבר — כך לי שאינו מצויה כמצויה. וכן משמע מתוך תירוצו של רבא, שתירץ: כגון שליבה ברוח מצויה וליבתו הרוח ברוח שאינה מצויה, מכלל דמעיקרא ס"ד שמעיקרא בא הרוח שלבסוף ליבה. וכן משמע בירושלמי דמתניתין איירי ברוח שאינה מצויה. דגרסינן התם: ליבתו הרוח — כולן פטורין. תמן אמרינן ברוח של אנוסים, אבל ברוח שהעולם מתנהג בו — חייב. ר' יוחנן ור"ל תרוייהו אמרי: אפי' ברוח שהעולם מתנהג בו, שפעמים הוא בא ופעמים אין בא.

ליבה

הגהות הגר"א

[א] תוס' ד"ה הוה כו' והיינו דאמרינן כו'. נ"ב אבל הרי"ף והרא"ש (בסנהדרין שם) כתבו של ישראל היו שחורות ושלהם אדומות:

[ד"ה אפילו] [ד"ה כתבה] [ד"ה אבל] [ד"ה סוף] [ד"ה כבצורות]

שמות כב [לעיל נה:]

כתובות נה.

לעיל מז: ב"מ פא: ביצה מ.

לעיל כב: נו. קדושין מב:

לעיל ט: [ע"ש] כב: [ע"ש]

רש"י

סִלְתָּא. עֵלִיס דַּקִּיס. נִיבָה. כְּשֶׁחָדָס מְדַבֵּר – מְנַעְנֵעַ שְׂפָתָיו, וְרוּחַ יוֹצֵח. לֶיהֱוֵי כְּזוֹרֶה. דְּחַיָּיב מִשּׁוּס מְלָחכָה בְּשַׁבָּת, חַע"פ שֶׁהָרוּחַ מְסַיַּיעְתּוֹ כְּשֶׁהוּח מַגְבִּיהַּ הַתְּבוּחָה בְּרַחַת שֶׁקּוֹרִין פליי"ח. מִצַּד אַחֵר. דְּלָח הֲהֲנֵי חִיהוּ. כְּגוֹן שֶׁלִּיבָּה בְּרוּחַ מְצוּיָה. כְּשֶׁמַּתְחִיל לְלַבּוֹת לֹח הָיְתָה הָרוּחַ נוֹשֶׁבֶת בַּחֲזָקָה, וְלֹח הָיָה מַבְעִיר בְּכָךְ. וּבָחתָה רוּחַ שֶׁחֵינָהּ מְצוּיָה וְלִבַּתּוּ, דְּמִילְּתָח דְּלָח סָלֵיק חַדַּעְתָּח הוּח. חֲבָל זוֹרֶה לְעִנְיַן שַׁבָּת סַגִּי לָהּ בְּרוּחַ מְצוּיָה, וּלְהָכִי חִיכַּוֵּין. צַמְרָה צַמּוּרֵי. לְשׁוֹן חִישְׁתָּח לְמִירְתָּח (שבת דף סו.) = חֲמִימוּת. כְּלוֹמַר: שֶׁלֹּח נָפַח מַמָּשׁ חֶלָּח בִּנְשִׁימָה, כְּדֶרֶךְ הַמְחַמֵּס בִּנְשִׁימָתוֹ חֶת יָדָיו, דְּחֵין זֶה לִיבּוּי כְּלָל. מְלֶאכֶת מַחֲשֶׁבֶת. נִתְקַיְּימָה מַחְשַׁבְתּוֹ, דְּנִיחָח לֵיהּ בְּרוּחַ מְסַיַּיעְתּוֹ. **מתני'** אוֹ עָפָר. לְחֲכָה נִירוֹ וְנִתְקַלְקֵל. **גמ'** דִּשְׁכִיחַ אֵשׁ גַּבַּיְיהוּ. חֵין בְּנֵי חָדָס מִזְדַּהֲרִין בָּהֶן, דִּלְכָךְ עוֹמְדִין, הִלְכָּךְ חִיכָּח לְמֵימַר זֶה פָּשַׁע. אֲבָל גָּדִישׁ כו'. דְּחִיכָּח לְמֵימַר חָנוּס הָיָה. [ולר"י]. פְּלוּגְתָּח דְּרַבִּי יְהוּדָה בְּהַחי פִּירְקָח (ד' סא:). כָּל בַּעֲלֵי קוֹמָה. חַף בַּעֲלֵי חַיִּיס וְחִילָנוֹת. נִירוֹ. חֲרִישָׁה שֶׁלֹּח נִזְרַע. סִכְסוּךְ שַׁיָּיךְ בַּחֲבָנִים, לְחִיכָה בִּשְׁחָר דְּבָרִים. הֲוָה אָמִינָא מַה שֶּׁבַּשָּׂדֶה. תְּבוּחָה, קָחָמַר קְרָח, וְלֹח קַרְקַע מַמָּשׁ. לְהָכִי כָּתַב קָמָה בְּהֶדְיָח, דְּהָשְׁתָּח חִתְרַבֵּי "שָׂדֶה" לְגוּפָהּ שֶׁל קַרְקַע. הָכִי גָּרְסִינַן: כּוּלֵּי הַאי נַמִי לְאַיִן דּוֹמִין. כְּלוֹמַר, לְהֶבֶל חֲשׁוּבִים הַצַּדִּיקִים, שֶׁקּוֹדְמִים לְפוּרְעָנוּת. טִיבוּתָא הוּא. שֶׁלֹּח יִרְחוּ בְּרָעָה הָעֲתִידָה לָבֹח, דִּכְתִיב כו'.

גמרא

תורה אור

סִלְתָּא שְׁרָגָא, דְּהַהוּא וַדַּאי מַעֲשֶׂה דִּידֵיהּ גָּרְמוּ.§ "שָׁלַח בְּיַד פִּקֵּחַ — הַפִּקֵּחַ חַיָּיב" וכו'.§ אָמַר ר"נ בַּר יִצְחָק: מַאן דְּתָנֵי "לִיבָּה" לָא מִשְׁתַּבֵּשׁ, וּמַאן דְּתָנֵי "נִיבָּה" לָא מִשְׁתַּבֵּשׁ. מַאן דְּתָנֵי לִיבָּה לָא מִשְׁתַּבֵּשׁ, דִּכְתִיב: °"בְּלַבַּת אֵשׁ"; וּמַאן דְּתָנֵי נִיבָּה לָא מִשְׁתַּבֵּשׁ, דִּכְתִיב: °"בּוֹרֵא נִיב שְׂפָתָיִם".§ "לִבְּתָה הָרוּחַ — כּוּלָּן פְּטוּרִין".§ ת"ר: [א]לִיבָּה וְלִבְּתָה הָרוּחַ, אִם יֵשׁ בְּלִבּוּיוֹ כְּדֵי לְלַבּוֹתָהּ — חַיָּיב, וְאִם לָאו — פָּטוּר. אַמַּאי? לֶיהֱוֵי *כְּזוֹרֶה וְרוּחַ מְסַיַּיעְתּוֹ! אָמַר אַבַּיֵי: הָכָא בְּמַאי עָסְקִינַן — כְּגוֹן שֶׁלִּיבָּה מִצַּד אֶחָד, וְלִבַּתּוּ הָרוּחַ מִצַּד אַחֵר. רָבָא אָמַר: כְּגוֹן שֶׁלִּיבָּה בְּרוּחַ מְצוּיָה, וְלִבַּתּוּ הָרוּחַ בְּרוּחַ שֶׁאֵינָהּ מְצוּיָה. ר' זֵירָא אָמַר: כְּגוֹן דְּצַמְרָה צַמּוּרֵי. רַב אַשִׁי אָמַר: [א] כִּי אָמְרִינַן זוֹרֶה וְרוּחַ מְסַיַּיעְתּוֹ — ה"מ לְעִנְיַן שַׁבָּת, *דִּמְלֶאכֶת מַחֲשֶׁבֶת אָסְרָה תּוֹרָה, אֲבָל הָכָא גְּרָמָא בְּעָלְמָא הוּא, וּגְרָמָא בִּנְזָקִין פָּטוּר.§ **מתני'** [ב]הַשּׁוֹלֵחַ אֶת הַבְּעֵרָה, וְאָכְלָה עֵצִים אוֹ אֲבָנִים אוֹ עָפָר — חַיָּיב, שֶׁנֶּאֱמַר: °"כִּי תֵצֵא אֵשׁ וּמָצְאָה קוֹצִים וְנֶאֱכַל גָּדִישׁ אוֹ הַקָּמָה אוֹ הַשָּׂדֶה שַׁלֵּם יְשַׁלֵּם הַמַּבְעִיר אֶת הַבְּעֵרָה".§ **גמ'** אָמַר רָבָא: לָמָּה לִי דִּכְתַב רַחֲמָנָא "קוֹצִים" "גָּדִישׁ" "קָמָה" "וְשָׂדֶה"? צְרִיכִי, דְּאִי כְּתַב רַחֲמָנָא "קוֹצִים", ה"א: קוֹצִים הוּא דְּחַיֵּיב רַחֲמָנָא, מִשּׁוּם דִּשְׁכִיחַ אֵשׁ גַּבַּיְיהוּ וּשְׁכִיחַ דְּפָשַׁע, אֲבָל גָּדִישׁ דְּלָא שְׁכִיחַ אֵשׁ גַּבַּיְיהוּ וְלָא שְׁכִיחַ דְּפָשַׁע — אֵימָא לָא; וְאִי כְּתַב רַחֲמָנָא "גָּדִישׁ", הֲוָה אָמִינָא: גָּדִישׁ חַיֵּיב רַחֲמָנָא, מִשּׁוּם דְּהֶפְסֵד מְרוּבֶּה הוּא, אֲבָל קוֹצִים דְּהֶפְסֵד מוּעָט — אֵימָא לָא; "קָמָה" לָמָּה לִי? מַה קָּמָה בְּגָלוּי, אַף כֹּל בְּגָלוּי. וּלְר' יְהוּדָה, *דִּמְחַיֵּיב אַנִּזְקֵי טָמוּן בָּאֵשׁ, "קָמָה" לָמָּה לִי? לְרַבּוֹת כָּל בַּעֲלֵי קוֹמָה. וְרַבָּנַן, לְרַבּוֹת כָּל בַּעֲלֵי קוֹמָה מְנָא לְהוּ? נָפְקָא לְהוּ מֵ"אוֹ הַקָּמָה". וְרַבִּי יְהוּדָה? "אוֹ" מִיבְּעֵי לֵיהּ לְחַלֵּק. וְרַבָּנַן, לְחַלֵּק מְנָא לְהוּ? נָפְקָא לְהוּ מֵ"אוֹ הַשָּׂדֶה". וְרַבִּי יְהוּדָה? *אַיְּדֵי דִּכְתַב רַחֲמָנָא "אוֹ הַקָּמָה", כְּתַב "אוֹ הַשָּׂדֶה". "שָׂדֶה" לָמָּה לִי? לְאַתּוֹיֵי [ג]לְחֲכָה נִירוֹ וְסִכְסְכָה אֲבָנָיו. וְלִכְתּוֹב רַחֲמָנָא "שָׂדֶה" וְלָא בָּעֵי הָנָךְ! צְרִיכָא, דְּאִי כְּתַב רַחֲמָנָא "שָׂדֶה", הֲוָה אָמִינָא: מַה שֶּׁבַּשָּׂדֶה אִין, מִידֵּי אַחֲרִינָא לָא, קמ"ל. אר"ש בַּר נַחְמָנִי א"ר יוֹנָתָן: אֵין פּוּרְעָנוּת בָּאָה לָעוֹלָם אֶלָּא בִּזְמַן שֶׁהָרְשָׁעִים בָּעוֹלָם, וְאֵינָהּ מַתְחֶלֶת אֶלָּא מִן הַצַּדִּיקִים תְּחִלָּה, שֶׁנֶּאֱמַר: "כִּי תֵצֵא אֵשׁ וּמָצְאָה קוֹצִים", אֵימָתַי אֵשׁ יוֹצְאָה? בִּזְמַן שֶׁקּוֹצִים מְצוּיִן לָהּ. וְאֵינָהּ מַתְחֶלֶת אֶלָּא מִן הַצַּדִּיקִים תְּחִלָּה, שֶׁנֶּאֱמַר: "וְנֶאֱכַל גָּדִישׁ"; "וְאָכַל גָּדִישׁ" לֹא נֶאֱמַר, אֶלָּא "וְנֶאֱכַל גָּדִישׁ", שֶׁנֶּאֱכַל גָּדִישׁ כְּבָר.§ תָּאנֵי רַב יוֹסֵף: מַאי דִּכְתִיב: °"וְאַתֶּם לֹא תֵצְאוּ אִישׁ מִפֶּתַח בֵּיתוֹ עַד בֹּקֶר"? כֵּיוָן שֶׁנִּיתַּן רְשׁוּת לַמַּשְׁחִית אֵינוֹ מַבְחִין בֵּין צַדִּיקִים לִרְשָׁעִים; וְלֹא עוֹד, אֶלָּא שֶׁמַּתְחִיל מִן הַצַּדִּיקִים תְּחִלָּה, שֶׁנֶּאֱמַר: °"וְהִכְרַתִּי מִמֵּךְ צַדִּיק וְרָשָׁע". בָּכֵי רַב יוֹסֵף, כּוּלֵּי הַאי נַמִי לְאַיִן דּוֹמִין! א"ל אַבַּיֵי: טִיבוּתָא הוּא לְגַבַּיְיהוּ, דִּכְתִיב: °"כִּי מִפְּנֵי הָרָעָה נֶאֱסַף הַצַּדִּיק". אָמַר רַב יְהוּדָה אָמַר רַב:

לְעוֹלָם

תוספות

ליבה ולבתה הרוח אם יש בליבויו כדי ללבות חייב ואם לאו פטור. בשאין ברוח בפני עצמו כדי ללבות מיירי. דאי בשיש בו כדי ללבות — אפילו כשיש בליבוי המלבה כדי ללבות, למה יתחייב? דבלאו איהו נמי היה הולך ומזיק. אלא ודאי כשאין ברוח כדי ללבות מיירי, ולכך כשיש בליבויו כדי ללבות — חייב המלבה, כי הוא עשה הכל. דהוה ליה כמו זה יכול וזה אינו יכול, דחשיב אינו יכול מסייע שאין בו ממש בפרק "המצניע" (שבת ד' צג. ושם*). ואם אין בליבויו כדי ללבות, אע"פ שגם ברוח אין כדי ללבות — פטור, דלא מיחייב משום אשו אלא אם כן עשה כל כך בפני עצמו בלא סיוע הרוח או דבר אחר, שיוכל להזיק ברוח מצויה אחר גמר המעשה שלו. דהכי משמע "המבעיר את הבערה" — שבפני עצמו עשה את הבערה שיכול להזיק ברוח מצויה. ולכך כאן פטור, דבלאו ליבוי לא היתה יכולה להזיק, והליבוי דהיינו גמר עשייתה לא עשה המלבה בפני עצמו. ופריך: אמאי פטור? ליהוי כשעושה הליבוי ע"י סיוע הרוח כאילו עשאה בפני עצמו, כמו לענין שבת דחשיב זורה ורוח מסייעתו כעושה בפני עצמו! ומשני אביי: הכא במאי עסקינן — כגון שליבה מצד אחד. שבענין זה אין דרך הרוח לסייעו, ולכך, כי מתרמי שנסתייע בליבוי הרוח — פטור, דלא הוה ליה לאסוקי אדעתיה שיצטרף ליבוי הרוח עם ליבויו, דלא שכיח שיצטרפו, ולא הו"ל להזהר בכך יותר מברוח שאין מצויה, כך פר"י. ועוד יש לפרש: כגון שליבה מצד אחד — שאין בליבויו ללבות כל המדורה, ולא ברוח. אלא צד אחד דמדורה ליבה הוא, וצד אחר ליבה הרוח. ואם לא היתה המדורה מתלבה כי אם מצד אחד — היה הולך וכבה, מחמת שהוא מועט. ומחמת שהאשות מתחברות יחד — מתגדלת האש ומזקת. ולא דמי השתא לזורה ורוח מסייעתו, דמה שליבה לא סייע הרוח כלום. **רבא** אמר כגון שליבה ברוח מצויה וליבתה הרוח ברוח שאין מצויה. וה"פ: אם יש בליבויו כדי ללבות עם רוח מצויה — חייב, דחשיב כאילו עושה הכל בפני עצמו. ואם לאו, שאין בליבויו בהדי רוח מצויה כדי ללבות, אלא ע"י רוח שאין מצויה שסייעתו — נעשה המלבה פטור, דברוח שאינה מצויה לא הוה ליה לאסוקי אדעתיה. **רבי** זירא אמר כגון דצמרה צמורי. לא נפח באור כעין נשיבת הרוח, אלא חוס הבל פיו הוליא על האור ללבותו. והכי קאמר: אם יש בליבויו בפני עצמו כדי ללבות — חייב, ואם לאו — פטור, אע"פ שבסיוע הרוח מלבה. דלא הוה ליה לאסוקי אדעתיה שתצטרף נשיבת הרוח לצימור שלו, ויסתייע על ידה ללבות. דלא שכיח שתצטרף נשיבת הרוח עם הצימור לסייעו, כי הם מקלקלים זה את זה, אע"פ שבניהם מצד אחד, כי הצימור חם והרוח קר.

רב אשי אמר כי אמרינן זורה ורוח מסייעתו הני מילי לענין שבת דמלאכת מחשבת אסרה תורה. וכשגורם לזרות, הרוח המסייעתו הוי מלאכת מחשבת, ולהכי חייב בגרמת זרייה זו. אבל עושה מעשה של זרייה בפני עצמו לא אקרי (זורה) לכך הכא לא מקרי מבעיר אלא גורם, והתורה לא חייבה אלא מבעיר ולא הגורם (אלא) הבערה ע"י רוח המסייעתו. ולהכי חשיבא הא גרמא לענין האש ככל שאר גרמות, דקי"ל: גרמא בנזקין פטור. ומר בר רב אשי דפריך גבי רקתא ב"לא יחפור" (ב"ב דף כו. ושם*): מאי שנא מזורה ורוח מסייעתו — מצי סבר כרב אשי דהכא, דהתם לענין חיוב הרחקה חשיב גירי דיליה, וצריך להרחיק. ואפי' *ר' יוסי כמו הרחקת סולם מהשובך חשיב גירי דיליה לענין הרחקה, אע"ג דלא חשיב ליה התם אלא גרמא, דפטור מתשלומין — מ"מ אסור, וצריך להרחיק. וגץ היוצא מתחת הפטיש, דחשיב מזיק — משום דניחא ליה דתיזל, ומכה בכח כל כך שאחר גמר כחו יזיק ברוח מצויה. וכן משני ב"לא יחפור". ולא רצה להעמיד שמכה כל כך בכח עד שמזיק בכח אדם לבדו בלא רוח — דאם כן לא הוה תני לה גבי נזקין דאש, אלא גבי נזקין דאדם.

והכא גרמא בנזקין. מתוך כך נראה דאם שנים הביאו עצים ואור וליבו שניהם, ואין בכל אחד כדי ללבות — פטור. ותימה הוא.

לרבות כל בעלי קומה. בקונטרס פירש: כל ב"ח. אבל בירושלמי משמע דמרבי אילנות וכל דבר המחובר. והכי איתא התם: אי מה הגדיש מיוחד שהוא תלוש מן הקרקע, אף כל שהוא תלוש מן הקרקע — ת"ל "או הקמה".

לעולם

עין משפט נר מצוה

נב א מיי' פי"ד מהל' נזקי ממון הלכה ז ועיין בהשגות ובמ"מ סמג עשין סז טוש"ע ח"מ סימן תיח סעיף ט ועיין שם בהג"ה ובב"י:

[א] [רב אלפס בקומו ועוד בב"ב פ"ב דף קסו]:

נג ב ג מיי' שם הל' ח טוש"ע שם סעיף ב:

גליון הש"ס

גמ' או מיבעי ליה לחלק. עיין חולין דף פו ע"ב תוס' ד"ה לחלק וצ"ע:

מסורת הש"ס

[ב"ב כו.]

[לעיל כו: ביצה יג: חגיגה י: סנהדרין סב: זבחים מז. כריתות יט:]

[לעיל ה: לקמן סא:]

[לעיל נה. ושם נסמן]

[ד"ה אמר] [ד"ה זיקא] [ר"מ מ"ז] [רש"ל מ"ז] [צ"ל לר' יוסי יעב"ץ]

שמות ג | ישעיה נז | שמות כב | שמות יב | יחזקאל כא | ישעיה נז

עין משפט
נר מצוה

נד א מיי' פ"ח מהלכות חובל ומזיק הלכה ב ג סמג עשין עא טוש"ע ח"מ סימן שפח סעיף ב:
נה ב מיי' פ"ה מהל' מלכים הלכה ג:

מסורת הש"ס

*לעולם יכנס אדם בכי טוב ויצא בכי טוב, שנאמר: °"ואתם לא תצאו איש מפתח ביתו עד בקר". ת"ר: דבר בעיר – כנס רגליך, שנאמר: "ואתם לא תצאו איש מפתח ביתו עד בקר", ואומר: °"לך עמי בא בחדריך וסגור דלתיך בעדך", ואומר: °"מחוץ תשכל חרב ומחדרים אימה". מאי "ואומר"? וכי תימא: ה"מ בליליא, אבל ביממא לא – תא שמע: "לך עמי בא בחדריך וסגור דלתיך"; וכי תימא: ה"מ [היכא] דליכא אימה מגואי, אבל היכא דאיכא אימה מגואי, כי נפיק יתיב ביני אינשי בצוותא בעלמא טפי מעלי – ת"ש: "מחוץ תשכל חרב ומחדרים אימה", אע"ג דמחדרים אימה – מחוץ תשכל חרב. ●רבא בעידן רתחא הוי סכר כוי, דכתי': °"כי עלה מות בחלונינו". ת"ר: רעב בעיר – פזר רגליך, שנא': °"ויהי רעב בארץ וירד אברם מצרימה [לגור] (ויגר) שם", ואומר: °"אם אמרנו נבא העיר והרעב בעיר ומתנו שם". מאי "ואומר"? וכי תימא: ה"מ היכא דליכא ספק נפשות, אבל היכא דאיכא ספק נפשות לא – ת"ש: °"לכו ונפלה אל מחנה ארם אם יחיונו נחיה". ת"ר: דבר בעיר – אל יהלך אדם באמצע הדרך, מפני שמלאך המות מהלך באמצע הדרכים. דכיון דיהיבא ליה רשותא מסגי להדיא; שלום בעיר – אל יהלך בצדי דרכים. דכיון דלית ליה רשותא, מחבי חבויי ומסגי.

שמות יב | ישעיה כו | דברים לב | ירמיה ט | בראשית יב | מלכים ב ז | שם

ת"ר: דבר בעיר – אל יכנס אדם יחיד לבית הכנסת, שמלאך המות מפקיד שם כליו. וה"מ היכא דלא קרו ביה דרדקי, ולא מצלו ביה עשרה. ת"ר: כלבים בוכים – מלאך המות בא לעיר, כלבים משחקים – אליהו הנביא בא לעיר; וה"מ דלית בהו נקבה.§ יתיב רב אמי ורב אסי קמיה דר' יצחק נפחא, מר א"ל: לימא מר שמעתתא, ומר א"ל: לימא מר אגדתא. פתח למימר אגדתא ולא שביק מר, פתח למימר שמעתתא ולא שביק מר. אמר להם: אמשול לכם משל, למה הדבר דומה? לאדם שיש לו שתי נשים, אחת ילדה ואחת זקינה, ילדה מלקטת לו לבנות, זקינה מלקטת לו שחורות, נמצא קרח מכאן ומכאן; אמר להן: אי הכי, *אימא לכו מלתא דשויא לתרוייכו: °"כי תצא אש ומצאה קוצים" – תצא מעצמה, "שלם ישלם המבעיר את הבערה" – אמר הקב"ה: עלי לשלם את הבערה שהבערתי, אני הצתי אש בציון, שנאמר: °"ויצת אש בציון ותאכל יסודותיה", ואני עתיד לבנותה באש, שנאמר: °"ואני אהיה לה חומת אש סביב ולכבוד אהיה בתוכה"; שמעתתא, *פתח הכתוב בנזקי ממונו וסיים בנזקי גופו, לומר לך: אשו משום חציו.§ °"ויתאוה דוד ויאמר מי ישקני מים מבור בית לחם אשר בשער. ויבקעו שלשת הגבורים במחנה פלשתים וישאבו מים מבור בית לחם אשר בשער" [וגו'] מאי קא מיבעיא ליה? אמר רבא אמר ר"נ: טמון באש קמיבעיא ליה, אי כר' *יהודה אי כרבנן, ופשטו ליה מאי דפשטו ליה. רב הונא אמר: גדישים דשעורים דישראל הוו דהוו מטמרי פלשתים בהו, וקא מיבעיא ליה: מהו להציל עצמו בממון חבירו? שלחו ליה: *אאסור להציל עצמו בממון חבירו, אבל אתה מלך אתה, ב[ומלך] *פורץ לעשות לו דרך ואין מוחין בידו. ורבנן, ואיתימא רבה בר מרי אמרו: גדישים דשעורין דישראל הוו, וגדישין דעדשים דפלשתים, (א) וקא מיבעיא להו: ●מהו ליטול גדישין של שעורין דישראל ליתן לפני בהמתו, על מנת לשלם גדישין של עדשים דפלשתים? שלחו ליה: *°"חבול ישיב רשע גזילה ישלם", אע"פ שגזילה משלם – רשע הוא, אבל אתה מלך אתה, ומלך פורץ לעשות לו דרך ואין מוחין בידו. בשלמא למאן דאמר לאחלופי, היינו דכתיב חד קרא: °"ותהי שם חלקת השדה מלאה עדשים", וכתיב חד קרא: °"ותהי חלקת השדה מלאה שעורים"; אלא למאן דאמר למקלי, מאי איבעיא להו להני תרי קראי? אמר לך: דהוו נמי גדישים דעדשים דישראל דהוו מיטמרו בהו פלשתים. בשלמא למאן דאמר למקלי, היינו דכתיב: °"ויתיצב בתוך החלקה ויצילה", אלא למ"ד לאחלופי, מאי "ויצילה"? דלא שבק להו לאחלופי. בשלמא הני תרתי, היינו דכתיב תרי קראי, אלא

[סנהדרין לט.] | שמות כב | זכריה ב | איכה ד | לעיל כב: | שמואל ב כג | [לקמן סא:] | [לקמן קיז: ב"ב ק: סנהדרין כ:] | [יבמות עו:] | יחזקאל לג | שמואל ב כג דה"א יא | שמואל ב כג

תוספות

[ד"ה שנאמר]

לעולם יכנס אדם בכי טוב. מדקדק ר"ת מדמקדים כניסה ליציאה – דנכנס מעיר אחרת איירי. מדיליף בריש פסחים (דף ד. ושם*) מאברהם דמלפרא סגי לזרוז מצות, דכתיב "וישכם אברהם בבקר". ודלמא משום כי טוב הוא דלא השכים? אלא ודאי מביתו לא שייך למימר שילא בכי טוב, שמכיר המוקשים והפחתים. ואע"ג דהכא מייתי קרא "ואתם לא תצאו איש מפתח ביתו עד בקר" משמע דמביתו נמי איירי – יש לומר דכיון דהוא סכנתא חשיב כמו לעיר אחרת. ובפ"ק דתענית (דף י:) מייתי קרא ד"הבקר אור". ור"י אומר דאין לדקדק בזה, דאורחיה דגמרא בהכי, בפרק "במה מדליקין" (שבת דף לד:): בין השמשות כהרף עין, זה נכנס וזה יוצא. ובפרק "עושין פסין" (עירובין דף כא.) נמי אמרינן: אבל אדם מטפס ועולה מטפס ויורד. והא דיליף מ"וישכם אברהם בבקר" – שפיר יליף, דמשום כי טוב לא היה צריך לאחר, כיון דאזל לדבר מצוה, דשלוחי מצוה אין נזוקין*.

[עי' תוספות פסחים ב. ד"ה יכנס ותוספות יומא כח. ד"ה אמר וחולין נא: ד"ה מהכא]

שמלאך המות מפקיד שם כליו. ●לא גרסינן "שנאמר למכמש יפקיד כליו" – דגבי עשרה מסעות של סנחריב כתיב האי קרא (ישעיה י) "בא על עית עבר במגרון למכמש יפקיד כליו".

מהו להציל עצמו בממון חבירו. איבעיא ליה אי חייב לשלם כשהציל עצמו מפני פקוח נפש.

דלא שביק להו לאחלופי. בתרווייהו כתיב "ויצילה", של שעורים – שלא נטלוה ע"מ לשלם עדשים, ושל עדשים – שלא לקחוה ממי שזכה בה.

רש"י

בכי טוב. בעוד חמה זורחת ילין במלון, ולא ימתין עד שתחשך. ולבקר לא ישכים לצאת עד שיאיר. "כי טוב" לישנא מעליא "האור כי טוב", כלומר: טוב הוא לצאת בו וליכנס בו מפני המזיקין והליסטין. חרב. חרבו של מלאך המות. אימה. אימת מות של מלאך, ולא בגלוי כל כך. רתחא. דבר. סכר כוי. סתם חלונות. אם אמרנו כו'. בארבעה אנשים מצורעים. דליכא ספק נפשות. במקום שתגלה שם. תא שמע. וסיפיה דקרא: "ועתה לכו ונפלה אל מחנה ארם אם יחיונו נחיה" וגו'. וה"מ דלית בהו נקבה. דהתם משום נקבה הוא דעבדי. דשויא לתרווייכו. אגדתא ושמעתתא בדבר אחד, ושניכם שוין בה, שתתרצו ותתפלו בה. כי תצא מעצמה. אנחנו גרמנו לו שקלקלנו, והבטיח הקב"ה לשלם כאילו הוא הבעירה. פתח הכתוב בנזקי. שהזיק ממונו, דכתיב: "כי תצא" משמע מעצמה, שהדליק בתוך שלו והלכה ודלקה בתוך של חבירו. וסיים בנזקי גופו. שקראו "מבעיר" בידים. משום חציו. כזורק חץ שמזיק למרחוק, דאיהו גופיה עביד. הכא נמי איהו גופיה עביד. ונפקא מיניה לחייבו בד' דברים אם הוזק בה אדם, כדאמרינן בפ"ב (דף כג.). אשר בשער. סנהדרין, זקני השער. טמון באש קמיבעיא ליה. מעשה בא לפניו במחנה ששרפו אנשיו גדיש של ישראל, ונצרך לשאול הלכה אם חייבין לשלם כלים הטמונים בתוכו כר' יהודה, או פטורין כרבנן. גדישין דשעורין הוו. אקרא סמיך, דכתיב: "ותהי חלקת השדה מלאה שעורין". מלך פורץ. גדר שדה אחרים, לעשות לו דרך ולאוכלוסין שלו, דאמרי' בב"ב (דף ק:): דרך המלך אין לה שיעור. מלאה שעורים כו'. בדברי הימים. מלאה עדשים. בספר שמואל. ויצילה. שלא ישרפוה, הואיל ואסור להציל את עצמו בממון חבירו.

ה"ג

פסחים ב. [וע"ש] תענית י: [וע"ש]

תורה אור

הגהות הב"ח

(א) גמ' דפלשתים הוו וקא מיבעיא:

גליון הש"ס

גמ' רבא בעידן רתחא. עיין תשובת רשב"ש סימן קלה: **שם** מהו ליטול גדישין וכו'. עי' סנהדרין דף כ ע"ב תוד"ה מלך: **תוס'** ד"ה שמלאך וכו' לא גרסי'. עי' בגן המלך שבסוף תשובת גינת ורדים חא"ח וי"ד אות כה:

[לפמ"ש תוס' גיטין סח. ד"ה וכתיב כו' דאע"פ שהפסוק לא נכתב עדיין היו יודעין ניחא ג"כ הכא ועי' סנהדרין פב.]

אֶלָּא לְמ"ד טָמוּן בָּאֵשׁ קָמִיבָּעֲיָא לֵיהּ, מַאי אִיבָּעֵי לֵיהּ קְרָאֵי? אָמַר לָךְ: טָמוּן וַחֲדָא מֵהָנָךְ קָמִיבָּעֲיָא לֵיהּ. בִּשְׁלָמָא לְמ"ד הָנֵי תַּרְתֵּי, הַיְינוּ דִּכְתִיב: °"וְלֹא אָבָה דָוִד לִשְׁתּוֹתָם", אָמַר: כֵּיוָן דְּאִיכָּא אִיסּוּרָא לָא נִיחָא לִי; אֶלָּא לְמ"ד טָמוּן בָּאֵשׁ קָא מִבָּעֲיָא לֵיהּ, מִכְּדִי גְּמָרָא הוּא דְּשָׁלְחוּ לֵיהּ, מַאי "לֹא אָבָה דָוִד לִשְׁתּוֹתָם"? דְּלָא אָמְרִינְהוּ מִשְּׁמַיְיהוּ; אָמַר, כָּךְ מְקוּבְּלַנִי מִבֵּית דִּינוֹ שֶׁל שְׁמוּאֵל הָרָמָתִי: כָּל הַמּוֹסֵר עַצְמוֹ לָמוּת עַל דִּבְרֵי תוֹרָה — אֵין אוֹמְרִים דְּבַר הֲלָכָה מִשְּׁמוֹ. °"וַיַּסֵּךְ אוֹתָם לַה'", בִּשְׁלָמָא לְמ"ד הָנֵי תַּרְתֵּי — מִשּׁוּם דַּעֲבַד לְשֵׁם שָׁמַיִם, אֶלָּא לְמ"ד טָמוּן בָּאֵשׁ, מַאי "וַיַּסֵּךְ אוֹתָם לַה'"? דְּאָמְרִינְהוּ מִשְּׁמָא דִּגְמָרָא.§ **מתני'** [א]עֲבָרָה גָּדֵר שֶׁהוּא גָּבוֹהַּ ד' אַמּוֹת, אוֹ דֶּרֶךְ הָרַבִּים, אוֹ נָהָר — פָּטוּר.§ **גמ'** וְהָתַנְיָא: עָבְרָה גָּדֵר שֶׁהוּא גָּבוֹהַּ אַרְבַּע אַמּוֹת — חַיָּיב! אָמַר רַב פַּפָּא: *תַּנָּא דִּידָן קָא חָשֵׁיב מִלְּמַעְלָה לְמַטָּה: שֵׁשׁ אַמּוֹת פָּטוּר, חָמֵשׁ אַמּוֹת פָּטוּר, עַד אַרְבַּע אַמּוֹת פָּטוּר. תַּנָּא בָּרָא מִלְּמַטָּה לְמַעְלָה קָא חָשֵׁיב: שְׁתֵּי אַמּוֹת חַיָּיב, שָׁלֹשׁ אַמּוֹת חַיָּיב, עַד אַרְבַּע אַמּוֹת חַיָּיב. אָמַר רָבָא: ד' אַמּוֹת שֶׁאָמְרוּ דְּפָטוּר, אֲפִילּוּ בִּשְׂדֵה קוֹצִים. אָמַר רַב פַּפָּא: וּמִשְׁפַּת קוֹצִים וּלְמַעְלָה ד' אַמּוֹת. אָמַר רַב: [ב]לֹא שָׁנוּ אֶלָּא *בְּקוֹלַחַת, אֲבָל בְּנִכְפֶּפֶת — אֲפִילּוּ עַד מֵאָה אַמָּה חַיָּיב; וּשְׁמוּאֵל אָמַר: מַתְנִי' בְּנִכְפֶּפֶת, אֲבָל בְּקוֹלַחַת — אֲפִי' כָּל שֶׁהוּא פָּטוּר. תַּנְיָא כְּוָותֵיהּ דְּרַב: בד"א — בְּקוֹלַחַת, אֲבָל בְּנִכְפֶּפֶת וְעֵצִים מְצוּיִין לָהּ — אֲפִילּוּ עַד מֵאָה מִיל חַיָּיב; [ג]עָבְרָה נָהָר אוֹ שְׁלוּלִית שֶׁהֵם רְחָבִים ח' אַמּוֹת — פָּטוּר.§ "דֶּרֶךְ הָרַבִּים".§ מַאן תַּנָּא? אָמַר רָבָא: ר"א הִיא; *דִּתְנַן, רַבִּי אֱלִיעֶזֶר אוֹמֵר: שֵׁשׁ עֶשְׂרֵה אַמּוֹת כְּדֶרֶךְ רה"ר (פָּטוּר)§ "אוֹ נָהָר".§ רַב אָמַר: נָהָר מַמָּשׁ, וּשְׁמוּאֵל אָמַר: אָרִיתָא דְּדַלָּאֵי. מ"ד נָהָר מַמָּשׁ — אע"ג דְּלֵיכָּא מַיָּא; וּמ"ד אָרִיתָא דְּדַלָּאֵי, אִי אִית בֵּיהּ מַיָּא — אִין, אֲבָל לֵית בֵּיהּ מַיָּא — לָא. תְּנַן הָתָם, *[ד]וְאֵלּוּ מַפְסִיקִין לַפֵּאָה: הַנַּחַל, וְהַשְּׁלוּלִית, [ה]וְדֶרֶךְ הַיָּחִיד, וְדֶרֶךְ הָרַבִּים. מַאי שְׁלוּלִית? אָמַר רַב יְהוּדָה אָמַר שְׁמוּאֵל: מָקוֹם שֶׁמֵּי גְשָׁמִים שׁוֹלְלִין שָׁם; רַב בֵּיבָי א"ר יוֹחָנָן: אַמַּת הַמַּיִם שֶׁמְּחַלֶּקֶת שֶׁלָּל לַאֲגַפֶּיהָ. מַאן דְּאָמַר מָקוֹם שֶׁמֵּי גְשָׁמִים שׁוֹלְלִין שָׁם, כ"ש אַמַּת הַמַּיִם; וּמַאן דְּאָמַר אַמַּת הַמַּיִם, אֲבָל מָקוֹם שֶׁמֵּי גְשָׁמִים שׁוֹלְלִין שָׁם — לָא מַפְסְקֵי, דְּהָנְהוּ בָּאגְנֵי

(שמואל ב כג) (שם)

ה"ג קְרָאֵי לָמָּה לִי וְלָא גָּרְסִינַן תְּרֵי. מִכְּדֵי גְּמָרָא שָׁלְחוּ לֵיהּ. לֹא נִצְרַךְ אֶלָּא לִלְמוֹד הֲלָכָה כְּמוֹ שֶׁשָּׁלְחוּ לוֹ, וּמַאי וְלֹא אָבָה? דַּעֲבַד לְשֵׁם שָׁמַיִם. כֵּיוָן דְּאִיכָּא אִיסּוּרָא גַּבֵּי אִינִישׁ דְּעָלְמָא. **מתני'** דֶּרֶךְ הָרַבִּים. י"ו אַמּוֹת מֵעֲגָלוֹת דְּדִגְלֵי מִדְבָּר, יָלְפִינַן בְּמַסֶּכֶת שַׁבָּת (ד' צט.). **גמ'** תַּנָּא דִּידָן קָא חָשֵׁיב מִלְמַעְלָה לְמַטָּה שֵׁשׁ אַמּוֹת אוֹ חָמֵשׁ אַמּוֹת אוֹ ד' אַמּוֹת פָּטוּר. דְּס"ל: עַד וְעַד בִּכְלָל. וְתַנָּא בָּרָא קָחָשֵׁיב מִלְּמַטָּה לְמַעְלָה שְׁתֵּי אַמּוֹת אוֹ שָׁלֹשׁ אַמּוֹת חַיָּיב. וְד' אַמּוֹת פָּטוּר, דְּס"ל: עַד וְלֹא עַד בִּכְלָל. וְכוּלָּן שָׁוִין בְּד' אַמּוֹת דְּפָטוּר, לְתַנָּא דִּידָן — עַד וְעַד בִּכְלָל, לְתַנָּא בָּרָא — עַד וְלֹא עַד בִּכְלָל. וַאֲפִילּוּ בִּשְׂדֵה קוֹצִים. אֲפִילּוּ הָיְתָה שָׂדֶה שֶׁקּוֹפֶלֶת [*לְשָׁם] הָאוּר מֵעַל לְגָדֵר מְלֵאָה קוֹצִים, שֶׁנּוֹחַ הָאֵשׁ לְבָעֵר בָּהּ וּלְדַלֵּג — פָּטוּר. לֹא שָׁנוּ. דְּפָטוּר. אֶלָּא בְּקוֹלַחַת. אֵשׁ שֶׁקּוֹלַחַ, מִתַּמֵּר וְעוֹלֶה לְמַעְלָה. אֲבָל נִכְפֶּפֶת. שֶׁהָרוּחַ מַטֶּה אוֹתָהּ וְכוֹפָהּ לִלְדָדִין, וּמַפְסִיק הַשַּׁלְהֶבֶת וְדוֹלֶגֶת, לְשׁוֹן מוֹרִי. לִישָּׁנָא אַחֲרִינָא: נִכְפֶּפֶת — אֵשׁ נְמוּכָה, הוֹלֶכֶת וְנִסְרֶכֶת בַּעֲשָׂבִים וּבַקְּסָמִים שֶׁעַל גַּבֵּי קַרְקַע. הִלְכָּךְ, אֲפִילּוּ עָבְרָה דֶּרֶךְ רה"ר רָחָב מְאֹד — חַיָּיב. בַּמֶּה דְּבָרִים אֲמוּרִים. דְּאִם עָבְרָה דֶּרֶךְ רה"ר פָּטוּר. שְׁלוּלִית. לְקַמֵּיהּ מְפָרֵשׁ. ר"א. בְּמַתְנִיתִין. אָרִיתָא דְּדַלָּאֵי. יְאוֹר קָטָן, שֶׁדּוֹלִין מִמֶּנּוּ וּמַשְׁקִין שָׂדוֹת. מַאן דְּאָמַר נָהָר מַמָּשׁ אע"ג דְּלֵית בֵּיהּ מַיָּא. דְּהוֹאִיל וְרָחָב הָוֵי כְּדֶרֶךְ הָרַבִּים. מַפְסִיקִין לְפֵאָה. לְהַנִּיחַ פֵּאָה מִכָּל אֶחָד וְאֶחָד. הַנַּחַל. שָׂדֶה מִכָּאן וְשָׂדֶה מִכָּאן וְנַחַל עָמוֹק בָּאֶמְצַע — חַיָּיב לְהַנִּיחַ פֵּאָה מִכָּל אֶחָד וְאֶחָד. דֶּרֶךְ הַיָּחִיד. אַרְבַּע אַמּוֹת. שׁוֹלְלִין. מִתְקַבְּלִין, כְּמוֹ "מִן הַשָּׁלָל שֶׁל בֵּילִיס" (ביצה דף ז.). דָּבָר אַחֵר: לְשׁוֹן "שָׁלָל וּמַלְקוֹחַ" (במדבר לא), דָּבָר הַמְקוּבָּץ. שֶׁמְּחַלֶּקֶת שֶׁלָּל לַאֲגַפֶּיהָ. שֶׁמַּשְׁקִין אוֹתָן מִמֶּנָּה, וְהֵן עוֹשִׂין פֵּירוֹת.

כ"א עליו

[ב"מ נב. ע"ש]

מהרנ"ש מ"ז

פאה פ"ב [מ"א] ב"ב נה. מנחות עא: ת"כ פ' קדושים

ה"ג אלא למאן דאמר טמון באש תרתי קראי למה לי. אבל הא לא בעי דלמה לי כלל קראי, דחד קרא אצטריך לכל הפחות משום בעיא דטמון. והא דכתיב "וילוה" — לר"י הגיה שלא הניח לשרוף כדי שלא יתחייב בטמון, ולרבנן — שהציל את המזיק שלא נתחייב לשלם. אבל תרי קראי למה לי? דלמ"ד לאחלופי, אע"פ שאם לא היו עדשים היו צריכים לישאל אם מותר ליטול שעורים על מנת לשלם דמים, מ"מ הזכיר עדשים לפי שהיו מזומנים שם, והיו רוצים לפרעם תחתיהן. ולמ"ד להציל עצמו בממון חבירו, מיבעיא ליה בשעורין — דלא חשיבי כל כך, ובעדשים — דחשיבי טובא. אלא למ"ד טמון, תרוייהו למה לי? ובקונטרס גרס: קראי למה לי. **מאי** ולא אבה דוד לשתותם. הוה מצי למימר אחד מהנך דמיבעיא ליה עם טמון, אלא משמע ליה דאכל מילתא דאיבעיא ליה קאי. ומכאן קשה לפי פירוש הקונטרס דמעשה בא לפניו ששרפו אנשיו גדיש והיו בה כלים טמונים. דלפירושו הוה ליה למימר שלא אבה דוד לשתות — היינו שלא רצה להפטר מחמת שהוא מלך.

עברה גדר שהוא גבוה ארבע אמות. בגמרא מפרש: ארבע אמות משפת קוצים ולמעלה. ונראה לר"י דאיירי שאין הגדר גבוה מן השלהבת, שאם היה גבוה יותר — מאי קמפליג בין קולחת לנכפפת? מה לי זה ומה לי זה, כיון שהגדר גבוה מן השלהבת, מה יכולה להזיק? אלא ודאי בשאין גבוה מן השלהבת איירי. ומיהו, כשאין עצי הדליקה גבוהין מן הגדר איירי. שאם היו גבוהין מן הגדר — מה מועיל שהגדר גבוה מן הקוצים? הרי הוא כאילו היתה המדורה על הגדר! אלא כשעצי הדליקה שוים לגדר איירי, או נמוכים מן הגדר. ועוד נראה: דגבוה ד' אמות דקתני — אעצי הדליקה קאי, שהגדר גבוה מעצי הדליקה ארבע אמות. ורב פפא בא להוסיף בגמ' שמשפת קוצים ולמעלה נמי בעינן ארבע אמות. אבל פשיטא דמתניתין אעצי הדליקה קאי. ולשון עבר לא שייך אם לא היה הגדר גבוה מעצי הדליקה, אע"פ שהשלהבת עולה למעלה מן הגדר.

גי' הרמב"ם בקודחת

ס"א דתניא ועיין רש"ל

והתניא עברה גדר כו'. אומר ר"י: דאי גרסי' בברייתא "עד", ובמתניתין לא גרסינן "עד" — לא ניחא, דלא שייך למפרך כלל, דפשיטא דברייתא מלמטה למעלה קא חשיב, דבענין אחר לא מיפרש, אלא עד ולא עד בכלל, דבכל מקום ד' אמות כלמעלה מד' אמות. ובמתניתין לא קתני "עד", דבארבע אמות פטור. ואפילו קתני במתניתין "עד" כמו בברייתא — אין שייך להקשות, דפשיטא דמתניתין לא מיפרשא אלא מלמעלה למטה, וברייתא לא מיפרשא אלא מלמטה למעלה. אבל אי במתניתין קתני "עד", ובברייתא לא קתני "עד" — אז שייך למפרך שפיר. אי נמי בשניהם אין "עד" — שייך למפרך שפיר, דמתניתין קתני: בד' אמות פטור, וברייתא קתני: חייב. וא"ת: אי בשניהם אין "עד", אמאי אצטריך לשנויי מתניתין מלמעלה למטה, וברייתא מלמטה למעלה? לימא: מתניתין ד' אמות דוקא בלא "עד", וברייתא מיפרשא ב"עד"! וי"ל: דכיון דלא קתני "עד" לא כאן ולא כאן — ולא כאן סברא הוא דכי היכי דהך מיפרשא ב"עד", הך נמי מיפרשא ב"עד"*.

[ועי' תוספות חולין נד: ד"ה כסלע]

לא שנו אלא בקולחת. אגדר קאי. וגרס: אבל בנכפפת אפי' עד מאה אמה. ולא גרס "מאה מיל", דמיל לא שייך בגובה. ולפי הספרים דגרסי "מאה מיל" — צ"ל דקאי אדרך רה"ר. ואין נראה, דהא בסמוך מייתי משנה דדרך הרבים, ואמרינן עלה: מאן תנא. משמע דעד השתא לא איירי בה. אע"ג דברייתא דתניא כוותיה גרס "מיל", דברוחב איירי ולא בגובה, כדקתני: ועצים מצוין לה, מ"מ שפיר קאמר "תניא כוותיה", דברייתא מוקמה למתניתין בקולחת. **דרך** הרבים מאן תנא רבי אליעזר היא. אמתניתין קאי, והוי סתם ואח"כ מחלוקת.

מאן דאמר נהר ממש אע"ג דלית ביה מיא. ואע"ג דברשות הרבים בעי ט"ז אמות — הכא סגי בח' אמות, מתוך שהנהר עמוק, וגם יש בו קרירות מים שעוברים בו תמיד. **אלו** מפסיקין לפאה כו'. במסכת פאה (פ"ב מ"א) גרס בסדר המשנה דרך היחיד ואח"כ דרך הרבים. ומפרש בירושלמי: דמשום סיפא איצטריך למיתני, דקתני: הכל מפסיקין לזרעים ואינו מפסיק לאילן. דקמ"ל דאפילו דרך הרבים אינו מפסיק לאילנות. ועוד [קא] חשיב שם שביל היחיד ושביל הרבים הקבוע בימות החמה ובימות הגשמים. והשתא שביל היחיד איצטריך, לאשמועינן דאע"פ שהוא קטן מדרך — מפסיק, מאחר שהוא קבוע. ודרך היחיד אצטריך, דס"ד כיון שאין קבוע לא מפסיק אע"פ שהוא רחב. ושביל הרבים אצטריך, דס"ד אמינא דבשביל היחיד הוא דבעינן קבוע בימות החמה ובימות הגשמים, אבל שביל הרבים אע"פ שאין קבוע בימות הגשמים מפסיק — קא משמע לן.

שמחלקת שלל לאגפיה. כשגדלה האמה מתמלאה מים בורות שיחין ומערות שסביבותיה, שמשקין בהם השדות.

נו א מיי' פי"ד מהלכות נזקי ממון הלכה ג סמג עשין סט טוש"ע ח"מ סי' תיח סעי' ג ד:
נז ב מיי' שם וגרס בקודחת ועיין במ"מ טור ש"ע שם סעיף ה:
נח ג מיי' שם הלכה ב טוש"ע שם סעיף ד:
נט ד מיי' פ"ג מהל' מתנות עניים הל' ב:
ס ה מיי' שם הלכה ג:

ולית

בָּאגְנֵי דְּאַרְעָא מִקְּרוּ.§ **מתני'** הַמַּדְלִיק בְּתוֹךְ שֶׁלּוֹ, עַד כַּמָּה תַּעֲבוֹר הַדְּלֵיקָה? רַבִּי אֶלְעָזָר בֶּן עֲזַרְיָה אוֹמֵר: רוֹאִין אוֹתוֹ כְּאִילּוּ הוּא בְּאֶמְצַע בֵּית כּוֹר. ר"א אוֹמֵר: ט"ז אַמּוֹת כְּדֶרֶךְ רה"ר. רַבִּי עֲקִיבָא אוֹמֵר: חֲמִשִּׁים אַמָּה. ר"ש אוֹמֵר: °"שַׁלֵּם יְשַׁלֵּם הַמַּבְעִיר אֶת הַבְּעֵרָה" (שמות כב) – [א]הַכֹּל לְפִי הַדְּלֵיקָה.§ **גמ'** וְלֵית לֵיהּ לְר"ש שִׁיעוּרָא בִּדְלֵיקָה? וְהָתְנַן: *[ב]לֹא יַעֲמִיד אָדָם תַּנּוּר בְּתוֹךְ הַבַּיִת אֶלָּא אִם כֵּן יֵשׁ עַל גַּבּוֹ גּוֹבַהּ ד' אַמּוֹת, הָיָה מַעֲמִידוֹ בַּעֲלִיָּיה – עַד שֶׁיְּהֵא תַּחְתָּיו מַעֲזֵיבָה שְׁלֹשָׁה טְפָחִים, וּבַכִּירָה – טֶפַח, [ג]וְאִם הִזִּיק – מְשַׁלֵּם מַה שֶּׁהִזִּיק; ר' שִׁמְעוֹן אוֹמֵר: לֹא נֶאֶמְרוּ שִׁיעוּרִין הַלָּלוּ אֶלָּא שֶׁאִם הִזִּיק – פָּטוּר מִלְּשַׁלֵּם! אָמַר רַב נַחְמָן אָמַר רַבָּה בַּר אֲבוּהּ: הַכֹּל לְפִי גּוֹבַהּ הַדְּלֵיקָה. אָמַר רַב יוֹסֵף אָמַר רַב יְהוּדָה אָמַר שְׁמוּאֵל: הֲלָכָה *כְּר' שִׁמְעוֹן. וְכֵן אָמַר רַב נַחְמָן אָמַר שְׁמוּאֵל: הֲלָכָה כְּר"ש.§ **מתני'** [ד]הַמַּדְלִיק אֶת הַגָּדִישׁ וְהָיוּ בּוֹ כֵּלִים וְדָלְקוּ, ר"י אוֹמֵר: מְשַׁלֵּם מַה שֶּׁבְּתוֹכוֹ, וַחכ"א: אֵינוֹ מְשַׁלֵּם אֶלָּא גָּדִישׁ שֶׁל חִטִּין אוֹ שֶׁל שְׂעוֹרִין. *[ה]הָיָה גְּדִי כָּפוּת לוֹ וְעֶבֶד סָמוּךְ לוֹ וְנִשְׂרַף עִמּוֹ – חַיָּיב, עֶבֶד כָּפוּת לוֹ וּגְדִי סָמוּךְ לוֹ וְנִשְׂרַף עִמּוֹ – פָּטוּר. *[ו]וּמוֹדִים חֲכָמִים לְר"י בְּמַדְלִיק אֶת הַבִּירָה, שֶׁהוּא מְשַׁלֵּם כָּל מַה שֶּׁבְּתוֹכָהּ, שֶׁכֵּן דֶּרֶךְ בְּנֵי אָדָם לְהַנִּיחַ בַּבָּתִּים.§ **גמ'** אָמַר רַב כַּהֲנָא: מַחֲלוֹקֶת – בְּמַדְלִיק בְּתוֹךְ שֶׁלּוֹ וְהָלְכָה וְאָכְלָה בְּתוֹךְ שֶׁל חֲבֵירוֹ, דְּר"י *מְחַיֵּיב אַנִּזְקֵי טָמוּן בָּאֵשׁ, וְרַבָּנַן פָּטְרִי. אֲבָל בְּמַדְלִיק בְּתוֹךְ שֶׁל חֲבֵירוֹ – דִּבְרֵי הַכֹּל מְשַׁלֵּם כָּל מַה שֶּׁבְּתוֹכוֹ. א"ל רָבָא: אִי הָכִי, אַדְּתָנֵי סֵיפָא: מוֹדִים חֲכָמִים לְר"י בְּמַדְלִיק אֶת הַבִּירָה שֶׁמְּשַׁלֵּם כָּל מַה שֶּׁבְּתוֹכָהּ, שֶׁכֵּן דֶּרֶךְ בְּנֵי אָדָם לְהַנִּיחַ בַּבָּתִּים – לִפְלוֹג וְלִיתְנֵי בְּדִידַהּ: בד"א – בְּמַדְלִיק בְּתוֹךְ שֶׁלּוֹ וְהָלְכָה וְאָכְלָה בְּתוֹךְ שֶׁל חֲבֵירוֹ, אֲבָל מַדְלִיק בְּתוֹךְ שֶׁל חֲבֵירוֹ – דִּבְרֵי הַכֹּל מְשַׁלֵּם כָּל מַה שֶּׁהָיָה בְּתוֹכוֹ! אֶלָּא אָמַר רָבָא: בְּתַרְתֵּי פְּלִיגִי, פְּלִיגִי בְּמַדְלִיק בְּתוֹךְ שֶׁלּוֹ וְהָלְכָה וְאָכְלָה בְּתוֹךְ שֶׁל חֲבֵירוֹ, דְּר"י מְחַיֵּיב אַטָּמוּן בָּאֵשׁ, וְרַבָּנַן סָבְרִי: לָא מְחַיֵּיב; וּפְלִיגִי נַמִי בְּמַדְלִיק בְּשֶׁל חֲבֵירוֹ, דְּר"י סָבַר: מְשַׁלֵּם כָּל מַה שֶּׁבְּתוֹכוֹ וַאֲפִילּוּ אַרְנְקֵי, וְרַבָּנַן סָבְרִי: [ז]כֵּלִים שֶׁדַּרְכָּן לְהַטְמִין בַּגָּדִישׁ, כְּגוֹן מוֹרִיגִין וּכְלֵי בָקָר – הוּא דִּמְשַׁלֵּם, כֵּלִים שֶׁאֵין דַּרְכָּן לְהַטְמִין בַּגָּדִישׁ – לֹא מְשַׁלֵּם. תָּנוּ רַבָּנַן: הַמַּדְלִיק אֶת הַגָּדִישׁ וְהָיוּ בּוֹ כֵּלִים וְדָלְקוּ, ר"י אוֹמֵר: מְשַׁלֵּם כָּל מַה שֶּׁהָיָה בְּתוֹכוֹ, וַחֲכָמִים אוֹמְרִים: [ח]אֵינוֹ מְשַׁלֵּם אֶלָּא גָּדִישׁ שֶׁל חִטִּין אוֹ גָּדִישׁ שֶׁל שְׂעוֹרִין, וְרוֹאִין מְקוֹם כֵּלִים כְּאִילּוּ הוּא מָלֵא תְּבוּאָה.

בַּמֶּה

תורה אור

בָּאגְנֵי. כְּמוֹ "בָּאֲגָנוֹת" (שמות כד), קוניי"ש בְּלַעַ"ז. **מתני'** בְּאֶמְצַע בֵּית כּוֹר. אִם יֵשׁ לוֹ חֲצִי בֵּית כּוֹר לְכָל רוּחַ – פָּטוּר. וּבְקוֹלַחַת שֶׁדִּילְּגָה, וְכִדְאוֹקִימְנָא. אֲבָל נִכְפֶּפֶת בּוֹעֶרֶת וְהוֹלֶכֶת כָּל שָׁעָה – אֲפִילּוּ עַד מֵאָה מִיל חַיָּיב. הַכֹּל לְפִי הַדְּלֵיקָה. קס"ד ה"ק: הַכֹּל יְשַׁלֵּם, כָּל כַּמָּה שֶׁהִדְלִיק, בֵּין רָחוֹק בֵּין קָרוֹב. **גמ'** לֹא יַעֲמִיד. בְּנֵי הָעִיר מְעַכְּבִין עָלָיו שֶׁלֹּא תִּבְעַר הָאֵשׁ בַּתִּקְרָה. מַעֲזִיבָה. טִיחַ שֶׁל סִיד עַל תִּקְרָה. וְדוֹמֶה לוֹ בְּסֵפֶר עֶזְרָא (נחמיה ג): "וַיַּעַזְבוּ (אֶת) יְרוּשָׁלַיִם עַד הַחוֹמָה". וּבַכִּירָה. שֶׁפְּחוּתָה מִתַּנּוּר, וְאֵין מַבְעִירִין בְּתוֹכָהּ אֵשׁ גָּדוֹל. לְפִי גּוֹבַהּ. כְּשֶׁהָאֵשׁ גְּבוֹהָה וּגְדוֹלָה קוֹפֶלֶת לְמֵרָחוֹק. **מתני'** אֶלָּא גָּדִישׁ שֶׁל חִטִּין אוֹ גָּדִישׁ שֶׁל שְׂעוֹרִין. אִם חִטִּין חִטִּין, אִם שְׂעוֹרִין שְׂעוֹרִין. הָיָה גְּדִי כָּפוּת לוֹ כו' חַיָּיב. עַל הַגְּדִי, דְּבַעֲלֵי חַיִּים נַמִי אִתְרַבּוּ מֵ"אוֹ הַקָּמָה". וּמִשּׁוּם דְּקָם לֵיהּ בִּדְרַבָּה מִינֵּיהּ לֵיכָּא לְמִפְטְרֵיהּ, דְּאֵינוֹ חַיָּיב מִיתָה עַל הָעֶבֶד, דְּהוֹאִיל וְאֵינוֹ כָּפוּת – הָיָה לוֹ לִבְרוֹחַ, וּפָטוּר עָלָיו מִמִּיתָה וּמִתַּשְׁלוּמִים. אֲבָל הָיָה עֶבֶד כָּפוּת לוֹ – פָּטוּר אֲפִילּוּ עַל הַגְּדִי וְעַל הַגָּדִישׁ, דְּחַיָּיב מִיתָה עַל הָעֶבֶד, דִּכְתִיב: "נָקֹם יִנָּקֵם" (שמות כא) וְקָם לֵיהּ בִּדְרַבָּה מִינֵּיהּ. וַאֲפִי' לֹא הִתְרוּ בּוֹ, שֶׁאֵינוֹ נֶהֱרָג – הָא קי"ל (כתובות ד' לד:) דְּחַיָּיבֵי מִיתוֹת שׁוֹגְגִין פְּטוּרִין. וּבִגְדִי לָא שָׁנֵי לָן בֵּין כָּפוּת לְשֶׁאֵינוֹ כָּפוּת, וְאַיְּידֵי דְּנָקַט בְּעֶבֶד נָקַט בִּגְדִי. *וְאִיכָּא דְּאָמְרִי: בִּגְדִי נַמִי דַּוְקָא נָקַט סָמוּךְ פָּטוּר – דְּהָיָה לוֹ לִבְרוֹחַ. וְהָכִי קָאָמַר: הָיָה עֶבֶד כָּפוּת לוֹ אוֹ גְּדִי סָמוּךְ לוֹ – פָּטוּר. וְאע"ג דְּפָשֵׁיט בִּשְׁלָהֵי פֶּ' שֵׁנִי (כו.) שׁוֹרוֹ כְּמָמוֹנוֹ, דְּאִם הִנִּיחַ גַּחֶלֶת עָלָיו וְנִשְׂרַף חַיָּיב – הָתָם הוּא דְּהִנִּיחַ עַל גַּבֵּי שׁוֹר, דְּלֹא הָיָה לוֹ לַשּׁוֹר לִיטּוֹל. אֲבָל הָכָא – הָיָה לוֹ לִבְרוֹחַ. **גמ'** בְּתוֹךְ שֶׁל חֲבֵירוֹ. אֵין לוֹ רְשׁוּת, וְהָוֵי כִּמְאַבֵּד בְּיָדַיִם. בְּמַדְלִיק אֶת הַבִּירָה. בְּתוֹךְ שֶׁל חֲבֵירוֹ הוּא, וַאפ"ה יָהֵיב טַעַם מִשּׁוּם דְּדֶרֶךְ בְּנֵי אָדָם לְהַנִּיחַ כֵּלִים בְּבָתִּים, אֲבָל גָּדִישׁ – לֹא. בְּדִידָהּ. בַּגָּדִישׁ, וְלַשְׁמַעִינַן אע"פ שֶׁאֵין דֶּרֶךְ לְהַטְמִין בּוֹ – חַיָּיב, הוֹאִיל וְהִדְלִיק לְתוֹךְ שֶׁל חֲבֵירוֹ. וְכ"ש בִּירָה. בְּתַרְתֵּי פְּלִיגִי [פְּלִיגִי] בְּמַדְלִיק בְּתוֹךְ שֶׁלּוֹ כו'. וּפָטְרִי רַבָּנַן אֲפִילּוּ כֵּלִים שֶׁדַּרְכָּן לְהַטְמִין בַּגָּדִישׁ, דְּהָא גְּזֵירַת הַכָּתוּב הוּא דְּטָמוּן בָּאֵשׁ פָּטוּר. וְר' יְהוּדָה מְחַיֵּיב אַטָּמוּן, וּבְכֵלִים, ל"ש אוֹתָן שֶׁאֵין דַּרְכָּן לְהַטְמִין וְל"ש אוֹתָן שֶׁדַּרְכָּן לְהַטְמִין. בַּבִּירָה. מִגְדָּל גָּדוֹל. מוֹרִיגִין. קְרָשִׁים [נְקוּבִים] וּבָהֶן (א) יְתֵידוֹת, וְדָשִׁין בָּהֶן אֶת הַתְּבוּאָה.

דִּבְרֵי

ולית ליה לר"ש שיעורא. קס"ד: הכל לפי היזק הדליקה ישלם, אפילו אין ראוי לעבור. **לא** יעמיד אדם תנור בתוך ביתו כו'. שיכול לעכב עליו בעל העלייה אם הבית של אחד והעלייה של אחר. היה מעמידו בעלייה — בעל הבית מעכב. ובקונטרס פירש לענין בני העיר שמעכבין עליו. וכמו שפירש ניחא, דהוי דומיא דאינך מתניתין דהתם בפרק "לא יחפור" (ב"ב דף כ:).

לפלוג וליתני בדידה. וא"ת: השתא נמי קא מפליג בדידה, במדליק בתוך שלו! וי"ל: דע"כ סיפא בתוך ביתו של חבירו מדליק. דאי במדליק בתוך שלו, אע"פ שדרך בני אדם להניח בבתים — היה פטור, דהא קתני רישא: וחכ"א אינו משלם אלא גדיש של חטין או גדיש של שעורין. משמע דאפילו מוריגים וכלי בקר שדרך להניח בגדיש לא משלם, אלא גדיש לבדו. והשתא בכל ענין שנעמיד דברי רב כהנא פריך רבא עליה שפיר. דאם ר"ל רב כהנא מחלוקת בתוך שלו, ופליגי במוריגין וכלי בקר, דר"י מחייב וחכמים פוטרין, אבל במדליק בשל חבירו אפילו רבנן מחייבי אמוריגין וכלי בקר — אם כן שפיר פריך דליפלוג בדידה, בגדיש עצמה, דהא בירה נמי לא מיתוקמא אלא במדליק בשל חבירו. ואם ר"ל רב כהנא מחלוקת במדליק בתוך שלו, דפליגי אפילו בארנקי, דר' יהודה מחייב אע"פ דאין דרך ארנקי להניח בגדיש, ורבנן פטרי אפי' במוריגין כדפרישית. מ"מ כשמסיים: אבל במדליק בתוך של חבירו ד"ה משלם כל מה שבתוכו — אפילו אארנקי נמי קאי, דמשמע ד"ה משלם כל מה שבתוכו לרבנן כמו לר"י. הלכך פריך שפיר: לפלוג וליתני בדידה, דלשמעינן אפי' ארנקי בגדיש, דאין דרכו להניח, דהוי רבותא טפי. ועוד: שקשה לשון המשנה, דקתני: שדרך בני אדם להניח בבתים, דאפי' אין דרך — נמי מחייבי רבנן במדליק בתוך של חבירו.

אלא אמר רבא בתרתי פליגי [פליגי] במדליק בתוך שלו כו'. דר"י מחייב אפי' ארנקי בגדיש, שאין דרך להניח, מדנקט מודים חכמים במדליק את הבירה. דלכך נקט בירה, שרוצה למלוא שיחייבו רבנן אפי' בארנקי כמו ר"י. ואי רבי יהודה לא מחייב במדליק בתוך שלו אלא דוקא במוריגין — הוה ליה לפלוגי בדידה, ולימא דמודים חכמים במדליק גדיש של חבירו דחייב במוריגין. אלא ודאי מחייב ר"י במדליק בתוך שלו אפי' בארנקי בגדיש. ורבנן לא מחייבי אפי' במוריגין, דקתני: אינו משלם אלא גדיש של חטים כו'. ופליגי נמי במדליק בתוך של חבירו, דר' יהודה מחייב אפי' בארנקי בגדיש, ורבנן לא מחייבי אלא במוריגין של חבירו שדרכו להניח בגדיש, או ארנקי בבית, שדרך להניח כל דבר בבתים. וטעמייהו יש לפרש: דר' יהודה לא פטר בטמון כלל. ורבנן במדליק בתוך שלו פטרי, כדמשמע קרא "כי תצא אש" (ומשמע) דאיירי דמדליק בתוך שלו. אבל במדליק בתוך של חבירו — מחייב בדבר שדרכו להטמין, דלא אשכחן דפטר ביה קרא טמון. ובדבר שאין דרכו — פטרי מסברא, דלא אבעי ליה לאסוקי אדעתיה שיניח אדם ארנקי בגדיש.

במה

עין משפט נר מצוה

סא א מיי' פי"ד מהל' נזקי ממון הלכה ב סמג עשין סט טוש"ע ח"מ סימן תיח סעיף ג:

סב ב ג מיי' פ"ט מהל' שכנים הלכה יא סמג עשין פב טוש"ע ח"מ סימן קנה סעיף א:

סג ד מיי' פי"ד מהל' נזקי ממון הלכה ח סמג עשין סט טוש"ע ח"מ סי' תיח סעיף יג:

סד ה מיי' שם הל' י:

סה ו ז ח מיי' שם הל' יב והל' ח ט סמג שם טוש"ע שם:

הגהות הב"ח

(א) רש"י ד"ה מוריגין וכו' יתידות. נ"ב ובע"ז דף כד ע"ב איתא דבקרשים עצמם הן פגימות ע"ש:

[עי' בתוס' ב"ב כט: ד"ה ומודה]

מסורת הש"ס

ב"מ קיח: ב"ב כ:

פי' ר"ש דמתני' רש"ל

לעיל כב: מג:

הוא פי' רשב"ם לעיל בפ' שני כב:

[לעיל ה: ס.]

בַּמֶּה דְּבָרִים אֲמוּרִים — בְּמַדְלִיק בְּתוֹךְ שֶׁלּוֹ וְהָלְכָה וְדָלְקָה בְּתוֹךְ שֶׁל חֲבֵירוֹ. אֲבָל מַדְלִיק בְּתוֹךְ שֶׁל חֲבֵירוֹ (*דִּבְרֵי הַכֹּל) מְשַׁלֵּם כָּל מַה שֶּׁהָיָה בְּתוֹכוֹ. וּמוֹדֶה ר' יְהוּדָה לַחֲכָמִים [א]בְּמַשְׁאִיל מָקוֹם לַחֲבֵירוֹ לְהַגְדִּישׁ גָּדִישׁ, וְהִגְדִּישׁ וְהִטְמִין — שֶׁאֵין מְשַׁלֵּם אֶלָּא דְּמֵי גָדִישׁ בִּלְבַד; [ב]לְהַגְדִּישׁ חִטִּין וְהִגְדִּישׁ שְׂעוֹרִין, שְׂעוֹרִין וְהִגְדִּישׁ חִטִּין, חִטִּין וְחִיפָּן בִּשְׂעוֹרִין, שְׂעוֹרִין וְחִיפָּן בְּחִטִּים — שֶׁאֵינוֹ מְשַׁלֵּם אֶלָּא דְּמֵי שְׂעוֹרִין בִּלְבַד. אָמַר רָבָא: [ג]הַנּוֹתֵן דִּינַר זָהָב לְאִשָּׁה, וְאָמַר לָהּ "הִזָּהֲרִי בּוֹ, שֶׁל כֶּסֶף הוּא", הִזִּיקַתּוּ — מְשַׁלֶּמֶת דִּינַר זָהָב, מִשּׁוּם דְּאָמַר לָהּ: מַאי הֲוָה לִיךְ גַּבֵּיהּ דְּאַזִּיקְתֵּיהּ; [ד]פָּשְׁעָה בּוֹ — מְשַׁלֶּמֶת שֶׁל כֶּסֶף, דְּאָמְרָה לֵיהּ: נְטִירוּתָא דְּכַסְפָּא קַבִּילִי עֲלַי, נְטִירוּתָא דְּדַהֲבָא לָא קַבִּילִי עֲלַי. א"ל רַב מָרְדֳּכַי לְרַב אַשִׁי: אַתּוּן בִּדְרָבָא מַתְנִיתוּ לַהּ, אֲנַן מִמַּתְנִיתָא פְּשִׁיטָא לַן: חִטִּין וְחִיפָּן בִּשְׂעוֹרִין, שְׂעוֹרִין וְחִיפָּן בְּחִטִּין — אֵינוֹ מְשַׁלֵּם אֶלָּא דְּמֵי שְׂעוֹרִין בִּלְבַד; אַלְמָא אָמַר לֵיהּ: נְטִירוּתָא דְּשַׂעֲרֵי קַבִּילִי עֲלַי; הָכָא נַמִי אָמְרָה לֵיהּ: נְטִירוּתָא דְּדַהֲבָא לָא קַבִּילִי עֲלַי. אָמַר רַב: שְׁמַעִית מִילְּתָא לְר' יְהוּדָה, וְלָא יָדַעְנָא מַאי הִיא. אָמַר שְׁמוּאֵל: וְלָא יָדַע אַבָּא מַאי שְׁמִיעַ לֵיהּ? לְר' יְהוּדָה דִּמְחַיֵּיב עַל נִזְקֵי טָמוּן בָּאֵשׁ, [ה]עָשׂוּ תַּקָּנַת נִגְזָל בְּאִשּׁוֹ. בָּעֵי אַמֵּימָר: עָשׂוּ תַּקָּנַת נִגְזָל בְּמָסוֹר אוֹ לָא? אַלִּיבָּא דְּמ"ד לָא דָּיְינִינַן דִּינָא דְּגַרְמֵי — לָא תִּבְּעֵי לָךְ, דִּמְסִירוֹת נַמִי לָא דָּיְינִינַן. אֶלָּא כִּי תִּבְּעֵי לָךְ — אַלִּיבָּא דְּמ"ד [ו]דָּיְינִינַן דִּינָא דְּגַרְמֵי, [ז]עָשׂוּ תַּקָּנַת נִגְזָל בְּמָסוֹר, דְּמִשְׁתַּבַּע וְשָׁקֵיל, אוֹ לָא? [י]תֵּיקוּ. הַהוּא גַּבְרָא [ח]דִּבְטַשׁ בְּכַסְפְּתָא דְּחַבְרֵיהּ, שַׁדְיֵיהּ בְּנַהֲרָא. אֲתָא מָרֵיהּ וַאֲמַר: הָכִי וְהָכִי הֲוָה לִי בְּגַוָּהּ; יָתֵיב רַב אַשִׁי וְקָא מְעַיֵּין בַּיהּ, כִּי הַאי גַּוְונָא מַאי? א"ל רָבִינָא לְרַב אַחָא בְּרֵיהּ דְּרָבָא, וְאָמְרִי לַהּ רַב אַחָא בְּרֵיהּ דְּרָבָא לְרַב אַשִׁי: לָאו הַיְינוּ מַתְנִיתִין, דִּתְנַן: וּמוֹדִים חֲכָמִים לְר' יְהוּדָה, בְּמַדְלִיק אֶת הַבִּירָה שֶׁמְּשַׁלֵּם כָּל מַה שֶּׁבְּתוֹכוֹ, שֶׁכֵּן דֶּרֶךְ בְּנֵי אָדָם לְהַנִּיחַ בַּבָּתִּים? אֲמַר לֵיהּ: [ט]אִי דְּקָא טָעֵין זוּזֵי — הָכָא נַמִי. הָכָא (בְּמַאי עָסְקִינַן) — דְּקָא טָעֵין מַרְגָּנִיתָא, מַאי? מִי מַנְחִי אֱינָשֵׁי מַרְגָּנִיתָא בְּכַסְפְּתָא, אוֹ לָא? [י]תֵּיקוּ. *א"ל רַב יֵימָר לְרַב אַשִׁי: טָעֵין כָּסָא דְּכַסְפָּא בַּבִּירָה, מַאי? אֲמַר לֵיהּ: [כ]חָזֵינָא, אִי אִינִישׁ אֲמִיד הוּא דְּאִית לֵיהּ כָּסָא דְּכַסְפָּא, אִי נַמִי אִינִישׁ מְהֵימְנָא הוּא דְּמַפְקְדִי אֱינָשֵׁי גַּבֵּיהּ — מִשְׁתַּבַּע וְשָׁקֵיל, וְאִי לָא — לָאו כָּל כְּמִינֵּיהּ. א"ל רַב אַדָּא בְּרֵיהּ דְּרַב אַוְיָא לְרַב אַשִׁי: מַה בֵּין גַּזְלָן לְחַמְסָן? א"ל: [ל]חַמְסָן יָהֵיב דָּמֵי, [מ]גַּזְלָן לָא יָהֵיב דָּמֵי. א"ל: אִי יָהֵיב דָּמֵי, חַמְסָן קָרֵית לֵיהּ? *וְהָאָמַר רַב הוּנָא: [נ]תָּלוּהוּ וְזַבֵּין זְבִינֵיהּ זְבִינֵי! לָא קַשְׁיָא: הָא דְּאָמַר "רוֹצֶה אֲנִי", הָא [ס]דְּלָא אָמַר "רוֹצֶה אֲנִי".§

מתני'

ד"ה מְשַׁלֵּם מַה שֶּׁבְּתוֹכוֹ. רָבָא מְתָרֵץ לָהּ לְטַעְמֵיהּ בְּכֵלִים שֶׁדַּרְכָּן לְהַטְמִין בְּגָדִישׁ. אֶלָּא דְּמֵי גָדִישׁ. אִם הִבְעִירוֹ בַּעַל הַשָּׂדֶה, דְּלָא קַבֵּיל עֲלֵיהּ אֶלָּא נְטִירוּתָא דְּגָדִישׁ. חִטִּין וְחִיפָּן בִּשְׂעוֹרִים. אע"פ שֶׁנּוֹתֵן לוֹ רְשׁוּת לְחִטִּין — אֵינוֹ מְשַׁלֵּם אֶלָּא שְׂעוֹרִין, דְּאָמַר לֵיהּ: לֹא רָאִיתִי אֶלָּא שְׂעוֹרִין, לְפִיכָךְ לֹא נִזְהַרְתִּי בָּהֶן כָּל כָּךְ. מַאי הֲוָה לִיךְ גַּבֵּיהּ דְּאַזִּיקְתֵּיהּ. בְּיָדַיִם, שֶׁשְּׂרָפַתּוּ אוֹ שֶׁהִשְׁלִיכַתּוּ לַיָּם. וְלָא דָּמֵי לְמַשְׁאִיל מָקוֹם לַחֲבֵירוֹ לְהַגְדִּישׁ שְׂעוֹרִין וְהִגְדִּישׁ חִטִּים, דַּאֲמָרַן לְעֵיל: אֵינוֹ מְשַׁלֵּם אֶלָּא דְּמֵי שְׂעוֹרִין. דְּמַבְעִיר לֹא מַזִּיק בְּיָדַיִם הוּא אֶלָּא פּוֹשֵׁעַ, כִּדְכְתִיב: "כִּי תֵצֵא אֵשׁ" מֵעַצְמָהּ. מִפִּי הַמּוֹרֶה. פָּשְׁעָה בּוֹ. לֹא שְׁמָרַתּוּ כְּדֶרֶךְ הַשּׁוֹמְרִים, וְאָבַד. [בִּדְרָבָא] מַתְנִיתוּ לָהּ. מִשְּׁמֵיהּ דְּרָבָא אֲמַרִיתוּ לָהּ. שְׂעוֹרִין וְחִיפָּן בְּחִטִּין. נוֹתֵן לוֹ רְשׁוּת לְהַגְדִּישׁ שְׂעוֹרִין וְלֹא חִטִּין. שְׁמַעִית מִילְּתָא לְר' יְהוּדָה. אַלִּיבָּא דְּר' יְהוּדָה דְּמַתְנִי'. עָשׂוּ תַּקָּנַת נִגְזָל בְּאִשּׁוֹ. כִּי הֵיכִי דְּתִקְּנוּ רַבָּנַן לְנִגְזָל לִישָּׁבַע כַּמָּה גְּזָלוֹ וְיִטּוֹל, דִּתְנַן בְּמַסֶּכֶת שְׁבוּעוֹת (דף מד:): אֵלּוּ נִשְׁבָּעִין וְנוֹטְלִין — הַשָּׂכִיר וְהַנִּגְזָל, כָּךְ תִּקְּנוּ בְּאִשּׁוֹ שֶׁיִּשָּׁבַע מַה הִטְמִין וְיִטּוֹל. אַלִּיבָּא דְּמ"ד לָא דָּיְינִינַן דִּינָא דְּגַרְמֵי. בְּפֶרֶק "הַגּוֹזֵל וּמַאֲכִיל" (לקמן דף קיז:). בְּכַסְפְּתָא. אַרְגָּז שֶׁמַּנִּיחִין בּוֹ כְּסָפִים. אֲמִיד. עָשִׁיר, שֶׁאוֹמְדִין אוֹתוֹ לִכְלֵי כֶסֶף.

מתני'

במה דברים אמורים במדליק בתוך שלו והלכה ודלקה בתוך של חברו אבל במדליק בתוך של חבירו משלם כל מה שבתוכו. כלומר: בדבר שדרכו, כגון מוריגים וכלי בקר. אבל ארנקי בגדים — לא מחייבי רבנן. אע"פ שדקדקנו *בכל הני דלעיל שיהא משלם כל מה שבתוכו לרבנן כמו לר' יהודה — הני מילי היכא דקתני "ומודים", או היכא דקתני "דברי הכל". אבל הכא — "במה דברים אמורים" קתני, ורבנן מילתייהו מפרשי ולאו אמילתא דרבי יהודה קיימי.

שאינו משלם אלא דמי שעורים. במדליק בתוך שלו איירי, דאי במדליק בתוך של חבירו שעורין והגדיש חטין — למה לא ישלם חטין, כיון דחזי להו? ובסמוך מדמי להו נמי לנותן דינר זהב לאשה ופשעה בו, משמע דהיינו מדליק בתוך שלו והלכה בתוך של חברו.

לרבי יהודה דמחייב על נזקי טמון באש כו'. לרבנן נמי הוה מצי למימר דעשו תקנה בבירה בכל דבר, ובגדים במוריגין. אלא רבותא אשמועי', דלרבי יהודה אפי' ארנקי בגדים עשו תקנת נגזל.

עשו תקנת נגזל במסור או לא. כתב רב אלפס: כגון שיש עדים שמסרו, ואיבד ממונו, ואין יודעין כמה. תיקו. וכל תיקו דממונא לקולא. ובשם רב האי גאון כתוב: שישבע ויטול מחצה, שכל תיקו דממונא חולקין. ואין נראה לר"י לחייב כלל משום תיקו. ור"ת מפרש דהך בעיא כשהמוסר מכחיש את הנמסר, דומיא דנגזל בשבועות דגזלן מכחישו. אבל אם המוסר עצמו אינו יודע כמה — ישבע נמסר כמה הפסיד, ויטול. ולר"י נראה דהך בעיא — אפילו אין המוסר יודע, דומיא דתקנת נגזל באשו שאין המבעיר יודע כמה הפסיד הניזק, דמבעי ליה במסור אי עשו תקנתא או לא.

מי מנחי אינשי מרגניתא בכספתא או לא. אפילו יש עדים שהיה בו מרגניתא מבעיא ליה, דשמא לא אבעי ליה לאסוקי אדעתיה להאי, ולא אמרינן מאי הוה ליה גביה דאזקיה, כיון דלא רגילי אינשי לאנוחי כלל. ולא דמי לדינר זהב דלעיל, דאבעי לה לאסוקי אדעתא טפי דפעמים שאומר כן, דירא שמא היתה יודעת שהוא של זהב לא היתה שומרתו. ולא דמי נמי לארנקי בגדים, דרגילין טפי דמנחי מרגניתא בכספתא. ואין לפרש דלענין שבועה מבעיא ליה, אי עשו תקנת נגזל, ויהא נאמן לומר שהיה בו מרגניתא — דא"כ מה היה אומר לרב אשי "לאו היינו מתני'". מה ענין זה למשנתינו.

מה בין גזלן לחמסן. בלישנא דקרא אין חילוק ביניהם, והכא קבעי: מה בין גזלן דרבנן לחמסן דרבנן, דתניא בפ' "זה בורר" (סנהדרין דף כה:): הוסיפו עליהם הגזלנים והחמסנים. ומפרש: גזלן לא יהיב דמי. ובמציאת חרש שוטה וקטן, כדמוקי ליה התם דאין פסול מן התורה אלא משום דרכי שלום. **חמסן** יהיב דמי. וכשלא אמר "רוצה אני", כדמפרש. אבל מן התורה אינו פסול אלא היכא דלא יהיב דמי, אבל היכא דיהיב דמי — כשר, אע"ג דלא אמר "רוצה אני". אע"פ שעובר על לאו ד"לא תחמוד" — הא אמרי' בפרק "שנים אוחזין" (ב"מ דף ה: ושם ד"ה בלא): "לא תחמוד" לאינשי בלא דמי משמע להו. והיא דסוף מכילתין (דף קיט.) דמייתי "מחמס בני יהודה", דאפילו היכא דיהיב דמי הוה כאלו נוטל נשמתו — לאו דרשה גמורה היא, אלא אסמכתא בעלמא, דחמסן דקרא היינו גזלן דלא יהיב דמי. וא"ת: כיון דחמסן דיהיב דמי פסול מדרבנן, א"כ כי אמרי' בפ' "שנים אוחזין" (ב"מ ד' ה: ושם ד"ה בלא): אלא הא דאמר רב הונא משביעים אותו שבועה שאינה ברשותו, נימא: מיגו דחשיד כו'. ומשני: מורה ואומר דמי קיהיבנא. מ"מ מה תירץ בכך? אם הוא מעכב הפקדון בידו ורוצה ליפטר בדמים בעל כרחו של בעלים — הרי הוא חמסן, ופסול לשבועה מדרבנן, ואכתי נימא מיגו דחשיד כו'! וי"ל: דמ"מ בגזלן דאורייתא אין להוכיח שלא יהא חשוד אשבועתו. ועוד: דחמסן דרבנן כשר הוא, ואינו פסול עד שיכריזו עליו, כדאמר בפ' "זה בורר" (סנהדרין ד' כו:). ואפילו אם הוא ידוע שנעשה חמסן בענין זה — שמא לא ראו חכמים לפוסלו בכך, וגם לא להכריז, אלא דוקא כי שקיל וחטיף בזרוע בעל כרחייהו דבעלים. והמקשה דקא פריך: נימא מיגו דחשיד כו', אע"ג דהא ודאי קים לן דגזלן דרבנן בעי הכרזה, ואינו נפסל עד אחר הכרזה כל עיקר — לא הביא דברי רב הונא אלא משום דמקשה: והא קעבר ב"לא תחמוד". א"נ, הכי מקשה: כיון שפטר עצמו במה שטען נגנבו או נאבדו, ואינו משלם דמים אלא לפי שאינו רוצה לישבע, ואם היה פוטרו מן השבועה לא היה משלם כלום — א"כ נימא מיגו כו'! ומשני: מורה ואומר כו', וגם אם היה פוטרו מן השבועה — שמא כמו כן היה משלם דמים, לפי שמעכב הפקדון בידו, ולהכי לא חשיד אממונא.

פסולה

סו א מיי' פי"ד מהל' נ"מ הל' יא סמג עשין סט טוש"ע ח"מ סי' תיח סעי' יד:

גי' רש"ל לרב כהנא דלעיל

סז ב מיי' שם טוש"ע שם סעי' טו:

סח ג ד טוש"ע ח"מ סי' רלא סעי' ד:

סט ה מיי' פי"ד מהל' נ"מ הל' יב ופ"ז מהל' חובל ומזיק הלכה יז סמג עשין סט וסי' ע טוש"ע ח"מ סי' תיח סעי' יג וסי' ל סעי' ז וסי' שפח סעי' א:

ע ו מיי' פ"ז מהל' חובל ומזיק הל' ז סמג עשין ע טוש"ע ח"מ סי' שפו סעי' א:

עא ז מיי' שם פ"ח הל' ז סמג שם טוש"ע ח"מ סי' שפח סעי' ז [רב אלפס במקומו ועוד בפ' י' דף מט]:

עב ח ט י כ מיי' שם פ"ז הל' יח סמג שם טוש"ע שם סעי' א:

עג ל מיי' פ"י מהל' עדות הל' ד ופ"י מהל' מכיר' הל' ה סמג לאוין ריד טוש"ע ח"מ סי' לד סעי' יג וסי' רה סעי' ח:

עד מיי' פ"א מהל' גזילה הלכה ג סמג לאוין קפו טוש"ע ח"מ סי' שנט סעי' ז:

עה נ מיי' פ"י מהל' מכירה הלכה א סמג עשין פב טוש"ע ח"מ סי' רה סעי' א:

עו ס מיי' פ"י מהל' עדות הלכה ד סמג לאוין ריט טוש"ע ח"מ סי' לד סעי' יג:

רש"ל מ"ז וכ' רנ"ש דא"ל למוחקו וכמ"ש תוס' לעיל ד"ה לפלוג

רש"ל מ"ז

שבועות מו:

ב"ב מז.

גליון הש"ס

גמ' עשו תקנת נגזל במסור. עיין לעיל דף נד ע"א תוס' ד"ה חמור. ולקמן ע"ב תוס' ד"ה ילאו שטרות:

עין משפט נר מצוה

עז א מיי' פ"ו מהל' חובל ומזיק הל' יא טוש"ע ח"מ סי' שפל סעי' ב:

עח ב ג מיי' פי"ד מהל' נזקי ממון הל' יג סמג עשין סט טוש"ע ח"מ סי' תיח סעי' יב:

עט ד מיי' שם טוש"ע א"ח סי' תרעא סעי' ו:

פ ה מיי' פ"ד מהל' חנוכה הלכה ז סמג עשין מד סי' ה טוש"ע שם:

א ו ז מיי' פ"א מהל' גניבה הל' ו:

ב ח ט מיי' שם הל' יז סמג עשין מא טוח"מ סי' שנ:

ג י מיי' פ"ד שם הל' א סמג שם טוח"מ סי' שנב:

ד כ ל מיי' שם פ"ב הל' א והל' ב טוח"מ סי' שנ:

פסולה כסוכה וכמבוי. תימה: דהוה ליה למימר "ימעט", כדאמרי' בריש מסכת סוכה (דף ב.): מבוי דרבנן תני תקנתא! וי"ל: משום דבעי למימר כסוכה, נקט לשון "פסולה". אי נמי: לפי שהיה צריך להאריך בלשון, ולומר: יכבה וימעט ויחזור וידליק. דלמעט כמו שהיא מודלקת לא סגי, כדאמרינן בפ' "במה מדליקין" (שבת דף כג:): הדליקה בפנים והוציאה בחוץ — לא עשה ולא כלום. והכא נמי לא שנא.

הדרן עלך הכונס

מתני' גץ. אשטנציי"ל. **גמ'** למעלה מעשרים אמה. לא חזו לה איניש ולא מפרסם ניסא, ואנן לפרסומי ניסא בעינן.

הדרן עלך הכונס

תורה אור

מתני' *אגץ שיצא מתחת הפטיש והזיק — חייב. *בגמל שהיה טעון פשתן ועבר ברשות הרבים, ונכנס פשתנו לתוך החנות, ודלקו בנרו של חנוני והדליק את הבירה — בעל גמל חייב, גהניח חנוני נרו מבחוץ — החנוני חייב; *רבי יהודה אומר: בנר חנוכה — פטור.§ **גמ'** *אמר רבינא משמיה דרבא, ש"מ מדרבי יהודה: נר חנוכה דמצוה להניחה בתוך עשרה, דאי סלקא דעתך למעלה מעשרה, אמאי אמר ר' יהודה: נר חנוכה — פטור? לימא ליה: הוה *ליה לאנוחה למעלה מגמל ורוכבו! אלא לאו ש"מ: מצוה להניחה בתוך עשרה. אמרי: לא, לעולם אימא לך אפי' למעלה מעשרה; מאי אמרת, אבעי לך לאנוחה למעלה מגמל ורוכבו? כיון דבמצוה קא עסיק, כולי האי לא אטרחוה רבנן. *אמר רב כהנא, דריש רב נתן בר מניומי משמיה דרבי תנחום: הנר חנוכה שהניחה למעלה מעשרים אמה — פסולה, כסוכה וכמבוי.§

הדרן עלך הכונס

מרובה מדת תשלומי כפל ממדת תשלומי ארבעה וחמשה, ושמדת תשלומי כפל נוהגת בין בדבר שיש בו רוח חיים ובין בדבר שאין בו רוח חיים, ומדת תשלומי ארבעה וחמשה אינה נוהגת אלא בשור ושה בלבד, שנאמר: "כי יגנוב איש שור או שה וטבחו או מכרו" וגו'. *חאין הגונב אחר הגנב משלם תשלומי כפל, טולא הטובח ולא המוכר אחר הגנב משלם תשלומי ארבעה וחמשה.§ **גמ'** ואילו מדת תשלומי כפל נוהגת בין בגנב בין בטוען טענת גנב, ומדת תשלומי ארבעה וחמשה אינה נוהגת אלא בגנב בלבד — לא קתני; מסייע ליה לרבי חייא בר אבא, *דא"ר חייא בר אבא א"ר יוחנן: יהטוען טענת גנב בפקדון — משלם תשלומי כפל, טבח ומכר — משלם תשלומי ארבעה וחמשה. איכא דאמרי: לימא מסייע ליה לרבי חייא בר אבא, דא"ר חייא בר אבא א"ר יוחנן: הטוען טענת גנב בפקדון — משלם תשלומי כפל, טבח ומכר — משלם תשלומי ארבעה וחמשה? מי קתני "אין בין"? "מרובה" קתני, *תנא ושייר.§ "שמדת תשלומי כפל נוהגת" כו'.§ מנה"מ? דת"ר: *"על כל דבר פשע" כלל, "על שור על חמור על שה ועל שלמה" — פרט, "על כל אבידה" — חזר וכלל, כלל ופרט וכלל אי אתה דן אלא כעין הפרט, כמה הפרט מפורש דבר המטלטל וגופו ממון, אף כל דבר המטלטל וגופו ממון, *ליצאו קרקעות — שאינן מטלטלין, יצאו עבדים — שהוקשו לקרקעות, יצאו שטרות — שאף על פי שמטלטלין אין גופן ממון, יצא הקדש — "רעהו" כתיב. אי מה הפרט מפורש דבר שנבלתו מטמא במגע ובמשא, אף כל דבר שנבלתו מטמא במגע ובמשא, אבל עופות לא! ומי מצית אמרת הכי? והא "שלמה" כתיב! אמרי: אנן בבעלי חיים קאמרינן, אימא: בבעלי חיים, דבר שנבלתו מטמא במגע ובמשא — אין, דבר שאין נבלתו מטמא במגע ובמשא — לא,

דהא

מרובה . אין הגונב אחר הגנב כו'. דכתיב: "וגונב מבית האיש" ולא מבית הגנב. **גמ'** בטוען טענת גנב. גנב בא וגנבו. ודרשינן לקמן בשמעתין דחייבו רחמנא כפילא אם נשבע ונמצא שקרן. לא קתני. אלמא נהגי ד' וה' בטוען טענת גנב אם טבח ומכר. מי קתני אין בין. דהוי דוקא, ולא שייר מידי. קתני. קצת דברים שזו מרובה על זו, ושייר. שהוקשו לקרקעות. דכתיב: "והתנחלתם אותם" וגו' (ויקרא כה). אין גופן ממון. אלא גורמין לגבות ממון.

דהא

מרובה . מי קתני אין בין כו'. משמע הכא היכא דתני "אין בין" לא שייך למימר "תנא ושייר". והקשה הר"י מאורליינ"ש מהא דתנן בפ"ק דמגילה (ד' ח. ושם ד"ה אין): אין בין נדרים לנדבות אלא שהנדרים חייב באחריותן ונדבות אינו חייב באחריותן. ואכתי, הא איכא שהנדבה באה מן המעשר ונדר שהוא דבר שבחובה אין בא אלא מן החולין, כדתנן ב"התודה" (מנחות ד' פא.)! וי"ל: דהתם לא בא לשנות כל ענין שנדר ונדבה חלוקים זה מזה, אלא בא לומר שאין חיוב הבאה בזה יותר מבזה אלא אחריות, אבל לענין "בל תאחר" זה וזה שוין. וכן "אין בין שבת ליום הכפורים" — לא איירי לכל דברים שביניהם, כגון איסור אכילה. וכן "אין בין י"ט לשבת אלא אוכל נפש בלבד" — לא איירי בחומר שבשניהם כגון לאו ומיתה, אלא בדבר האסור או מותר לעשות בהן. ועוד י"ל: דהך משנה דמגילה שנויה במסכת קנים (פ"א מ"א) גבי עולת העוף, ועולה בין נדר בין נדבה אין באה מן המעשר כיון דאין בה אכילת אדם, כדדריש בסיפרי בפ' "עשר תעשר": ת"ל "ואכלת ושמחת" שמחה שיש בה אכילה, יצאו עולות שאין עמהן אכילה. ואין להאריך כאן יותר*.

מרובה קתני תנא ושייר. לשון ראשון דמייתי סייעתא לא בעי למימר דשייר, דסבר ההוא לישנא דכיון דקתני "מרובה" — אין לומר שייר, כמו ב"אין בין". וכן משמע הלשון, דקאמר ללישנא בתרא: מי קתני "אין בין"? "מרובה" קתני! משמע שתחילה היה סבור ד"מרובה" הוי כמו "אין בין". וא"ת: ומאי שייר דהאי שייר? וי"ל: דשייר טוענת גנב באבידה. דדריש לקמן רבי יוחנן דמשלם כפל, ואי טעין טענת גנב בפקדון לא משלם ארבעה וחמשה בטבח ומכר — הכי נמי טוען טענת גנב באבידה. ועוד: שמשייר שותף שגנב מחבירו, ושותפין שגנבו לא משלם ארבעה וחמשה, כדאמר לקמן בפירקין (ד' עח:). ועוד יש מפרשים דאין לחוש הכא אם אינו משייר כי אם דבר אחד, כיון דלא נקט למניינא, אלא דגלי לן שיש ריבוי בכפל מארבעה וחמשה.

יצאו קרקעות כו'. וא"ת: כיון דאמעיטי משבועה, כדאמרינן בפרק "הזהב" (ב"מ ד' נז:), תיפוק ליה דאין בהם כפל בטוען טענת גנב, דלא משלם אלא בשבועה, כדאמרינן לקמן בשמעתין. וליכא למימר דאצטריך לקופץ ונשבע, ד"הגוזל" קמא" (לקמן ד' קו.) מוכח דלא משלם אא"כ ב"ד משביעין אותו! וי"ל: דאצטריך להיכא דנשבע ע"י גלגול, כדתנן (קדושין ד' כו.): זוקקין הנכסים שיש להם אחריות עם הנכסים כו' לישבע עליהן. ומיהו, לפי מאי דמסקינן לקמן: האי "כל" ריבוי הוא, מדלא כתיב הני פרטי גבי "כסף" ו"כלים", וס"ל דכפל ושבועה הכל אחד ניחא, דליכא אלא חד קרא לתרוייהו. וא"ת: וגניבה בקרקע היכי שייכא? וי"ל: במשיג גבול. א"נ: במחובר לקרקע, כי ההיא דד' גפנים טעונות, וטוען שנגנבו לו ה', ונמצא שהוא גנבם (שבועות ד' מג:). **יצאו** שטרות. ואם תאמר: למה לי קרא למעט מכפל? והא אפי' אבדו בידים לא משלם קרן למאן דלא דאין דינא דגרמי, ואפי' מאן דדאין לא הוו אלא מדרבנן כדפרישית בסוף ["הפרה"] (ד' נד: ד"ה "חמור")! וי"ל: כיון דאי איתיה לשטר — בעין חייב להחזיר (משלם), סלקא דעתך דכשמחזיר [משלם] (מחזיר) הכפל עמו.

רעהו

מסורת הש"ס: [ב"ב כו. שבת כא:] לעיל כב. שבת כא: לעיל ל. [שבת כא:] [אצ"ל לך] שבת כא: [לקמן סט ועי' תוס' לקמן סז: ד"ה אין] [לקמן סג: קו:] שמות כב ב"מ נז: שבועות מב: [לקמן קיז:] שמות כא [סוכה נד. וש"נ] [עי' תוס' חגיגה ח. ד"ה אמאי ותוס' תענית יג: ד"ה מאן]

גליון הש"ס

מתני' החנוני חייב. עיין לעיל דף כז ע"ב תוס' ד"ה ה"ג אמאי:

Introduction to **Perek VI**

If a man causes a field or a vineyard to be eaten and he set his animal loose and it consumed in the field of another, the best of his field and the best of his vineyard he shall pay.

(Exodus 22:4)

If a fire breaks out and catches in thorns, so that a stack of grain, or standing grain, or the field is consumed, the one who kindled the fire shall pay compensation.

(Exodus 22:5)

This chapter concludes the discussion of the *halakhot* of damage caused by one's possessions. The chapter focuses on two topics that are adjacent in the Torah: Damage caused by Eating and Trampling, and damage caused by Fire.

Even though several of the *halakhot* of Eating and Trampling have been addressed in previous chapters, there are many fundamental issues that have not yet been clarified. One of these is the extent to which the owner of the animal is liable. Is he required to pay in every case, or is he exempt if he has safeguarded his animal adequately? What is considered adequate safeguarding of an animal? Similarly, the Gemara discusses whether or not he can pass the responsibility for safeguarding an animal to another.

Another issue that is examined in this chapter is how to evaluate the amount of damages that must be paid to the injured party. If an animal eats or tramples a particular item, it is clear how much damage was caused. But if an animal tramples part of a field in which the produce is not yet fully grown, there are several possible ways of assessing the damage caused. Is the value of the trampled furrow assessed in isolation or as part of the entire field? Is it assessed by the current value of the crop or by its future potential value?

With regard to damage caused by Fire, there are several issues that require investigation. Since fire is not a possession, it is clear that the liability for damage lies with the one who caused the fire. At times, it can be difficult to determine who that person is, as in a case where many people together create a fire or where one person instructs another to transport fire, either as a coal or as a torch. The Gemara must also determine liability when the wind causes the damage by blowing fire.

Another question discussed in this chapter: If one takes all due precautions and care, is he exempt from liability for damage caused by fire? If so, what kinds of precautions and care are considered sufficient?

The Gemara also explores which items generate liability for the person who caused the fire that damaged them. Is one liable only for plants or also for earth and stones? There is also a *halakha* learned through tradition, supported by most of the *tanna'im*, that one is liable to compensate the injured party only for items that were visible, e.g., the stack of grain and standing grain mentioned in the verse (Exodus 22:5). One is not liable to compensate him for items that were concealed and that were subsequently destroyed by fire. With regard to this tradition, the Gemara asks whether it applies in every case or only in cases of negligence. Furthermore, does it include items that are normally concealed in a certain place or only items that are not expected to be there?

מתני׳ הַכּוֹנֵס צֹאן לַדִּיר וְנָעַל בְּפָנֶיהָ כָּרָאוּי, וְיָצְאָה וְהִזִּיקָה – פָּטוּר; לֹא נָעַל בְּפָנֶיהָ כָּרָאוּי, וְיָצְאָה וְהִזִּיקָה – חַיָּיב.

MISHNA In the case of **one who brought**[N] his flock of **sheep into the pen and locked the door**[H] **before it** in a manner that is **appropriate, and** despite this sheep **went out and caused damage** in another person's field by eating produce or trampling it, the owner is **exempt,** since he safeguarded the animals appropriately. If **he did not lock** the door **before** the sheep in a manner that is **appropriate, and** sheep **went out and caused damage,** the owner is **liable,** since his negligence led to the damage.

נִפְרְצָה בַּלַּיְלָה אוֹ שֶׁפְּרָצוּהָ לִסְטִים, וְיָצְאָה וְהִזִּיקָה – פָּטוּר. הוֹצִיאוּהָ לִסְטִים – לִסְטִים חַיָּיבִין.

If the owner locked the door appropriately but the wall of the pen **was breached at night,**[H] **or bandits breached it, and** sheep subsequently **went out and caused damage** by eating or trampling, the owner of the sheep is **exempt**[N] from liability. If the **bandits** themselves **took** the sheep **out** of the pen and the animals subsequently caused damage, the **bandits** are **liable.**

הִנִּיחָהּ בַּחַמָּה, אוֹ שֶׁמְּסָרָהּ לְחֵרֵשׁ שׁוֹטֶה וְקָטָן, וְיָצְאָה וְהִזִּיקָה – חַיָּיב.

If the owner **left** the animal **in the sun,** causing it to suffer, **or** if **he conveyed it to a deaf-mute, an imbecile, or a minor,** who are not able to safeguard it, **and** the animal **went out and caused damage,** the owner is **liable** because he was negligent.

מְסָרָהּ לְרוֹעֶה – נִכְנַס הָרוֹעֶה תַּחְתָּיו.

If the owner **conveyed** the animal **to a shepherd** to care for it, **the shepherd enters in his place** and is responsible for the damage.

נָפְלָה לְגִינָּה וְנֶהֱנֵית – מְשַׁלֶּמֶת מַה שֶּׁנֶּהֱנֵית, יָרְדָה כְּדַרְכָּהּ וְהִזִּיקָה – מְשַׁלֶּמֶת מַה שֶּׁהִזִּיקָה. כֵּיצַד מְשַׁלֶּמֶת מַה שֶּׁהִזִּיקָה? שָׁמִין בֵּית סְאָה בְּאוֹתָהּ שָׂדֶה, כַּמָּה הָיְתָה יָפָה וְכַמָּה הִיא יָפָה;

If the animal **fell into a garden and derives benefit** from produce there, its owner **pays** for **the benefit that** it **derives** and not for other damage caused. If the animal **descended** into the garden **in its usual manner and caused damage** there, its owner **pays** for **what it damaged. How does** the court appraise the value of the damage when the owner **pays** for **what it damaged?** The court **appraises** a large piece of land with **an area required for sowing one *se'a* of seed** [***beit se'a***][NB] **in that field,** including the garden bed in which the damage took place. This appraisal includes **how much it was worth** before the animal damaged it **and how much is it worth** now, and the owner must pay the difference. The court appraises not only the garden bed that was eaten or trampled, rather the depreciation in value of the bed as part of the surrounding area. This results in a smaller payment, as the damage appears less significant in the context of a larger area.

רַבִּי שִׁמְעוֹן אוֹמֵר: אָכְלָה פֵּירוֹת גְּמוּרִים מְשַׁלֶּמֶת פֵּירוֹת גְּמוּרִים, אִם סְאָה – סְאָה, אִם סָאתַיִם – סָאתַיִם.

Rabbi Shimon says: This principle of appraisal applies only in a case where the animal ate unripe produce; but if **it ate ripe produce,** the owner **pays** the value of the **ripe produce.** Therefore, **if** it ate **one *se'a*** of produce, he pays for **one *se'a*,** and **if** it ate **two *se'a*,** he pays for **two *se'a*.**

גמ׳ תָּנוּ רַבָּנַן: אֵיזֶהוּ כָּרָאוּי, וְאֵיזֶהוּ שֶׁלֹּא כָּרָאוּי? דֶּלֶת שֶׁיְּכוֹלָה לַעֲמוֹד בְּרוּחַ מְצוּיָה – זֶהוּ כָּרָאוּי, שֶׁאֵינָהּ יְכוֹלָה לַעֲמוֹד בְּרוּחַ מְצוּיָה – זֶהוּ שֶׁלֹּא כָּרָאוּי.

GEMARA The Gemara clarifies the definition of locking the door in a manner that is appropriate. **The Sages taught: What is** considered locking in a manner that is **appropriate, and what is** considered locking in a manner that is **not appropriate?** If one locked the **door** such **that it is able to withstand a typical wind** without collapsing or opening, **this is** considered a manner that is **appropriate,** whereas if he locked the door such **that it is unable to withstand a typical wind, this is** considered a manner that is **not appropriate.**

NOTES

One who brought – הַכּוֹנֵס: *Tosafot* explain that this chapter concludes the discussion with regard to the primary categories of damage relating to animals by discussing the *halakhot* of Eating and Trampling. *Tosafot* explain that since the previous chapter discussed the case of an ox falling into a pit, it then continued with the category of Pit, and only now does the Gemara return to issues concerning damage caused by animals. In addition, the case of securing the sheep properly inside the pen is a natural continuation of the question of whether or not one covering a pit did so appropriately, which was discussed in the previous chapter. The Meiri writes that the main topic of this chapter concerns the *halakhot* of Fire, but first it concludes the topic of damage caused by animals.

Or bandits breached it…he is exempt – אוֹ שֶׁפְּרָצוּהָ לִסְטִים...פָּטוּר: Although the wording suggests that the main point of this *halakha* is the exemption from liability for the owner of the sheep, it was not necessary to state this, as the case is one where he locked it properly; otherwise he would be liable for that initial negligence. Therefore, the reason this *halakha* is stated in the mishna is to indicate that even bandits are exempt if they broke down the fence without taking out the sheep. At most they were the indirect cause of the damage by allowing the sheep to escape, but this is not an offense for which one is liable to pay compensation, as explained later.

Beit se'a – בֵּית סְאָה: Generally in rabbinic parlance this term refers to an area required for planting one *se'a* of seeds, which is an area of fifty by fifty cubits. Therefore Rashi understands that the calculation is based on the depreciation in value of land of this size, despite the fact that one animal is not capable of eating all the produce contained within this area. *Tosafot* (58b) write that in this case, it is logical to interpret the term *beit se'a* as referring to the area in which one *se'a* of produce grows, which a single animal would certainly be capable of eating. According to this interpretation, the main point of the mishna is that the value of the produce itself is not assessed directly but rather relative to the depreciation of the land on which it grew, although the Gemara does not state the specifics of how the appraisal is performed.

BACKGROUND

Beit se'a – בֵּית סְאָה: A *beit se'a* is an area of fifty by fifty cubits, which is 576 sq m according to Rav Ḥayyim Na'e, and 830 sq m according to the *Ḥazon Ish*.

HALAKHA

One who brought sheep into the pen and locked the door, etc. – הַכּוֹנֵס צֹאן לַדִּיר וְנָעַל וכו׳: In a case where one locks his sheep in a pen that is strong enough to withstand a typical wind, but nevertheless sheep escape and cause damage, the owner is exempt from liability. If the pen is not strong enough to withstand a typical wind, the owner is not considered to have safeguarded them appropriately, and if sheep escape and cause damage he is liable (Rambam *Sefer Nezikin, Hilkhot Nizkei Mamon* 4:1; *Shulḥan Arukh, Ḥoshen Mishpat* 396:1).

Was breached at night – נִפְרְצָה בַּלַּיְלָה: If the wall of the pen was strong and it was breached at night or bandits broke into it, the owner of the sheep is exempt for the damage caused by his escaping sheep, even if he is aware that the fence was broken, since he is not required to pursue them at night. If it was broken during the day, the owner is required to pursue the flock (Rambam *Sefer Nezikin, Hilkhot Nizkei Mamon* 4:1; *Shulḥan Arukh, Ḥoshen Mishpat* 396:2).

HALAKHA

The owner tied it with reins, etc. – 'קְשָׁרוֹ בְּעָלָיו בְּמוֹסֵירָה וכו: In a case where the owner of an ox secured it properly with a tether and locked the gate, but the ox nevertheless escaped and caused damage, if it is an innocuous ox, the owner pays half damages, but if it is an ox that was forewarned, he is exempt, since he secured it appropriately. Similarly, if the ox causes damage categorized as Eating or Trampling, he is exempt from liability, in accordance with the opinion of Rabbi Yehuda (Rambam *Sefer Nezikin, Hilkhot Nizkei Mamon* 7:1; *Shulḥan Arukh, Ḥoshen Mishpat* 396:1).

אֲמַר רַבִּי מָנִי בַּר פַּטִּישׁ: מַאן תָּנָא מוּעָד דְּסַגֵּי לֵיהּ בִּשְׁמִירָה פְּחוּתָה? רַבִּי יְהוּדָה הִיא; דִּתְנַן: קְשָׁרוֹ בְּעָלָיו בְּמוֹסֵירָה וְנָעַל לְפָנָיו כָּרָאוּי, וְיָצָא וְהִזִּיק, אֶחָד תָּם וְאֶחָד מוּעָד – חַיָּיב, דִּבְרֵי רַבִּי מֵאִיר;

Rabbi Mani bar Patish said: **Who** is the *tanna* who **taught** with regard to animals that are **forewarned that it is sufficient** for the owner to provide only **reduced safeguarding?** Since the mishna deals with damage categorized as Eating or Trampling, for which all animals are considered forewarned, **it** must be in accordance with the opinion of **Rabbi Yehuda, as we learned** in a mishna (45b): If **the owner** of an ox **tied it with reins**[H] to a fence **or locked** the gate **before it** in a manner that is **appropriate, but** nevertheless the ox **went out and caused damage, whether** the animal is **innocuous or forewarned** the owner is **liable** because this is not considered sufficient precaution to prevent damage; this is **the statement of Rabbi Meir.**

רַבִּי יְהוּדָה אוֹמֵר: תָּם – חַיָּיב, מוּעָד – פָּטוּר, שֶׁנֶּאֱמַר ״וְלֹא יִשְׁמְרֶנּוּ בְּעָלָיו״, וְשָׁמוּר הוּא זֶה; רַבִּי אֱלִיעֶזֶר אוֹמֵר: אֵין לוֹ שְׁמִירָה אֶלָּא סַכִּין.

The mishna continues: **Rabbi Yehuda says** that if the ox is **innocuous** the owner is **liable** even if he safeguarded it appropriately, since the Torah does not limit the required safeguarding for an innocuous animal. But if the ox is **forewarned,** the owner is **exempt** from payment of damages, **as it is stated** in the verse describing the liability for damage caused by a forewarned animal: **"And the owner has not secured it"** (Exodus 21:36), **and this** ox that was tied with reins or behind a locked gate **was secured. Rabbi Eliezer says:** A forewarned ox **has no** sufficient **safeguarding** at all **other than** slaughtering it with **a knife.** According to this mishna, only Rabbi Yehuda maintains that reduced safeguarding is sufficient to render exempt from liability the owner of an ox that is forewarned.

אֲפִילּוּ תֵּימָא רַבִּי מֵאִיר, שָׁאנֵי שֵׁן וָרֶגֶל, דְּהַתּוֹרָה מִיעֲטָה בִּשְׁמִירָתָן. דְּאָמַר רַבִּי אֶלְעָזָר, וְאָמְרִי לַהּ בְּמַתְנִיתָא תָּנָא: אַרְבָּעָה דְּבָרִים הַתּוֹרָה מִיעֲטָה בִּשְׁמִירָתָן, וְאֵלּוּ הֵן: בּוֹר וְאֵשׁ, שֵׁן וָרֶגֶל.

The Gemara answers: **You** can **even say** that the mishna is in accordance with the opinion of **Rabbi Meir,** who holds that the owner of a forewarned ox is liable even if he provides only reduced safeguarding. Although animals are considered forewarned with regard to Eating and Trampling, one cannot apply to them a *halakha* stated with regard to an animal that is forewarned with regard to Goring. The *halakha* **is different** with regard to **Eating and Trampling since the Torah limited** the required standard of **safeguarding for them. As** the *amora* **Rabbi Elazar says, and some say it was taught in a *baraita*:** There are **four matters** for which **the Torah limited their** required standard of **safeguarding, and these are: Pit, and Fire, Eating, and Trampling.**

בּוֹר – דִּכְתִיב ״כִּי יִפְתַּח אִישׁ בּוֹר אוֹ כִּי יִכְרֶה אִישׁ בֹּר וְלֹא יְכַסֶּנּוּ״, הָא כִּסָּהוּ – פָּטוּר;

Where does the Torah limit the required standard of safeguarding with regard to the category of **Pit? As it is written: "If a man shall open a pit, or if a man shall dig a pit and not cover it,** and an ox or a donkey fall therein, the owner of the pit shall pay" (Exodus 21:33). One can infer: **But** if **he covered it,** he is **exempt** from liability, even though it is possible that the pit would become uncovered in the future.

אֵשׁ – דִּכְתִיב ״שַׁלֵּם יְשַׁלֵּם הַמַּבְעִר אֶת הַבְּעֵרָה״, עַד דְּעָבֵיד כְּעֵין מַבְעִיר;

Where does the Torah limit the required standard of safeguarding with regard to the category of **Fire? As it is written: "The one who kindled the fire shall pay compensation"** (Exodus 22:5), which is interpreted to mean that one is exempt from liability **unless he acts** in a manner that is **similar** to actively **kindling** the fire in another's property by being negligent.

שֵׁן – דִּכְתִיב ״וּבִעֵר בִּשְׂדֵה אַחֵר״, עַד דְּעָבֵיד כְּעֵין ״וּבִעֵר״;

Where does the Torah limit the required standard of safeguarding with regard to the category of **Eating? As it is written:** "If a man causes a field or vineyard to be eaten, and he set his animal loose, **and it feed** [*uvi'er*] **in the field of another"** (Exodus 22:4). This indicates that the owner does not bear liability **unless he acts** in a manner that is **similar** to causing his animal to **feed** there, by being negligent.

רֶגֶל – דִּכְתִיב ״וְשִׁלַּח״, עַד דְּעָבֵיד כְּעֵין ״וְשִׁלַּח״.

Where does the Torah limit the required standard of safeguarding with regard to the category of **Trampling? As it is written:** "If a man causes a field or vineyard to be eaten, **and he set** his animal **loose** [*veshilaḥ*], and it feed in the field of another" (Exodus 22:4). This indicates that the owner is not liable **unless he acts** in a manner that is **similar** to **setting** his animal **loose.**

וְתַנְיָא: "וְשִׁלַּח" – זֶה הָרֶגֶל, וְכֵן הוּא אוֹמֵר: "מְשַׁלְּחֵי רֶגֶל הַשּׁוֹר וְהַחֲמוֹר". "וּבִעֵר" – זֶה הַשֵּׁן, וְכֵן הוּא אוֹמֵר: "כַּאֲשֶׁר יְבַעֵר הַגָּלָל עַד תֻּמּוֹ";

And it is taught in a *baraita*: With regard to the term ***veshilaḥ***: **This** is referring to damage by **Trampling, and similarly,** the verse **states: "That send forth [*meshalehei*] the feet of the ox and the donkey"** (Isaiah 32:20). With regard to the term ***uvi'er***: **This** is referring to damage by **Eating, and similarly,** the verse **states: "As one consumes with the tooth, until it be all gone"** (I Kings 14:10).

טַעְמָא דַּעֲבֵיד כְּעֵין "וְשִׁלַּח" "וּבִעֵר", הָא לָא עֲבֵיד – לָא.

Evidently, **the reason** for the owner's liability is specifically **that he acted** in a manner that is **similar to** setting the animal **loose** or causing it **to feed.** One can infer: **But if he did not act** in such a manner, even if he provided only reduced safeguarding, he is **not** liable.

אָמַר רַבָּה: מַתְנִיתִין נַמִּי דַּיְקָא, דְּקָתָנֵי "צֹאן"; מִכְּדֵי בְּשׁוֹר קָא עָסְקִינַן וְאָתֵי – נִיתְנֵי "שׁוֹר", מַאי שְׁנָא דְּקָתָנֵי "צֹאן"? לָאו מִשּׁוּם דְּהַתּוֹרָה מִיעֲטָה בִּשְׁמִירָתָן?

Rabba said: The wording of **the mishna is also precise, as it taught** the *halakha* specifically with regard to **sheep.** This raises the question: **Since we have been dealing with** cases involving **an ox** in all the previous *mishnayot*, then **let** this mishna also **teach** the *halakha* with regard to **an ox. What is different** in this mishna **that it teaches** the case of **sheep? Is it not because the Torah limited** its requirements specifically with regard to **the safeguarding** against damage that is more likely to be caused by sheep, i.e., caused by Eating and Trampling, since sheep are unlikely to gore? If so, the wording of the mishna is in accordance with the opinion of Rabbi Meir, who holds that a reduced level of supervision is sufficient only with regard to Eating and Trampling, but not Goring.

לָאו, מִשּׁוּם דְּכָאן קֶרֶן לָא כְּתִיבָא בָּהּ, שֵׁן וָרֶגֶל הוּא דִּכְתִיב בֵּיהּ, וְקָא מַשְׁמַע לַן דְּשֵׁן וָרֶגֶל דְּמוּעָדִין הוּא, שְׁמַע מִינַּהּ.

The Gemara rejects this: One can **not** necessarily derive from the wording of the mishna that it is in accordance with the opinion of Rabbi Meir. Perhaps the mishna specifically uses the case of sheep to teach the opinion of Rabbi Yehuda, **because** if it would have used an example of an ox **here,** one might have thought that it also includes damage caused by **Goring,** about which it **is not written** in the Torah that reduced supervision is sufficient. Therefore, the mishna specifically uses the example of sheep, to indicate damage caused by **Eating and Trampling,** about **which it is written** that reduced supervision is sufficient. And **it teaches us that** only with regard to **Eating and Trampling, for** which animals **are** considered **forewarned** from the outset, is reduced supervision sufficient according to the opinion of Rabbi Yehuda. The Gemara concludes that this is a valid reading of the mishna and one may **learn from** it that the mishna may even be in accordance with the opinion of Rabbi Yehuda.

תַּנְיָא, אָמַר רַבִּי יְהוֹשֻׁעַ: אַרְבָּעָה דְּבָרִים, הָעוֹשֶׂה אוֹתָן פָּטוּר מִדִּינֵי אָדָם וְחַיָּיב בְּדִינֵי שָׁמַיִם, וְאֵלּוּ הֵן: הַפּוֹרֵץ גָּדֵר בִּפְנֵי בֶּהֱמַת חֲבֵירוֹ, וְהַכּוֹפֵף קָמָתוֹ שֶׁל חֲבֵירוֹ בִּפְנֵי הַדְּלֵיקָה, וְהַשּׂוֹכֵר עֵדֵי שֶׁקֶר לְהָעִיד, וְהַיּוֹדֵעַ עֵדוּת לַחֲבֵירוֹ וְאֵינוֹ מֵעִיד לוֹ.

§ **It is taught** in a *baraita* that **Rabbi Yehoshua said:** There are **four matters** in which one **who commits** an offense concerning **them is exempt** from liability **according to human laws but liable according to the laws of Heaven**[N] and it would be proper for him to pay compensation, **and the** cases **are** as follows: **One who breaches a fence**[N] that stood **before another's animal,** thereby allowing the animal to escape; **and one who bends another's standing** grain **before a fire** so that it catches fire; **and one who hires false witnesses to testify; and one who knows testimony** in support **of another but does not testify on his behalf.**

אָמַר מָר: הַפּוֹרֵץ גָּדֵר בִּפְנֵי בֶּהֱמַת חֲבֵירוֹ. הֵיכִי דָּמֵי? אִילֵימָא בְּכוֹתֶל בָּרִיא – בְּדִינֵי אָדָם נַמִּי נִיחַיַּיב! אֶלָּא

The Gemara clarifies each of the cases listed in the *baraita*. **The Master says:** With regard to the case of **one who breaches a fence** that stood **before another's animal, what are the circumstances? If we say** it is speaking **of a stable wall**[H] that would not have fallen by itself, the one who breached it **should also be liable according to human laws,** at least for the damage caused to the wall. **Rather,** here

NOTES

Liable according to the laws of Heaven – חַיָּיב בְּדִינֵי שָׁמַיִם: The wording used by the Jerusalem Talmud and the *Tosefta* is: Heaven does not pardon until they pay. Apart from the moral aspect involved, it also has practical significance, since if the injured party seizes the perpetrator's assets as compensation, he may keep them in lieu of damages. *Sefer Hashlama* says that whoever is morally culpable but does not pay is disqualified as a witness. The Meiri holds that the perpetrator is actually liable to pay, and that for this reason he is disqualified to bear witness until he pays.

One who breaches a fence, etc. – הַפּוֹרֵץ גָּדֵר וכו׳: The damage resulting from this is that the animal escaped. Nevertheless, since the one who breached the fence was merely the indirect cause of this, he cannot be held legally accountable (Rashi). Others explain the damage to be that which the animal subsequently causes, for which the one who breaches the fence bears moral responsibility (Rambam).

HALAKHA

A stable wall – כּוֹתֶל בָּרִיא: If one breaches a wall that was enclosing another's animal, and the animal escapes and causes damage, the one who breaches the wall is liable for the damage caused. The Rema writes, citing the Ra'avad, that he is not liable for the damage caused by the animal unless he actively led it out. The Rema also cites the opinion of the *Tur* that he is exempt even for compensating the owner of the animal if it becomes lost (Rambam *Sefer Nezikin, Hilkhot Nizkei Mamon* 4:2; *Shulḥan Arukh, Ḥoshen Mishpat* 396:4).

בְּכוֹתֶל רָעוּעַ.

the *baraita* is speaking **of an unstable wall**[HN] that was about to fall and break in any event, and so his action did not actually cause any loss to the owner.

אָמַר מָר: הַכּוֹפֵף קָמָתוֹ שֶׁל חֲבֵירוֹ בִּפְנֵי הַדְּלֵיקָה. הֵיכִי דָּמֵי? אִילֵימָא דְּמָטְיָא לֵיהּ בְּרוּחַ מְצוּיָה – בְּדִינֵי אָדָם נָמֵי נִחַיַּיב! אֶלָּא דְּמָטְיָא בְּרוּחַ שֶׁאֵינָהּ מְצוּיָה.

The Master says: With regard to the case mentioned in the *baraita* **of one who bends another's standing** grain[H] **before a fire, what are the circumstances? If we say** that the *baraita* is referring to a case **where** the fire would **reach** the bent grain **in a typical wind, let him** also **be liable** for the damage according to **human laws. Rather,** it must be a case **where** the fire could **reach** the bent grain only **in an atypical wind.** Therefore, he is exempt according to human laws, and, since the grain was destroyed due to his action, he is liable according to the laws of Heaven.

וְרַב אַשִׁי אָמַר: טָמוּן אִתְּמַר, מִשּׁוּם דְּשַׁוְּיֵהּ טָמוּן בָּאֵשׁ.

And Rav Ashi offered an alternative explanation and **said:** The *baraita* **was stated** in the case of **a concealed** item;[H] in other words, this person did not bend the grain toward the fire but bent it over another item in order to conceal it. One is not liable to pay restitution for concealed items damaged by fire. Therefore, when this person bent the grain over an item, he caused indirect damage to the owner of that item **because he made it into a concealed** item that was subsequently damaged by **fire,** and the owner cannot reclaim his loss.

אָמַר מָר: הַשּׂוֹכֵר עֵדֵי שֶׁקֶר. הֵיכִי דָּמֵי? אִילֵימָא לְנַפְשֵׁיהּ – מָמוֹנָא בָּעֵי שַׁלּוֹמֵי, וּבְדִינֵי אָדָם נָמֵי נִיחַיַּיב! אֶלָּא לְחַבְרֵיהּ.

The Master says: With regard to the case mentioned in the *baraita* **of one who hires false witnesses,**[HN] **what are the circumstances? If we say** that he hired them **for his own** benefit, in order to extract payment from another, **he is required to reimburse** that person with **money, and he is liable according to human laws** for receiving money under false circumstances. **Rather,** the case is one where he hired false witnesses **for** the benefit of **another.**[H] In such a case the injured party cannot sue the other litigant, since the latter did not hire the witnesses, nor can he sue the person who hired them, since that person received no personal benefit.

וְהַיּוֹדֵעַ עֵדוּת לַחֲבֵירוֹ וְאֵינוֹ מֵעִיד לוֹ. בְּמַאי עָסְקִינַן? אִילֵימָא בְּבֵי תְּרֵי – פְּשִׁיטָא, דְּאוֹרָיְיתָא הוּא, ״אִם לוֹא יַגִּיד וְנָשָׂא עֲוֹנוֹ״!

The *baraita* teaches: **And one who knows testimony in support of another**[H] **but does not testify on his behalf** is exempt from liability according to human laws but liable according to the laws of Heaven. **With what** circumstances **are we dealing? If we say** that the case **involves two** people who could testify, and their evidence would render the other party liable to pay, it **is obvious** that each of them is liable according to the laws of Heaven; he has committed a transgression **by Torah law: "If he does not utter it, then he shall bear his iniquity"** (Leviticus 5:1). Therefore, it is unnecessary for the *baraita* to mention this case.

אֶלָּא בְּחַד.

Rather, the case of the *baraita* **concerns a single** witness,[HN] whose testimony is not sufficient to render another liable, and to which the transgression of Torah law consequently does not apply. Nevertheless, a litigant can be forced to take an oath based on the testimony of a single witness, and refusal to take this oath would obligate the litigant to pay. Therefore, the witness has caused an indirect loss and is liable according to the laws of Heaven.

HALAKHA

An unstable wall – כּוֹתֶל רָעוּעַ: If one breaches an unstable wall before another's animal, and the animal escapes and causes damage, then by human laws the one who breached the wall is exempt from liability for the damage and for the wall, but by the laws of Heaven he is liable. According to the Rambam, by human laws he is liable for the damage to the wall (Rambam *Sefer Nezikin, Hilkhot Nizkei Mamon* 4:2; *Shulḥan Arukh, Ḥoshen Mishpat* 396:4, and see *Sma* there).

One who bends another's standing grain, etc. – הַכּוֹפֵף קָמָתוֹ שֶׁל חֲבֵירוֹ וכו׳: If one bends the standing grain of another to a place where fire can reach it with a typical wind, and it catches fire, he is liable. If one bends it to a place where the fire cannot reach it in a typical wind, and the fire reaches it, he is exempt according to human laws, but liable according to the laws of Heaven (Rambam *Sefer Nezikin, Hilkhot Nizkei Mamon* 14:14; *Shulḥan Arukh, Ḥoshen Mishpat* 418:11).

Was stated in the case of a concealed item – טָמוּן אִתְּמַר: One does not receive compensation for a concealed item damaged by fire. If one sees a fire spreading toward the standing grain of another and covers the grain, thereby causing financial loss to the owner, he is exempt according to human laws but liable according to the laws of Heaven (Rambam *Sefer Nezikin, Hilkhot Nizkei Mamon* 14:14; *Shulḥan Arukh, Ḥoshen Mishpat* 418:16).

One who hires false witnesses – הַשּׂוֹכֵר עֵדֵי שֶׁקֶר: One who hires false witnesses to testify on his behalf, and thereby receives payment that was not due him from another, is obligated to return what he received (Rambam *Sefer Shofetim, Hilkhot Edut* 17:7; *Shulḥan Arukh, Ḥoshen Mishpat* 32:2, and in the comment of Rema).

Rather, for the benefit of another – אֶלָּא לְחַבְרֵיהּ: One who hires false witnesses to enable another to receive money not due him is exempt according to human laws but liable according to the laws of Heaven (Rambam *Sefer Shofetim, Hilkhot Edut* 17:7; *Shulḥan Arukh, Ḥoshen Mishpat* 32:2).

One who knows testimony in support of another – הַיּוֹדֵעַ עֵדוּת לַחֲבֵירוֹ: One who witnesses an event is obligated to testify in court concerning what he saw, whether there is another witness with him or he is alone (Rambam *Sefer Shofetim, Hilkhot Edut* 1:1; *Shulḥan Arukh, Ḥoshen Mishpat* 28:1).

Rather, it concerns a single witness – אֶלָּא בְּחַד: A single witness who knows testimony that would benefit another in a monetary matter and does not testify is exempt according to human laws but liable according to the laws of Heaven (Rambam *Sefer Shofetim, Hilkhot Edut* 17:7; *Shulḥan Arukh, Ḥoshen Mishpat* 28:1).

NOTES

An unstable wall – כּוֹתֶל רָעוּעַ: Opinion is divided among the early commentaries as to whether one is liable to pay for the wall. Rashi apparently holds that one is exempt from liability because the wall was about to fall in any event. The Rambam maintains that he is liable for damage to the wall even according to human laws, unless the situation was such that there was a mitzva to demolish it, in which case he would be also morally exempt. According to the Rosh, he is liable for damage to the wall in all cases, even if it was exceedingly fragile, and even where there is a mitzva to demolish it.

The *Shiltei HaGibborim* understands that according to Rashi and *Tosafot* one is morally accountable for damage to the wall. Even if there is a mitzva to demolish it, nevertheless, since there are animals there, the mitzva would not be applicable. In a similar vein, the Meiri writes that since the one who demolished the wall intended to cause damage and not to perform a mitzva, he is morally accountable.

One who hires false witnesses – הַשּׂוֹכֵר עֵדֵי שֶׁקֶר: According to *Tosafot*, this is specifically referring to someone who hires them, but if he merely instructs them, he is not even morally accountable, since he did not perform any action at all. The *Shakh* and the *Ketzot HaḤoshen* note that although he is morally exempt from monetary payment, it is still reprehensible to incite others to commit a transgression.

Rather, it concerns a single witness – אֶלָּא בְּחַד: When the term testimony is used in the Torah, it is referring to the testimony of two witnesses, as by Torah law there is no halakhic obligation for a single witness to testify at all. He nevertheless has a moral duty to testify, as this is no different than any other act of kindness.

וְתוּ לֵיכָּא? וְהָאִיכָּא (סִימָן: הָעוֹשֶׂה בְּסַם וְשָׁלִיחַ חֲבֵירוֹ נִשְׁבָּר): הָעוֹשֶׂה מְלָאכָה בְּמֵי חַטָּאת וּבְפָרַת חַטָּאת – פָּטוּר מִדִּינֵי אָדָם וְחַיָּיב בְּדִינֵי שָׁמַיִם!

The Gemara asks: **And is there nothing else,** i.e., is there no other case in which one is exempt according to human laws but liable according to the laws of Heaven? **But there is** such a case. And before citing several cases that are not written in the *baraita* the Gemara presents **a mnemonic device: One who performs; with poison; and an agent; another; is broken.** The Gemara returns to the first case: One **who performs labor with water of purification,**[H] which was meant to be used to purify one rendered ritually impure by a corpse, thereby rendering the water unfit for use, **or** who performs labor **with the red heifer of purification,**[N] invalidating the animal for use as an element of the purification ritual, is **exempt according to human laws,** since the damage he caused is not evident, **but liable according to the laws of Heaven,** as he caused a financial loss.

וְהָאִיכָּא: הַנּוֹתֵן סַם הַמָּוֶת בִּפְנֵי בֶהֱמַת חֲבֵירוֹ – פָּטוּר מִדִּינֵי אָדָם וְחַיָּיב בְּדִינֵי שָׁמַיִם!

The Gemara adds: **But there is** the following *halakha*: With regard to **one who places poison**[H] **before another's animal,** and the animal eats it and dies, he is **exempt according to human laws,** since the animal caused its own death, **but liable according to the laws of Heaven.**

וְהָאִיכָּא: הַשּׁוֹלֵחַ אֶת הַבְּעֵרָה בְּיַד חֵרֵשׁ שׁוֹטֶה וְקָטָן – פָּטוּר מִדִּינֵי אָדָם וְחַיָּיב בְּדִינֵי שָׁמַיִם!

The Gemara adds: **But there is** the case of **one who sends** an exposed **flame in the hand of a deaf-mute,**[H] **an imbecile, or a minor,** and the fire spreads, causing damage; he is **exempt according to human laws but liable according to the laws of Heaven.**

וְהָאִיכָּא: הַמַּבְעִית אֶת חֲבֵירוֹ – פָּטוּר מִדִּינֵי אָדָם וְחַיָּיב בְּדִינֵי שָׁמַיִם!

The Gemara adds: **But there is** the case of **one who frightens another**[H] without touching him, but causes him injury; he is **exempt according to human laws but liable according to the laws of Heaven.**

וְהָאִיכָּא: נִשְׁבְּרָה כַּדּוֹ בִּרְשׁוּת הָרַבִּים וְלֹא סִילְּקָהּ, נָפְלָה גְּמַלּוֹ וְלֹא הֶעֱמִידָהּ – רַבִּי מֵאִיר מְחַיֵּיב בְּהֶזֵּיקָן, וַחֲכָמִים אוֹמְרִים: פָּטוּר בְּדִינֵי אָדָם וְחַיָּיב בְּדִינֵי שָׁמַיִם!

The Gemara adds: **But there is** the case of one **whose jug broke in the public domain and he did not remove** the broken pieces,[H] or one **whose camel fell and he did not stand it up** again. **Rabbi Meir deems** the owner of jug or of the camel **liable** for the damage thereby caused to others, **and the Rabbis say that** he is **exempt according to human laws but liable according to the laws of Heaven.** Since there are so many other cases, why did Rabbi Yehoshua claim in the *baraita* that there are only four cases when one is exempt according to human laws but liable according to the laws of Heaven?

אִין, מִיהָא אִיכָּא טוּבָא, וְהָנֵי אִצְטְרִיכָא לֵיהּ, מַהוּ דְּתֵימָא: בְּדִינֵי שָׁמַיִם נַמִי לָא לִיחַיַּיב, קָא מַשְׁמַע לָן;

The Gemara answers: **Yes, there are, in any event, many** other cases, **but** Rabbi Yehoshua held that it **was necessary for him** to state the *halakha* of **these** four cases. The reason he stated them is **lest you say** that in these cases **one should not be liable even according to the laws of Heaven.** Therefore, Rabbi Yehoshua **teaches us** that in these cases one is liable according to the laws of Heaven.

הַפּוֹרֵץ גָּדֵר בִּפְנֵי בֶהֱמַת חֲבֵירוֹ – מַהוּ דְּתֵימָא: כֵּיוָן דִּלְמִסְתְּרֵיהּ קָאֵי מַה עָבֵיד, בְּדִינֵי שָׁמַיִם נַמִי לָא לִיחַיַּיב, קָא מַשְׁמַע לָן.

The Gemara explains why one might have thought that there is no liability at all for each case in the *baraita*: Rabbi Yehoshua taught that **one who breaches a fence** that stood **before another's animal,** thereby allowing the animal to escape, is liable according to the laws of Heaven, **lest you say: Since** the fence **is about to collapse** even without this person's intervention, **what did** he really **do?** Based on that logic, one might have thought that **he should not be liable even according to the laws of Heaven.** Therefore, Rabbi Yehoshua **teaches us** that in such a case he is liable according to the laws of Heaven.

הַכּוֹפֵף קָמָתוֹ שֶׁל חֲבֵירוֹ נַמִי – מַהוּ דְּתֵימָא: לֵימָא מִי הֲוָה יָדַעְנָא דְּאָתְיָא רוּחַ שֶׁאֵינָהּ מְצוּיָה, וּבְדִינֵי שָׁמַיִם נַמִי לָא לִיחַיַּיב, קָא מַשְׁמַע לָן.

Rabbi Yehoshua taught that **one who bends another's standing** grain is liable according to the laws of Heaven, **lest you say: Let** the one who bent the grain **say** to the owner: **Did I know that an atypical wind would come** and cause the fire to spread? Based on that logic, one might have thought that **he should not be liable even according to the laws of Heaven.** Therefore, Rabbi Yehoshua **teaches us** that in such a case he is liable according to the laws of Heaven.

HALAKHA

One who performs labor with water of purification – הָעוֹשֶׂה מְלָאכָה בְּמֵי חַטָּאת: With regard to one who performs labor with the red heifer or the water of purification, if he does so deliberately, he is liable to pay for the decrease in value of the water, and if he does so accidentally, he is exempt. If he brings the heifer into a stable for it to suckle and also to thresh, or if he takes his mind off the water of purification in a situation in which doing so disqualifies it, he is exempt according to human laws but liable according to the laws of Heaven (Rambam *Sefer Nezikin, Hilkhot Ḥovel UMazik* 7:5).

One who places poison, etc. – הַנּוֹתֵן סַם הַמָּוֶת וכו׳: If one places poison before the animal of another and the animal dies as a result, he is exempt according to human laws but liable according to the laws of Heaven (Rambam *Sefer Nezikin, Hilkhot Nizkei Mamon* 4:5; *Tur, Ḥoshen Mishpat* 386).

One who sends an exposed flame in the hand of a deaf-mute, etc. – הַשּׁוֹלֵחַ אֶת הַבְּעֵרָה בְּיַד חֵרֵשׁ וכו׳: If one sends an exposed flame in the hand of a deaf-mute, an imbecile, or a minor, in a manner by which it was not certain to cause damage, is exempt according to human laws but liable according to the laws of Heaven (Rambam *Sefer Nezikin, Hilkhot Nizkei Mamon* 14:5).

One who frightens another – הַמַּבְעִית אֶת חֲבֵירוֹ: One who frightens another without touching him and thereby causes damage to him is exempt according to human laws but liable according to the laws of Heaven (Rambam *Sefer Nezikin, Hilkhot Ḥovel UMazik* 2:7; *Shulḥan Arukh, Ḥoshen Mishpat* 420:32).

One whose jug broke…and he did not remove the pieces – נִשְׁבְּרָה כַּדּוֹ...וְלֹא סִילְּקָהּ: If one stumbles in the public domain and, as a result, drops and breaks a jug, and another person is injured by the broken pieces left on the ground, the one who dropped the jug is exempt according to human laws but liable according to the laws of Heaven. This is in accordance with the opinion of the Rabbis (Rambam *Sefer Nezikin, Hilkhot Nizkei Mamon* 13:7; *Shulḥan Arukh, Ḥoshen Mishpat* 412:4).

NOTES

Labor with water of purification or with the red heifer of purification – מְלָאכָה בְּמֵי חַטָּאת וּבְפָרַת חַטָּאת: *Tosafot* explain that this is referring to the heifer before it is burned to ashes and to the water before the ashes are placed in it, since after that they are no longer disqualified if they are used for labor. The Meiri explains that while the container is being filled with water, the water is disqualified even if one performs some other labor at the same time. Once the ashes have been put in, it can be disqualified only if one performs labor directly with the water.

ולרב אשי דאמר נמי טמון איתמר, מהו דתימא: אנא כסויי כסיתיה ניהלך, ובדיני שמים נמי לא ליחייב, קא משמע לן.

And according to Rav Ashi, who said that Rabbi Yehoshua's ruling **was stated** with regard to the case of **a concealed** item,[B] Rabbi Yehoshua mentioned liability according to the laws of Heaven **lest you say** that the one who concealed the item could say: **I covered it for you** in order to protect it from the fire. Based on that logic, one might have thought that **he should not be liable even according to the laws of Heaven.** Therefore, Rabbi Yehoshua **teaches us** that in such a case he is liable according to the laws of Heaven.

והשוכר עדי שקר נמי – מהו דתימא: לימא דברי הרב ודברי התלמיד, דברי מי שומעין, ובדיני שמים נמי לא ליחייב, קא משמע לן.

And Rabbi Yehoshua taught that there is liability **also** in the case of **one who hires false witnesses, lest you say: Let** the one who hired them **say:** If the witnesses hear **the statement of the teacher,** i.e., God, Who prohibited giving false testimony, **and the statement of the student,** i.e., the one who hired them, **to whose statement** should they **listen?** Although the one who hired them encouraged these witnesses to sin, ultimately it was they who transgressed by not adhering to the instructions of God. **And** based on this logic one might have thought that **he should not be liable even according to the laws of Heaven.** Therefore, Rabbi Yehoshua **teaches us** that in such a case he is liable according to the laws of Heaven.

והיודע עדות לחבירו ואינו מעיד לו נמי – מהו דתימא: מי יימר דכי הוה אתינא מסהדינא ליה הוה מודה? דלמא הוה משתבע לשקרא, ובדיני שמים נמי לא ליחייב, קא משמע לן.

Finally, Rabbi Yehoshua taught that **one who knows testimony** in support **of another but does not testify on his behalf** is liable according to the laws of Heaven, **lest you say** that the witness could claim: **Who says that had I come forward** and **testified on behalf of** one litigant, the other litigant **would admit** liability? **Perhaps he would have** chosen to **take a false oath** and absolve himself. Based on that logic one might have thought that **he should not be liable even according to the laws of Heaven.** Therefore, Rabbi Yehoshua **teaches us** that in such a case he is liable according to the laws of Heaven.

"נפרצה בלילה, או שפרצוה לסטים" כו'. אמר רבה: והוא שחתרה.

§ The mishna teaches: If the pen **was breached at night, or bandits breached it,** and sheep subsequently went out and caused damage, the owner of the sheep is exempt. **Rabba says: And this** first instance of a pen that was breached is referring specifically to a case **where** the animal **tunneled** under the wall of the pen and by doing so caused the wall to collapse. In that case, the owner is completely blameless and therefore exempt from liability for any damage that ensues.

אבל לא חתרה, מאי – חייב? היכי דמי? אילימא בכותל בריא – כי לא חתרה אמאי חייב? מאי הוה ליה למעבד? אלא בכותל רעוע – כי חתרה אמאי פטור? תחלתו בפשיעה וסופו באונס הוא!

The Gemara asks: **But** if the animal **did not tunnel** under the wall, **what is the** *halakha*? Would the owner be **liable? What are the circumstances? If we say** that the pen had **a stable wall,** then even **if** the animal **did not tunnel, why** is the owner **liable? What should he have done?** Clearly, he cannot be held liable for the damage. **Rather,** the pen had **an unstable wall.** The Gemara asks: Even **if** the animal **tunneled** under the wall and knocked it down, **why is he exempt?**[H] The damage in this case is **initially through negligence and ultimately by accident.**

הניחא למאן דאמר: תחילתו בפשיעה וסופו באונס – פטור, אלא למאן דאמר: תחילתו בפשיעה וסופו באונס – חייב, מאי איכא למימר?

This works out well according to the one who said that in any case of damage that is **initially through negligence and ultimately by accident,** he is **exempt** from liability, since the ultimate cause of the damage was not his fault. **But according to the one who says** that in any case of damage that is **initially through negligence and ultimately by accident** he is **liable,** as even without the accident his negligence could have caused damage, **what is there to say?**

אלא, מתניתין בכותל בריא, ואפילו לא חתרה, וכי איתמר דרבה – אסיפא איתמר: הניחה בחמה, או שמסרה לחרש שוטה וקטן, ויצתה והזיקה – חייב. אמר רבה: ואפילו חתרה.

Rather, the case of **the mishna concerns a stable wall, and even** if the animal **did not tunnel** under the wall the owner is exempt. **And when** the statement **of Rabba was stated, it was stated with regard to the latter clause** of the mishna that says: If the owner **left** the animal **in the sun**[H] **or conveyed it to a deaf-mute, an imbecile, or a minor,** and the animal **went out and caused damage,** the owner is **liable.** Concerning this **Rabba stated: And** the owner is liable **even if** the animal **tunneled** its way out under the wall of the pen.

BACKGROUND

A concealed item – טמון: According to some opinions, the Torah exempts one from paying for damage in the category of Fire to any concealed item. This is derived from the phrase "standing grain" in the verse that is referring to damage caused by fire (Exodus 22:5). Just as standing grain is visible, so too the liability for damage caused by a fire is limited to items visible at the time that the fire was kindled. In the case mentioned here, the one responsible for the fire should have been liable for destroying the standing grain, but since it was bent under other grain it is considered as though it were concealed, and the perpetrator is therefore exempt from liability.

HALAKHA

If it tunneled, why is he exempt – כי חתרה אמאי פטור: If one locks his animal behind a fence that is not capable of withstanding a typical wind, and the animal tunnels beneath the fence, causing it to collapse, and the animal then escapes and causes damage, the owner is liable for damage caused by the animal, due to his initial negligence. Although he is not directly to blame for what ultimately transpired, the damage came about initially through negligence and ultimately by accident. If the animal tunneled under the fence and escaped through the hole that it dug, the owner is exempt, since the escape of the animal and the ensuing damage is not related to his initial negligence (Rambam *Sefer Nezikin, Hilkhot Nizkei Mamon* 4:1; *Shulḥan Arukh, Ḥoshen Mishpat* 396:1).

Left it in the sun, etc. – הניחה בחמה וכו': In a case where one leaves an animal in the sun and it causes damage, he is liable, even if it tunneled out of its pen and even if he tied it well, since an animal tries everything possible to escape the heat (Rambam *Sefer Nezikin, Hilkhot Nizkei Mamon* 4:5; *Shulḥan Arukh, Ḥoshen Mishpat* 396:5, and in the comment of Rema).

לָא מִבָּעֲיָא הֵיכָא דְּלָא חָתְרָה, דְּכוּלָּהּ בִּפְשִׁיעָה הוּא. אֶלָּא אֲפִילּוּ חָתְרָה נַמִי; מַהוּ דְּתֵימָא: הָוְיָא לַהּ תְּחִילָּתוֹ בִּפְשִׁיעָה וְסוֹפוֹ בְּאוֹנֶס, קָא מַשְׁמַע לַן דְּכוּלָּהּ פְּשִׁיעָה הִיא.

The Gemara explains: **It is not necessary** for the mishna to mention the case **where the animal did not tunnel** its way out. In that case the owner is clearly liable, since **the entire** incident occurred due to his **negligence** of leaving the animal in the sun, thereby causing it distress and leading it to attempt escape by any possible means. **But even if** the animal **tunneled** its way out, the owner is liable, and this is the novelty in this ruling: **Lest you say that this is** a case of damage that is **initially through negligence and ultimately by accident,** because animals do not typically tunnel their way out of a pen, the mishna **teaches us that** it is considered as though **the entire** damage resulted from the owner's **negligence.**

מַאי טַעְמָא? דְּאָמַר לֵיהּ: מֵידַע יָדַעְתְּ דְּכֵיוָן דְּשַׁבְקְתָהּ בַּחַמָּה, כׇּל טַצְדְּקָא דְּאִית לַהּ לְמֶיעְבַּד עָבְדָא וְנָפְקָא.

What is the reason that the owner is liable? It is **that** the one who suffered the damage **can say to** the owner of the sheep: **You should have known that since you left it in the sun, it would utilize any means** [*tatzdeka*][L] **available for it to use and** it would **escape,** so you are ultimately responsible for the damage.

״הוֹצִיאוּהָ לִסְטִים – לִסְטִים חַיָּיבִין״.

§ The mishna teaches: If the **bandits** themselves **took** the sheep **out, the bandits are liable.**

LANGUAGE

Means [*tatzdeka*] – טַצְדְּקָא: A different version of this word, *tatzreki*, has been preserved from better manuscripts, and, while it carries the same meaning as *tatzdeka*, makes better linguistic sense. It is derived from the Middle Persian word čārag, meaning a way out.

Perek **VI**
Daf **56** Amud **b**

פְּשִׁיטָא, כֵּיוָן דְּאַפְּקוּהָ קַיְימָא לַהּ בִּרְשׁוּתַיְיהוּ לְכׇל מִילֵּי!

The Gemara questions the need for this ruling: **It is obvious** that this is the *halakha*, as **once they removed** the animal,[N] **it is** now **in their custody for all purposes,** including responsibility for any ensuing damage.

לָא צְרִיכָא, דְּקָמוּ לַהּ בְּאַפַּהּ; כִּי הָא דְּאָמַר רַבָּה אָמַר רַב מַתָּנָה אָמַר רַב: הַמַּעֲמִיד בֶּהֱמַת חֲבֵרוֹ עַל קָמַת חֲבֵירוֹ – חַיָּיב. מַעֲמִיד פְּשִׁיטָא! לָא צְרִיכָא, דְּקָם לַהּ בְּאַפַּהּ.

The Gemara answers: **No,** this statement is **necessary** in a case **where they stood before** the animal and encouraged it to leave the enclosure but did not lead it out directly. This case is **like** the case in **this** statement **that Rabba says** that **Rav Mattana says** that **Rav says:** With regard to **one who stands another's animal**[HN] **near** a third **person's standing** grain, and the animal eats the grain, he is **liable.** The Gemara asks: If he **stands** the animal there, isn't it **obvious** that he is liable? The Gemara answers: **No,** this ruling is **necessary** in a case **where** one **stood before the animal** and encouraged it to go toward the grain without leading it, and he is nevertheless liable.

HALAKHA

One who stands another's animal, etc. – הַמַּעֲמִיד בֶּהֱמַת חֲבֵרוֹ וכו׳: If one leads an animal belonging to another to the standing grain of a third person, he is liable to pay for any damage (Rambam *Sefer Nezikin, Hilkhot Nizkei Mamon* 4:3; *Shulḥan Arukh, Ḥoshen Mishpat* 394:3).

NOTES

Once they removed it, etc. – כֵּיוָן דְּאַפְּקוּהָ וכו׳: In the Jerusalem Talmud it is explained that the bandits removed the animal from the enclosure in order to steal it, but if they removed it merely to cause it to become lost, they are not liable; in fact, the discussion in the Gemara here seems to take this position as its underlying premise (see *Tosafot*). Rashi explains that the reason that this assumption is taken for granted is as follows: At this point in the discussion it is assumed that the bandits physically removed the animal from the owner's property. By this act of pulling it off of the owner's premises, they thereby acquire the stolen animal.

Tosafot explain that the *halakha* of a bandit's liability for damage caused by an animal is not derived by comparison with the *halakhot* of a bailee, since there are differences between their respective liabilities, the former being liable even in cases of circumstances beyond his control. Rather, the reason is that since the bandit removed the animal from its owner's premises in such a way that the owner was unable to secure it, responsibility for it clearly no longer resides with the owner but with the bandit.

One who stands another's animal, etc. – הַמַּעֲמִיד בֶּהֱמַת חֲבֵרוֹ וכו׳: The Gemara states that if he directly performs an action and brings the animal to another person's produce, he is liable, although it is unclear what the grounds are for his liability. On the one hand, if it is for damage caused by Eating or Trampling, the Torah seemingly states with regard to this: "And he set his animal loose" (Exodus 22:4), indicating that he is liable only if the animal belongs to him. On the other hand, it cannot be that he is liable on the grounds of directly causing damage himself, as would be the case if, for example, he had lit a fire, which is considered like firing an arrow. This is because one is not liable for causing his animal to eat in the public domain. Therefore, *Tosafot* explain that these different elements need to be combined, and although the animal itself is not technically his, nevertheless, since he caused the incident, it is considered his for the purpose of liability for damage. Other early commentaries explain that he is in fact held liable as having directly inflicted damage by actively feeding the animal, and there is no distinction in this regard between the public domain and private property, since this is not the case of damage by Eating (Rashba; see *Ḥazon Ish*).

אֲמַר לֵיהּ אַבַּיֵי לְרַב יוֹסֵף: הִכִּישָׁה אָמְרַתְּ לָן, וְלִסְטִים נַמִּי דְּהִכִּישׁוּהָ.

Abaye said to Rav Yosef: You told us when explaining the statement of Rav Mattana in the name of Rav that it is referring to a case where **he hit** the animal[NH] with a stick, **and** similarly, the mishna can **also** be explained as referring to a case **where** the **bandits hit it**[NH] with a stick and did not lead it.

״מְסָרָהּ לְרוֹעֶה – נִכְנַס הָרוֹעֶה״ כו׳. אָמְרִי: תַּחְתָּיו דְּמַאן? אִילֵימָא תַּחְתָּיו דְּבַעַל בְּהֵמָה, תְּנֵינָא חֲדָא זִמְנָא: מְסָרוֹ לְשׁוֹמֵר חִנָּם וּלְשׁוֹאֵל, לְנוֹשֵׂא שָׂכָר וּלְשׂוֹכֵר – כּוּלָּן נִכְנְסוּ תַּחַת הַבְּעָלִים! אֶלָּא, תַּחְתָּיו דְּשׁוֹמֵר.

§ The mishna teaches that if the owner **conveyed** the animal **to a shepherd** to care for it, **the shepherd enters** in his place and is responsible for all damage. The Sages **say** in clarification: The shepherd enters **in place of whom? If we say** that the shepherd is **in place of the owner of the animal,** didn't we already **learn on one occasion** in a mishna (44b): If the owner **conveyed** his animal **to an unpaid bailee, or to a borrower, to a paid bailee, or to a renter, they all enter** into the responsibilities and liabilities **in place of the owner.** What novelty is there in stating that the responsibility now lies with the shepherd to whom the owner conveyed the animal? **Rather,** it means that the shepherd enters **in place of a bailee** to whom the owner conveyed the animal, who is no longer liable once he conveys the animal to a shepherd.

וְשׁוֹמֵר קַמָּא אִפְּטַר לֵיהּ לְגַמְרֵי; לֵימָא תֶּיהֱוֵי תְּיוּבְתָּא דְּרָבָא, דְּאָמַר רָבָא: שׁוֹמֵר שֶׁמָּסַר לְשׁוֹמֵר – חַיָּיב?

The Gemara asks: If so, this mishna indicates that **the first bailee exempts himself completely** by conveying the sheep to a shepherd, the second bailee, and he bears no further responsibility. **Shall we say that** mishna is **a conclusive refutation of** the ruling of **Rava, as Rava says: A bailee who conveyed** the deposit **to** another **bailee** nevertheless remains **liable?**

אָמַר לָךְ רָבָא: מַאי ״מְסָרוֹ לְרוֹעֶה״? לְבַרְזִילֵיהּ, דְּאוֹרְחֵיהּ דְּרוֹעֶה לְמִימְסַר לְבַרְזִילֵיהּ.

The Gemara answers: **Rava** could **say to you** in response: **What** does the mishna mean when it states: **He conveyed it to a shepherd?** It is referring to a shepherd who conveyed the animal **to** the shepherd's **assistant,**[H] **as it is** the typical **manner of a shepherd to convey** animals in his charge **to his assistant.** Therefore, anyone who gives his animal to a shepherd understands that the shepherd's assistant may also care for the animal, and it is not a violation of the terms of his assignment for the shepherd to convey it to his assistant. Consequently, this mishna does not refute Rava's opinion.

אִיכָּא דְּאָמְרִי: מִדְּקָתָנֵי ״מְסָרָהּ לְרוֹעֶה״ וְלָא קָתָנֵי ״מְסָרָהּ לְאַחֵר״, שְׁמַע מִינָּהּ: מַאי ״מְסָרָהּ לְרוֹעֶה״ – מָסַר רוֹעֶה לְבַרְזִילֵיהּ, דְּאוֹרְחֵיהּ דְּרוֹעֶה לְמִימְסַר לְבַרְזִילֵיהּ, אֲבָל לְאַחֵר – לָא;

There are those **who say** the same answer in a similar manner: **From** the fact **that** the mishna **teaches** the case using the expression: **He conveyed it to a shepherd, and does not teach** it using the less specific expression: **He conveyed it to another, conclude from it** that **what** it means by: **He conveyed it to a shepherd,** is that **the shepherd conveyed it to his assistant, as it is the** typical **manner of a shepherd to convey** an animal **to his assistant. But** if the shepherd conveyed it **to another** to care for it in his place, the mishna does **not** rule that the other person enters in his place.

NOTES

You told us he hit it – הִכִּישָׁה אָמְרַתְּ לָן: The Gemara mentions on several occasions that Rav Yosef became ill, which caused him to forget much of his knowledge. The Gemara recounts that as a result, there are several instances in which Rav Yosef's disciples, and in particular Abaye, who was a close disciple, remind him of matters that he himself had taught them in the past.

Also where the bandits hit it – לִסְטִים נַמִּי דְּהִכִּישׁוּהָ: Rashi explains that this way of hitting an animal to make it move is one of the ways of performing the formal act of acquisition of pulling, and so the bandits thereby acquired the animal despite not taking hold of it physically. By contrast, the Ra'avad explains that their liability does not derive from their acquisition of the animal; rather, since they performed a clearly recognizable act, it is considered as though they had directly caused the ensuing damage. According to this line of reasoning, if a bandit merely stands in front of an animal to lead it in a certain direction, this is not sufficient to incur liability. Meiri writes that although with regard to purchasing an animal by means of pulling it is sufficient for one to call the animal toward him, nevertheless, this is effective only because he has the seller's consent to acquire it, which is not the case with regard to a theft or any other action performed without the owner's consent.

HALAKHA

He hit it – הִכִּישָׁה: If one hits an animal belonging to another, causing it to move toward the grain of a third person, and it eats the grain, he is liable to pay for the grain. The Rema writes that there is no distinction between private property and the public domain in this case, since the one who hit the animal is considered to have caused the damage directly (see Rashba). He further writes that if one merely stood in front of the animal, directing it toward the grain of the third party, he is exempt from liability (Rambam *Sefer Nezikin, Hilkhot Nizkei Mamon* 4:3; *Shulḥan Arukh, Ḥoshen Mishpat* 394:3).

Also where the bandits hit it – לִסְטִים נַמִּי דְּהִכִּישׁוּהָ: If bandits remove animals from a pen, they are liable for any damage caused by the animals from the time they took them out. This applies only if their intention was to steal them. If they intended only to allow the animals to escape, they are exempt from paying for damage caused by the animals (*Shulḥan Arukh, Ḥoshen Mishpat* 396:3).

A shepherd conveyed it to his assistant – מָסַר רוֹעֶה לְבַרְזִילֵיהּ: If a bailee gives an item entrusted to him to a member of his family or to an assistant, that person assumes all the obligations of the original bailee (Rambam *Sefer Nezikin, Hilkhot Nizkei Mamon* 4:11 and *Sefer Mishpatim, Hilkhot She'ela UFikadon* 4:8; *Shulḥan Arukh, Ḥoshen Mishpat* 396:9, 291:21).

לֵימָא מְסַיַּיע לֵיהּ לְרָבָא, דְּאָמַר רָבָא: שׁוֹמֵר שֶׁמָּסַר לְשׁוֹמֵר – חַיָּיב? אָמְרִי: לָא, דִּלְמָא אוֹרְחָא דְּמִילְּתָא קָתָנֵי, וְהוּא הַדִּין לְאַחֵר.

The Gemara suggests: **Let us say** that the wording of the mishna therefore **supports Rava's opinion, as Rava says: A bailee who conveyed** the deposit **to** another **bailee**[H] remains **liable.** The Sages **say** in rejection of that suggestion: **No,** one cannot infer from the wording of the mishna that it is referring specifically to a shepherd conveying the animal to his assistant, since **perhaps it teaches the matter in the manner in which it** typically occurs, **but the same is true** even if the shepherd conveyed the animal **to another.** Therefore, no support can be brought from here for Rava's opinion.

אִיתְּמַר: שׁוֹמֵר אֲבֵידָה – רַבָּה אָמַר: כְּשׁוֹמֵר חִנָּם דָּמֵי, רַב יוֹסֵף אָמַר: כְּשׁוֹמֵר שָׂכָר דָּמֵי.

§ **It was stated** that there is a dispute between *amora'im* concerning the following issue: With regard to **one who is safeguarding a lost item** that he has not yet returned, what level of responsibility does he bear? **Rabba said:** He is considered to be **like an unpaid bailee,** whereas **Rav Yosef said:** He is considered to be **like a paid bailee.**

רַבָּה אָמַר כְּשׁוֹמֵר חִנָּם דָּמֵי, מַאי הֲנָאָה קָא מָטֵי לֵיהּ; רַב יוֹסֵף אָמַר כְּשׁוֹמֵר שָׂכָר דָּמֵי, בְּהַהִיא הֲנָאָה דְּלָא בָּעֵיָא לְמֵיתְבֵי לֵיהּ רִיפְתָּא לְעַנְיָא הָוֵי כְּשׁוֹמֵר שָׂכָר.

Their respective opinions are explained: **Rabba said** that he is considered to be **like an unpaid bailee** because **what benefit comes to him** through safeguarding it? Therefore, he is just like any unpaid bailee. **Rav Yosef said** that he is considered to be **like a paid bailee on account of the benefit that** he **is not required to give**[N] **bread to a poor person**[H] while looking after the lost item, since one who is engaged in one mitzva is exempt from performing another. Consequently, since there is some benefit involved in looking after the lost item, **he is** considered to be **like a paid bailee.**

אִיכָּא דִּמְפָרְשִׁי הָכִי: רַב יוֹסֵף אָמַר כְּשׁוֹמֵר שָׂכָר דָּמֵי, כֵּיוָן דְּרַחֲמָנָא שַׁעְבְּדֵיהּ בְּעַל כּוֹרְחֵיהּ, הִלְכָּךְ כְּשׁוֹמֵר שָׂכָר דָּמֵי.

This is one interpretation, whereas **there are** those **who explain like this: Rav Yosef said** that he is considered to be **like a paid bailee. Once the Merciful One obligates him against his will** to look after lost items, the Torah presumably imposes the high standard of safeguarding on him. Therefore, he is considered to be **like a paid bailee.**

(סִימָן: הֶחֱזִירָהּ לְעוֹלָם הָשֵׁב חִיָּיא אָמַרְתָּ נִשְׁבַּר שָׂכָר.)

The Gemara presents **a mnemonic** device for the *halakhot* and difficulties to be discussed: **He returned it, always, returned, Ḥiyya, you say, breaks, payment.**

אֵיתִיבֵיהּ רַב יוֹסֵף לְרַבָּה:

Rav Yosef raised an objection to the opinion of **Rabba** from that which is taught in a *baraita*:

Perek **VI**
Daf **57** Amud **a**

הֶחֱזִירָהּ לְמָקוֹם שֶׁיִּרְאֶנָּה – אֵינוֹ חַיָּיב לְטַפֵּל בָּהּ, נִגְנְבָה אוֹ אָבְדָה – חַיָּיב בְּאַחֲרָיוּתָהּ;

If one found a lost item and **he returned it to a place where** its owner **will see it, he is no** longer **responsible to deal with it.** If the item **was stolen or lost,** the finder bears financial **responsibility** to compensate for the loss.

מַאי נִגְנְבָה אוֹ אָבְדָה? לָאו נִגְנְבָה מִבֵּיתוֹ, וְאָבְדָה מִבֵּיתוֹ?

Rav Yosef states his objection: **What is** meant **by** the expression: **Was stolen or lost?** Does it **not** mean that it **was stolen from** the finder's **house or lost from his house** before he returned it? Since he is liable for theft or loss, it appears that he has the same status as a paid bailee.

לָא, מִמָּקוֹם שֶׁהֶחֱזִירָהּ.

Rabba rejects this challenge: **No,** it means that it was stolen or lost **from the place where** the finder **returned it,** in which case even an unpaid bailee is liable on the grounds of negligence.

וְהָא קָתָנֵי: אֵינוֹ חַיָּיב לִיטַּפֵּל בָּהּ!

Rav Yosef challenges Rabba's response: **But** the *baraita* **teaches** that the finder **is no** longer **responsible to deal with it,** indicating that failing to deal with it is not negligence, and the finder has no further responsibility for it.

אֲמַר לֵיהּ: הָכָא בְּמַאי עָסְקִינַן – כְּגוֹן שֶׁהֶחֱזִירָהּ בַּצָּהֳרַיִם.

Rabba **said to him: With what are we dealing here,** at the end of the *baraita*, where it teaches that the finder is liable? We are dealing with a case **where he returned it at midday,** which is a time when the owner of the lost item is not typically present. Therefore, the finder has not returned the item properly, and if it is then stolen or lost, he bears responsibility even if he is an unpaid bailee.

HALAKHA

A bailee who conveyed to a bailee – **שׁוֹמֵר שֶׁמָּסַר לְשׁוֹמֵר**: If a bailee conveys an animal entrusted to him to another person and it causes damage, the original bailee is liable to pay the injured party for the damage. He may then sue the second bailee for reimbursement. If the injured party wishes to sue the second bailee directly, he may do so (Rambam *Sefer Nezikin, Hilkhot Nizkei Mamon* 4:11 and *Sefer Mishpatim, Hilkhot She'ela UFikadon* 4:8; *Shulḥan Arukh, Ḥoshen Mishpat* 396:9, 291:21).

That he is not required to give bread to a poor person – **דְּלָא בָּעֵיָא לְמֵיתְבֵי...לֵיהּ רִיפְתָּא לְעַנְיָא**: One who is engaged in performing a mitzva is exempt from any other positive mitzva that requires effort. This applies even if the performance of the second mitzva would not prevent him from completing the first mitzva, and even if the second is more important. If performance of the second mitzva requires no additional effort, e.g., wearing a garment with ritual fringes, he must perform it (Rambam *Sefer Nezikin, Hilkhot Gezeila VaAveda* 13:10; *Shulḥan Arukh, Oraḥ Ḥayyim* 38:8, and in the comment of the Rema, and see *Mishne Berura* there).

NOTES

That he is not required to give, etc. – **דְּלָא בָּעֵיָא לְמֵיתְבֵי וכו׳**: *Tosafot* note that this exemption does not apply for the entire duration that the lost item is in his possession (Ra'avad; see Rashba); rather, it is specifically while he is actively engaged in caring for it, since he has a duty to prevent it from becoming damaged or ruined while in his possession. For example, feeding an animal that he found, which is part of the mitzva of returning lost property, exempts him from other mitzvot, including charity. Therefore, there is some benefit for him resulting from his safeguarding of the lost item.

ותרתי קתני, והכי קתני: החזירה שחרית למקום שיראנה, ושכיח דעייל ונפיק וחזי לה – אינו חייב ליטפל בה; החזירה בצהרים למקום שיראנה, דלא שכיח דעייל ונפיק, דלא חזי לה, ונגנבה או אבדה – חייב באחריותה.

And the *baraita* **is teaching two** separate *halakhot*, **and this** is what **it is teaching:** If the finder **returned it in the morning,**[H] when people are typically present, **to a place where** the owner of the lost item **will see it, and** the owner **typically enters and exits and** it is likely that **he will see it,** the finder **is no** longer **responsible to deal with it,** nor does he bear responsibility if it is then stolen or lost. By contrast, if the finder **returned it at midday to a place where** the owner **will see it, since** it is a time when the owner **does not typically enter and exit and will not see it, if it is** then **stolen or lost** the finder **bears** financial **responsibility** for the loss.

איתיביה: לעולם הוא חייב עד שיחזירנה לרשותו; מאי "לעולם"? לאו אפילו מביתו? שמע מינה: כשומר שכר דמי!

Rav Yosef again **raised an objection to** the opinion of Rabba from that which is taught in the continuation of the *baraita*: The finder of the lost item **always bears responsibility** if the item is stolen or lost **until he returns it to** the owner's **property. What** does the word **always** add? **Is it not** teaching that **even** if the lost item was stolen **from** the finder's **house,**[N] he is liable? If so, **learn from** this that one who finds a lost item **is** considered **like a paid bailee.**

אמר ליה: מודינא לך בבעלי חיים, דכיון דנקטי להו ניגרא ברייתא, בעי נטירותא יתירתא.

Rabba **said to** Rav Yosef in reply: **I concede to you in** a case of one looking after lost **animals**[H] that he is liable if they are stolen or lost. The reason is **that since** the animals **have** already **taken** to the habit of **walking out**[B] of their usual path and not behaving in their typical manner, **they require extra safeguarding,** corresponding to that required of a paid bailee. But with regard to other items that are lost, those that do not move by themselves, the finder bears no greater responsibility to secure them than does an unpaid bailee.

איתיביה רבה לרב יוסף: "השב", אין לי אלא בביתו, לגינתו ולחורבתו מנין? תלמוד לומר: "תשיבם", מכל מקום;

Rabba raised an objection to the opinion of **Rav Yosef:** The verse states in the context of returning lost items: "Return them" (Deuteronomy 22:1), repeating the verb "*hashev teshivem.*" The Sages expounded as follows: From the word "***hashev***" **I have** derived **only** that one may return the item **to the house** of the owner of the lost article. **From where** do I derive that even if one returns it **to his garden or to his ruin,** i.e., an unused structure on his property, he has discharged his obligation and is no longer responsible for the item that he found? For this, **the verse states: "*Teshivem,*"** repeating the verb for emphasis, to teach that he fulfills the mitzva by returning the item **to any place** belonging to the owner.

מאי "לגינתו ולחורבתו"? אילימא לגינתו המשתמרת ולחורבתו המשתמרת – היינו ביתו! אלא פשיטא, לגינתו שאינה משתמרת ולחורבתו שאינה משתמרת. שמע מינה: כשומר חנם דמי!

What is the meaning of the phrase in the *baraita*: **To his garden or to his ruin? If we say** that the finder returned the lost item **to the garden** of the owner **that is secured,** i.e., properly enclosed, **or to his ruin that is secured,** it would be unnecessary to state this, as it **is the same as his house,** since these spaces are secured in the same way as his house. **Rather,** it is **obvious** that it means that he returned them **to his garden that is not secured,**[N] **or to his ruin that is not secured,** and nevertheless, the finder is no longer liable for subsequent damage or theft of the found item. **Conclude from it** that a finder **is like an unpaid bailee** in terms of his liabilities, and this reduced level of safeguarding when returning the item is sufficient.

אמר ליה: לעולם לגינתו המשתמרת ולחורבתו המשתמרת, ודקא קשיא לך: היינו ביתו! הא קא משמע לן דלא בעינן דעת בעלים, כדרבי אלעזר.

Rav Yosef **said to him: Actually,** one can explain that the *baraita* is referring to a case where the finder placed it **in the owner's garden that is secured, or his ruin that is secured; and** with regard to that which poses a **difficulty to you,** that this **is the same as his house,** there is nevertheless a novelty in this ruling: **This teaches us that** in this case **we do not require the owner's knowledge** that the article has been returned, and this is **in accordance with the** opinion **of Rabbi Elazar.**

דאמר רבי אלעזר: הכל צריכין דעת בעלים, חוץ מהשבת אבידה, שהרי ריבתה בו תורה השבות הרבה.

As Rabbi Elazar says: All those who are obligated to return items to their owners, e.g., a bailee or a thief, **require the owner's knowledge**[HN] that they are returning it **except** for one fulfilling the mitzva of **returning a lost item.** This is **because the Torah included many** permitted ways of **returning** lost items by employing the double expression "*hashev teshivem,*" which serves to permit the return of the lost item without the knowledge of the owner.

HALAKHA

He returned it in the morning, etc. – 'החזירה שחרית וכו: One who finds a lost item and returns it in the morning to a place where the owner is usually present, even if the location is not secure, has discharged his responsibility for the item. This applies only to an inanimate object, not to an animal (Rambam *Sefer Nezikin, Hilkhot Gezeila VaAveda* 11:15; *Shulḥan Arukh, Ḥoshen Mishpat* 267:1).

In a case of animals – בבעלי חיים: One who finds a lost item, including an animal, is obligated to take care of it until it is secured inside its owner's premises. He is not required to inform the owner that he has returned it (Rambam *Sefer Nezikin, Hilkhot Gezeila VaAveda* 11:15; *Shulḥan Arukh, Ḥoshen Mishpat* 267:1).

All require the owner's knowledge – הכל צריכין דעת בעלים: A thief or a robber who returns stolen items to the location from which he took them is nevertheless responsible for them until the owner becomes aware that they have been returned. If the owner was never aware that the item had been stolen, the thief is not obligated to notify him of its return. He is required to inform him in either case if the stolen item is an animal (Rambam *Sefer Nezikin, Hilkhot Gezeila VaAveda* 1:8; *Shulḥan Arukh, Ḥoshen Mishpat* 355:1).

NOTES

Even from his house – אפילו מביתו: Rashi, who had the same version of the text as printed in the standard editions of the Talmud, explains: Even if the lost item was stolen from the house of the finder. The Ra'avad had a different version of the text, which reads: Even to his house, i.e., even if he returned it to the owner's house, he is required to return it properly to a part of his premises that is secure. Until he does so, he bears responsibility if it becomes lost, as a paid bailee.

To his garden that is not secured – לגינתו שאינה משתמרת: This means that there were no particular measures taken to secure it. It must be secure at least as far as a typical wind is concerned, otherwise even an unpaid bailee would be liable to pay for any damage to the item on the grounds of negligence (*Tosafot*).

All require the owner's knowledge – הכל צריכין דעת בעלים: When one returns a stolen item to its owner, he has not fulfilled the mitzva of returning it until he informs the owner that he has done so. This is unlike the *halakha* when one returns a lost item. The later commentaries discuss the reasoning behind the distinction made here between stolen items and lost items. Is the basic assumption that whenever an item must be returned, the owner's knowledge is required? Accordingly, the reason for the exception concerning lost items is that the Torah specifically repeats the verb of "return [*hashev teshivem*]," suggesting that one can fulfill the obligation by any means, even in ways considered less responsible. Alternatively, perhaps it is specifically with regard to stolen items, where it was taken from the owner's possession, that it must be returned with his knowledge, whereas with regard to lost items that one found, the verse teaches that the owner's knowledge is not required when returning them.

BACKGROUND

They have taken to walking out – נקטי להו ניגרא ברייתא: Sheep and other domestic animals normally walk along a fixed route and return to the pen or barn where they stay for the night. Consequently, in talmudic times the town shepherd would bring the flock back to the town and each sheep would find its own way home. When a sheep or goat would change its habit for some reason and take a different route, it could no longer be relied upon to return to its original, fixed route. Similarly, such an animal that had changed its usual route and become lost could no longer be expected to remain on the premises of its owner.

אֲמַר לֵיהּ אַבַּיֵי לְרַב יוֹסֵף: וְאַתְּ לָא תִּסְבְּרָא דְּשׁוֹמֵר אֲבֵידָה כְּשׁוֹמֵר חִנָּם דָּמֵי? וְהָא אָמַר רַבִּי חִיָּיא בַּר אַבָּא אָמַר רַבִּי יוֹחָנָן: הַטּוֹעֵן טַעֲנַת גַּנָּב בַּאֲבֵידָה – מְשַׁלֵּם תַּשְׁלוּמֵי כֶפֶל; וְאִי סָלְקָא דַּעְתָּךְ שׁוֹמֵר שָׂכָר הָוֵי, אַמַּאי מְשַׁלֵּם תַּשְׁלוּמֵי כֶפֶל? קַרְנָא בָּעֵי שַׁלּוּמֵי!

Abaye said to Rav Yosef: And you, do you not hold that one safeguarding a lost item[H] **is like an unpaid bailee? But doesn't Rabbi Ḥiyya bar Abba say that Rabbi Yoḥanan says:** With regard to one who finds **a lost item** but falsely **states the claim** that **a thief** stole the item from him and takes an oath to that effect, he must **pay a double payment,** i.e., twice the value of the item. **And if it enters your mind** that the finder of a lost item **is** considered to have the same status as **a paid bailee, why** in such a case must he **pay a double payment? He** should **be required to pay** only **the principal,** since a paid bailee is liable in any event if the article is stolen or lost, and he did not stand to benefit from the claim that the item was stolen.

אֲמַר לֵיהּ: הָכָא בְּמַאי עָסְקִינַן – כְּגוֹן שֶׁטּוֹעֵן טַעֲנַת לִסְטִים מְזוּיָּין.

Rav Yosef **said to him: With what are we dealing here?** It is with a case **where** the finder took a false oath **stating the claim** that the deposit was taken by **an armed bandit,**[H] and in such a case even a paid bailee is exempt. Consequently, his claim would have absolved him from liability, and if the item is subsequently found in his possession, he is liable to pay double for his false claim that it was stolen.

אֲמַר לֵיהּ: לִיסְטִים מְזוּיָּין גַּזְלָן הוּא!

Abaye **said to him:** But **an armed bandit** has the status of **a robber** and not of a thief, so according to this explanation, why did Rabbi Yoḥanan state that it was stolen by a thief?

אֲמַר לֵיהּ, שֶׁאֲנִי אוֹמֵר: לִסְטִים מְזוּיָּין, כֵּיוָן דְּמִיטַּמַּר מֵאֱינָשֵׁי – גַּנָּב הוּא.

Rav Yosef **said to him:** The reason that only a thief pays the double payment and not a robber is that a thief denigrates God by exhibiting fear of people by stealing surreptitiously while not exhibiting fear of Heaven. This is in contrast to a robber, who robs openly. Accordingly, the reason **that I say that an armed bandit is** considered as **a thief,** is **since he hides from people** rather than stealing openly. Although he in fact does steal openly, since he does so by employing a weapon he also exhibits fear of people, and is akin to a thief. Therefore, armed bandits are liable to pay a double payment as is a thief, and a claim that the deposit was seized by armed bandits is considered to be the same as a claim that it was stolen by thieves. Consequently, since a paid bailee is absolved by means of such a claim, if it is determined that his claim was false he must pay double.

אֵיתִיבֵיהּ:

Abaye **raised an objection to** the opinion of Rav Yosef from that which is taught in a *baraita*:

Perek **VI**
Daf **57** Amud **b**

לֹא, אִם אָמַרְתָּ בְּשׁוֹמֵר חִנָּם שֶׁכֵּן מְשַׁלֵּם תַּשְׁלוּמֵי כֶפֶל, תֹּאמַר בְּשׁוֹמֵר שָׂכָר שֶׁאֵינוֹ מְשַׁלֵּם תַּשְׁלוּמֵי כֶפֶל?

No, if you say[N] that this is the *halakha* **with regard to an unpaid bailee, who pays a double payment, shall you** also **say** that this is the case **with regard to a paid bailee, who does not pay a double payment?**

וְאִי סָלְקָא דַּעְתָּךְ לִסְטִים מְזוּיָּין גַּנָּב הוּא, נִמְצָא בְּשׁוֹמֵר שָׂכָר מְשַׁלֵּם תַּשְׁלוּמֵי כֶפֶל בְּטוֹעֵן טַעֲנַת לִסְטִים מְזוּיָּין!

Abaye states his objection: **And if it enters your mind** to say that **an armed bandit is** considered like **a thief, it turns out** that there is a case where **a paid bailee pays a double payment,** and it is **when he states the claim that** the deposit was taken by **an armed bandit.**

NOTES

No, if you say, etc. – **לֹא אִם אָמַרְתָּ וכו׳**: Rashi states that he is unclear as to the source of this *baraita* and to what it is referring. *Tosafot* explain that this statement is part of the discussion with regard to the responsibilities of bailees found in tractate *Bava Metzia* (41b). *Tosefot Rabbeinu Peretz* notes that even though according to *Tosafot* this statement was made by an *amora*, and is not a tannaitic source, Abaye was justified in raising an objection from it to the opinion of Rav Yosef, as this is a statement of one of the early *amora'im*, with whose opinion Rav Yosef should agree. The Ra'avad cites the *Mekhilta* as the source (see *Masoret HaShas*).

HALAKHA

One safeguarding a lost item – שׁוֹמֵר אֲבֵידָה: If one finds a lost article and it is subsequently stolen from him or lost he is liable to pay for it, because he has the same halakhic status as a paid bailee, in accordance with the opinion of Rav Yosef. This is the ruling of the Rif and the Rambam, since the discussion in the Gemara is in accordance with the opinion of Rav Yosef. The Rema writes that according to some authorities (*Tosafot*; Rosh), in this case the *halakha* follows the principle of ruling in accordance with the opinion of Rabba in his disputes with Rav Yosef, and grants one guarding a lost item the same status as an unpaid bailee. Therefore, the case is treated as one of uncertainty, and the court does not obligate him to pay; but if the owner seizes assets from him the court does not return them to him (Rambam *Sefer Nezikin*, *Hilkhot Gezeila VaAveda* 13:10; *Shulḥan Arukh*, *Ḥoshen Mishpat* 267:16).

He states the claim that it was taken by an armed bandit – טוֹעֵן טַעֲנַת לִיסְטִים מְזוּיָּין: If one claims that an item he found was subsequently stolen from him by an armed bandit, and he takes an oath to this effect, but witnesses testify that the item is in his possession, he must pay a double payment. This is because the claim that the item was stolen by an armed bandit would have absolved him of liability. This is in accordance with the opinion of Rav Yosef (Rambam *Sefer Nezikin*, *Hilkhot Geneiva* 4:4).

אֲמַר לֵיהּ, הָכִי קָאָמַר: לֹא, אִם אָמַרְתָּ בְּשׁוֹמֵר חִנָּם שֶׁכֵּן מְשַׁלֵּם תַּשְׁלוּמֵי כֶפֶל בְּכָל טַעֲנוֹתָיו, תֹּאמַר בְּשׁוֹמֵר שָׂכָר שֶׁאֵינוֹ מְשַׁלֵּם תַּשְׁלוּמֵי כֶפֶל אֶלָּא בְּטוֹעֵן טַעֲנַת לִסְטִים מְזוּיָּין?

Rav Yosef **said to him: This** is what the *baraita* **is saying: No, if you** say that this is the *halakha* **with regard to an unpaid bailee, who pays a double payment for any claim** that he makes[H] concerning the theft of the item if he is subsequently found to be lying, **shall you** also say that this is the case **with regard to a paid bailee,**[H] **who pays a double payment** for a false claim **only when he states the claim that** the deposit was taken by **an armed bandit.**

אֵיתִיבֵיהּ: ״וְנִשְׁבַּר אוֹ מֵת״, אֵין לִי אֶלָּא שְׁבוּרָה וּמֵתָה, גְּנֵיבָה וַאֲבֵידָה מִנַּיִן? אָמַרְתָּ קַל וָחוֹמֶר: וּמָה שׁוֹמֵר שָׂכָר שֶׁפָּטַר בּוֹ שְׁבוּרָה וּמֵתָה חַיָּיב בִּגְנֵיבָה וַאֲבֵידָה, שׁוֹאֵל שֶׁחַיָּיב בִּשְׁבוּרָה וּמֵתָה אֵינוֹ דִּין שֶׁחַיָּיב בִּגְנֵיבָה וַאֲבֵידָה? וְזֶהוּ קַל וָחוֹמֶר שֶׁאֵין עָלָיו תְּשׁוּבָה.

Abaye **raised an objection to** the opinion of Rav Yosef from that which is taught in another *baraita*: The Torah states with regard to a case where one borrows an object or an animal from another: **"And it breaks or dies,** he shall pay restitution [*shalem yeshalem*]" (Exodus 22:13). **I have** derived **only** that the borrower is liable in a case where the object or animal **breaks or dies;** but **from where** do I derive that he is also liable if it was **stolen or lost? You can state** the following ***a fortiori*** inference: **And just as a paid bailee, whom** the Torah **rendered exempt** in a case where the item **breaks or dies,** is nevertheless **liable for** a case of **theft or loss,** then with regard to **a borrower,**[H] **who is liable** even if the item **breaks or dies, is not it logical that he is liable for theft or loss? And this is an *a fortiori*** inference **that has no refutation.**

וְאִי סָלְקָא דַּעְתָּךְ לִסְטִים מְזוּיָּין גַּנָּב הוּא, אַמַּאי אֵין עָלָיו תְּשׁוּבָה? אִיכָּא לְמִפְרַךְ: מָה לְשׁוֹמֵר שָׂכָר, שֶׁכֵּן מְשַׁלֵּם תַּשְׁלוּמֵי כֶפֶל בְּטוֹעֵן טַעֲנַת לִסְטִים מְזוּיָּין!

And if it enters your mind to say that **an armed bandit** is considered like **a thief, why** is this an argument that has **no refutation? It can be refuted** as follows: **What** is notable **about a paid bailee?** He is notable in **that** he **pays double payment if he states the claim that** the deposit was taken by **an armed bandit,** whereas a borrower does not pay double in such a case, but only the principal amount.

אֲמַר לֵיהּ, קָסָבַר הַאי תַּנָּא: קַרְנָא בְּלָא שְׁבוּעָה עֲדִיפָא מִכְּפֵילָא בִּשְׁבוּעָה.

Rav Yosef **said to him: This *tanna* holds** that the requirement of a borrower to pay **the principal without** having the option to exempt himself by **taking an oath is stricter than** the requirement of a paid bailee to pay **the double payment** when claiming that it was stolen by an armed bandit, as this obligation is in effect only **where** he took **an oath.** Therefore, this doubled payment pertaining to a paid bailee cannot be used as a refutation of the *a fortiori* inference.

לֵימָא מְסַיַּיע לֵיהּ: הַשּׂוֹכֵר פָּרָה מֵחֲבֵירוֹ וְנִגְנְבָה, וְאָמַר הַלָּה: הֲרֵינִי מְשַׁלֵּם וְאֵינִי נִשְׁבָּע, וְאַחַר כָּךְ נִמְצָא הַגַּנָּב – מְשַׁלֵּם תַּשְׁלוּמֵי כֶפֶל לַשּׂוֹכֵר.

The Gemara asks: **Let us say** that the following *baraita* **supports** Rav Yosef's opinion: In the case of **one who rents a cow from another and it is stolen, and this** renter **says: I will pay** for it **and I am not taking an oath**[H] that the cow was stolen, since I do not wish to take an oath, **and afterward the thief is found,** the thief **pays the double payment to the renter** and not to the owner.

סַבְרוּהָ כְּרַבִּי יְהוּדָה, דְּאָמַר: שׂוֹכֵר כְּנוֹשֵׂא שָׂכָר דָּמֵי, וּמִדְּקָתָנֵי: וְאָמַר ״הֲרֵינִי מְשַׁלֵּם וְאֵינִי נִשְׁבָּע״, מִכְּלָל דְּאִי בָּעֵי פָּטַר לֵיהּ נַפְשֵׁיהּ בִּשְׁבוּעָה!

The Gemara notes: The Sages who sought to use that *baraita* to support Rav Yosef's opinion **assumed** that the *baraita* is **in accordance with** the opinion of **Rabbi Yehuda, who says: A renter is like a paid bailee** and is liable for theft or loss, **but from** the fact **that it teaches: And he said: I will pay** for it **and I am not taking an oath** that the cow was stolen, one can learn **by inference that if** the renter **wants, he can exempt himself** from payment **by** taking **an oath.**

הֵיכִי דָּמֵי? כְּגוֹן דְּקָא טָעֵין טַעֲנַת לִסְטִים מְזוּיָּין, וְקָתָנֵי: וְאַחַר כָּךְ נִמְצָא הַגַּנָּב – מְשַׁלֵּם תַּשְׁלוּמֵי כֶפֶל לַשּׂוֹכֵר, שְׁמַע מִינָּהּ: לִסְטִים מְזוּיָּין גַּנָּב הוּא!

The Gemara clarifies: **What are the circumstances?** Is it not a case **where** the renter **states a claim** that the item was taken by **an armed bandit,** in which case, as a paid bailee, he does not bear liability? **And** despite this, the *baraita* **teaches: And if afterward the thief was found,** the thief **pays the double payment to the renter. Conclude from it** that **an armed bandit**[H] is considered like **a thief.**

אָמְרִי: מִי סָבְרַתְּ כְּרַבִּי יְהוּדָה, דְּאָמַר: שׂוֹכֵר כְּנוֹשֵׂא שָׂכָר דָּמֵי? דִּלְמָא כְּרַבִּי מֵאִיר סְבִירָא לֵיהּ, דְּאָמַר: שׂוֹכֵר כְּשׁוֹמֵר חִנָּם דָּמֵי.

The Gemara **says** in rejection of this proof: **Do you maintain** that this *baraita* is **in accordance with** the opinion of **Rabbi Yehuda, who says** that **a renter** is considered **like a paid bailee? Perhaps** this *tanna* **holds in accordance with** the opinion of **Rabbi Meir, who says** that **a renter is** considered **like an unpaid bailee,** and on account of that he is absolved of responsibility even if he claimed it was a regular theft.

HALAKHA

Pays a double payment for any claim he makes – מְשַׁלֵּם תַּשְׁלוּמֵי כֶפֶל בְּכָל טַעֲנוֹתָיו: If an unpaid bailee takes an oath that the article with which he was entrusted was stolen from his premises, and subsequently witnesses come and testify that he lied, he must repay double the value, just as a thief must (Rambam *Sefer Nezikin, Hilkhot Geneiva* 4:1).

A paid bailee – שׁוֹמֵר שָׂכָר: Generally, a renter or paid bailee is liable for any item stolen or lost from his premises. If the item is stolen or lost due to circumstances beyond his control, e.g., if an animal dies of natural causes, or is maimed or captured, the bailee or renter can take an oath to exempt himself from payment (Rambam *Sefer Mishpatim, Hilkhot Sekhirut* 1:2; *Shulḥan Arukh, Ḥoshen Mishpat* 303:2–3, 12).

A borrower – שׁוֹאֵל: A borrower is liable to pay in any case where he cannot return the item that he borrowed, even if it was an animal that died of natural causes or it was taken from him due to circumstances beyond his control (Rambam *Sefer Mishpatim, Hilkhot Sekhirut* 1:2; *Shulḥan Arukh, Ḥoshen Mishpat* 340:1).

I will pay and I am not taking an oath – הֲרֵינִי מְשַׁלֵּם וְאֵינִי נִשְׁבָּע: In a case where one rented a cow from another and it was stolen, and the renter says that he will pay instead of taking an oath, if the thief is subsequently apprehended, the thief must pay double payment to the renter (Rambam *Sefer Mishpatim, Hilkhot She'ela UFikadon* 8:1).

Armed bandit – לִסְטִים מְזוּיָּין: An armed bandit has the halakhic status of a thief rather than of a robber, in accordance with the opinion of Rav Yosef (Rambam *Sefer Nezikin, Hilkhot Geneiva* 1:3, and see Ra'avad and *Migdal Oz* there; *Shulḥan Arukh, Ḥoshen Mishpat* 348:3).

איבעית אימא, כדמחליף רבה בר אבוה ותני: שוכר כיצד משלם? רבי מאיר אומר: כשומר שכר, רבי יהודה אומר: כשומר חנם.

Alternatively, **if you wish, say** that the *baraita* is referring to an unarmed bandit and is **in accordance with** the opinion of **Rabba bar Avuh, who reversed** the opinions **and teaches** as follows: **How does a renter pay? Rabbi Meir says** he has the same liability **as a paid bailee,** whereas **Rabbi Yehuda says** he has the same liability **as an unpaid bailee.** Therefore, even if this *baraita* is in accordance with the opinion of Rabbi Yehuda, it does not provide support for Rav Yosef's opinion.

רבי זירא אמר: הכא במאי עסקינן – בטוען טענת לסטים מזוין, ונמצא לסטים שאינו מזוין.

Rabbi Zeira said: Even without reversing the opinions, it is possible to explain that the *baraita* does not provide support for Rav Yosef's opinion by saying as follows: **With what are we dealing here?** We are dealing with a case where the renter **states the claim that** the deposit was taken by **an armed bandit,** and so he could have absolved himself by taking an oath, **but** afterward **it is found that it was** stolen by **an unarmed bandit.** On account of this, the bandit pays the double payment to the renter. No conclusive proof is brought as to whether one who found a lost item has the status of a paid or unpaid bailee.

"נפלה לגינה ונהנית – משלמת מה שנהנית". אמר רב: בנחבטה.

§ The mishna teaches: If the animal **fell into a garden**[H] **and derives benefit,** the owner **pays for the benefit that** it **derives. Rav says:** This is referring to a case **where** the vegetables softened the impact of **striking**[N] the ground, and the owner pays for this benefit of the animal being saved from injury.

אבל אכלה, אפילו מה שנהנית אינה משלמת. לימא, רב לטעמיה, דאמר רב: היה לה שלא תאכל?

The Gemara comments: This statement of Rav indicates that the owner pays only for what occurred while the animal landed, **but if** the animal then **ate** from the garden, the owner **is not** required to **pay even for the benefit that** the animal **derives. Shall we say that Rav** conforms **to his** standard line of **reasoning? As Rav says** that in a case where one placed his produce in the courtyard of another without permission, and an animal belonging to the owner of the courtyard ate the produce and was sickened thereby, the owner of the produce is not liable, as he can claim: The animal **should not have eaten** it.[N] Similarly, here the owner of the animal can say: This animal fell through no fault of mine, and so it is not my fault that it ate.

אמרי: הכי השתא?! אימור דאמר רב התם היה לה שלא תאכל, היכא דאיתזקא היא, דמצי אמר ליה מריה דפירי: לא משלמנא. היה לה שלא תאכל, לאזוקי היא אחריני דפטירה לשלומי, מי אמר?!

The Sages of the Gemara **say: How can** these cases **be compared?** One could **say that Rav said there** that the animal **should not have eaten** the produce. This claim is relevant **where** the animal **itself was injured** by eating another's produce, **because the owner of the produce can say: I will not pay,** because the animal **should not have eaten.** This is a claim to exempt the owner of the produce from paying the owner of the animal. **Did** Rav **say** that **when** the animal **causes damage to another's** produce, the owner can **exempt** himself **from paying** the owner of the produce by stating this claim?

אלא,

Rather,

HALAKHA

Fell into a garden – נפלה לגינה: If an animal falls into a garden and lands on produce, thereby avoiding injury (see *Shakh*), or if it eats produce from there, its owner pays for the benefit it received but not for the full damage it caused, in accordance with the Gemara's conclusion (Rambam *Sefer Nezikin*, *Hilkhot Nizkei Mamon* 3:11; *Shulḥan Arukh*, *Ḥoshen Mishpat* 394:1).

NOTES

Striking – נחבטה: The owner pays for the benefit he derives on account of the soft landing. The Meiri explains that the compensation is assessed according to how much one would be willing to pay for this benefit, whereas Rabbeinu Yehonatan of Lunel explains that one calculates how much straw he would have had to buy in order to achieve the same result.

Should not have eaten it – היה לה שלא תאכל: The Ra'ah notes that this claim could theoretically be advanced any time an animal eats the produce of another, leading to the question of how the Torah can ever obligate the owner of the animal to pay for the produce it eats. He explains that one would have explained that in a standard case when an animal eats the produce of another, the liability of the owner is not for the actual act of the animal eating the produce, but for the negligence of its owner in not preventing it from doing so. In this case, where the animal fell, the owner was not negligent, so the Gemara raises the possibility that he be exempt from payment.

NOTES

One who repels a lion, etc. – מַבְרִיחַ אֲרִי וכו׳: The reason for this is that one who repels a lion from another person's property is performing a mitzva, either part of the general mitzva to perform acts of kindness, or part of the obligation to return lost property, and consequently does not receive anything in return for his trouble (Rashi). Rabbi Shimon Shkop adds that according to this, it is clear why the Gemara takes for granted that this act was performed with intent, since otherwise no mitzva would have been performed, and the other person would then be required to pay for the benefit he received.

Tosafot note that this principle is not applied in all cases, and the Meiri echoes this opinion by stating that not all cases are alike, and each has its own unique considerations. In particular, according to *Tosafot*, there are two criteria that must be present for the one who repelled the lion to not receive any compensation: First, the action must be performed with intent, and second, it must not involve a loss on the part of the one who performs it. Even if these two factors are present, he receives no compensation only when the other person might not have suffered the loss in any event, even without his intervention. If he prevents him from incurring a loss that would have been inevitable, he is compensated for his efforts, even if he does not receive the full amount by which the other benefits.

לָא מִבַּעְיָא קָאָמַר; לָא מִבַּעְיָא אָכְלָה דִּמְשַׁלֶּמֶת מַה שֶּׁנֶּהֱנֵית, אֲבָל נֶחְבְּטָה – אֵימָא מַבְרִיחַ אֲרִי מִנִּכְסֵי חֲבֵירוֹ הוּא, וּמַה שֶּׁנֶּהֱנֵית נַמִי לָא מְשַׁלֵּם, קָא מַשְׁמַע לַן.

one cannot make such an inference from Rav's statement. Rav **is speaking** utilizing the style of: **It is not necessary,** and this is how to understand his statement: **It is not necessary** to state that if the animal fell into the garden and **ate** from its produce, **that** the owner **pays** for **the benefit that** it **derives. But** if the produce softened the blow of **striking** the ground and thereby the animal avoided injury, one might **say** that the owner of the animal should not pay, on the grounds that the owner of the garden may be viewed, analogously, to one who **repels a lion**[NH] **from another's property.** In such a case, although the latter benefited from his action, he is not obligated to pay for it. Similarly in this case, one might think that the owner of the animal does **not pay even** for **the benefit that** the animal **derived.** For this reason Rav **teaches us** that the owner of the animal must pay for this benefit as well.

וְאֵימָא הָכִי נַמִי!

The Gemara asks: **But** why not **say** that **this is indeed** the *halakha*, and the owner of the animal should be exempt for paying for the benefit of his animal not being injured?

מַבְרִיחַ אֲרִי מִנִּכְסֵי חֲבֵירוֹ מִדַּעְתּוֹ הוּא, הַאי לָאו מִדַּעְתּוֹ. אִי נַמִי, מַבְרִיחַ אֲרִי מִנִּכְסֵי חֲבֵירוֹ לֵית לֵיהּ פְּסֵידָא, הַאי אִית לֵיהּ פְּסֵידָא.

The Gemara answers: One who **repels a lion from another's property** does so **with intent,** knowing that he would be ineligible for payment. By contrast, **this** owner of the garden did **not** act **with intent** and would have preferred for the incident not to have happened. **Alternatively,** one could say that one who **repels a lion from another's property does not** thereby **have any loss** himself. By contrast, **this** owner of the garden **has a loss,** in that his produce is damaged.

הֵיכִי נָפַל? רַב כָּהֲנָא אָמַר: שֶׁהוּחְלְקָה בְּמֵימֵי רַגְלֶיהָ. רָבָא אָמַר: שֶׁדְּחָפַתָּה חֲבֶרְתָּהּ.

The Gemara asks: **How did** the animal **fall?**[H] In which case does this *halakha* apply? **Rav Kahana says: It slipped on its own urine. Rava says: Another** animal belonging to the same owner **pushed it,** causing it to fall there.

מַאן דְּאָמַר שֶׁדְּחָפַתָּה חֲבֶרְתָּהּ – כׇּל שֶׁכֵּן שֶׁהוּחְלְקָה בְּמֵימֵי רַגְלֶיהָ; וּמַאן דְּאָמַר שֶׁהוּחְלְקָה בְּמֵימֵי רַגְלֶיהָ, אֲבָל דְּחָפַתָּה חֲבֶרְתָּהּ – פָּשְׁעָה, וּמְשַׁלֶּמֶת מַה שֶּׁהִזִּיקָה, דְּאָמַר לֵיהּ: אִיבָּעֵי לָךְ עַבּוֹרֵי חֲדָא חֲדָא.

The Gemara explains: Rava, **the one who says that** the mishna is referring to a case where **another** animal **pushed it,** in which case the owner pays only for the benefit that the animal derived and is exempt from paying for the damage caused, holds that **all the more so** this *halakha* would apply in a case **where it slipped on its urine,** which is beyond the owner's control. **But** Rav Kahana, **the one who says** that the mishna is referring to a case **where** the animal **slipped on its urine,** holds that if, **however, another** animal **pushed it,** this indicates that the owner **was negligent** and should have prevented this happening. Therefore, in such a case, the owner **pays** for **what** his animal **damaged, since** the owner of the garden **can say to** the owner of the animal: **You should have led** your animals **across one by one,** so that they would not be able to push each other.

HALAKHA

One who repels a lion – מַבְרִיחַ אֲרִי: A debtor is not required to repay a third party who repays his loan without his knowledge. The Rema writes that, according to some authorities, this does not apply if the creditor was a gentile, since the reason for the debtor's exemption in the case of a loan is that the debtor could claim that he would have pacified his creditor without having to repay him, and this claim is not accepted when the creditor is a gentile (Rambam *Sefer Mishpatim, Hilkhot Malve VeLoveh* 26:6; *Shulḥan Arukh, Ḥoshen Mishpat* 128:1 and *Sma* there; *Yoreh De'a* 252:12 and *Shakh* there).

How did it fall – הֵיכִי נָפַל: If an animal falls into a garden accidentally, e.g., after slipping, its owner pays only for the benefit that the animal derived but is not liable to pay for the damage caused. If the owner was driving his animals past the field and one animal pushed another, causing it to fall into the garden, the owner is liable to pay for the damage it causes, because he was negligent, in accordance with the opinion of Rav Kahana (Rif; Rambam). The Rema writes that, according to some authorities (*Tosafot*; Rosh; Ramah) even this is considered to be accidental, so the owner is obligated to pay only for the benefit (Rambam *Sefer Nezikin, Hilkhot Nizkei Mamon* 3:11; *Shulḥan Arukh, Ḥoshen Mishpat* 394:1).

אָמַר רַב כָּהֲנָא: לֹא שָׁנוּ אֶלָּא בְּאוֹתָהּ עֲרוּגָה, אֲבָל מֵעֲרוּגָה לַעֲרוּגָה – מְשַׁלֶּמֶת מַה שֶּׁהִזִּיקָה; וְרַבִּי יוֹחָנָן אָמַר: אֲפִילּוּ מֵעֲרוּגָה לַעֲרוּגָה, וַאֲפִילּוּ כׇּל הַיּוֹם כּוּלּוֹ, עַד שֶׁתֵּצֵא וְתַחְזוֹר לְדַעַת.

Rav Kahana says: **They taught only** that the owner pays for the benefit that it derives **in the same garden bed** into which it fell, **but** if it went **from one garden bed to** another **garden bed**[N] and ate from that one, the owner **pays for what it damaged. And Rabbi Yoḥanan says: Even** if the animal goes **from one garden bed to** another **garden bed**[HN] and eats, **and even** if the animal continues going from one bed to another and eating for **the entire day,** the owner pays only for the benefit that the animal derived and not for what it damaged, **unless it leaves** the garden entirely **and returns with** the owner's **knowledge.**

אָמַר רַב פָּפָּא: לֹא תֵּימָא עַד שֶׁתֵּצֵא לְדַעַת וְתַחְזוֹר לְדַעַת, אֶלָּא כֵּיוָן שֶׁיָּצְתָה לְדַעַת אַף עַל פִּי שֶׁחָזְרָה שֶׁלֹּא לְדַעַת; מַאי טַעְמָא? דְּאָמַר לֵיהּ: כֵּיוָן דִּילְפָא, כׇּל אֵימַת דְּמִשְׁתַּמְטָא לְהָתָם רָהֲטָא.

Rav Pappa said, explaining Rabbi Yoḥanan's statement: **Do not say** this means: **Unless** the animal **leaves with** the owner's **knowledge and returns with** his **knowledge; rather, once it leaves** the garden **with** the owner's **knowledge,**[H] **even if it returned without** his **knowledge,** the owner is liable to pay for what it damaged. **What is the reason** for this? It is **that** the owner of the garden can **say to** the owner of the animal: **Since** the animal **has** now **learned** that the garden is there with food to eat, **every time it strays it will run to there.**

״יָרְדָה כְּדַרְכָּהּ וְהִזִּיקָה – מְשַׁלֶּמֶת מַה שֶּׁהִזִּיקָה״. בָּעֵי רַבִּי יִרְמְיָה: יָרְדָה כְּדַרְכָּהּ וְהִזִּיקָה בְּמֵי לֵידָה, מַהוּ?

§ The mishna teaches: If the animal **descended** into the garden **in its usual manner and caused damage** there, the owner **pays for what it damaged. Rabbi Yirmeya asks:** If the animal **descended in its usual manner and** gave birth to a calf there and **damaged** the produce **with amniotic fluid,**[HB] **what is the** ***halakha***? Does the owner of the animal have to pay for this damage?

אַלִּיבָּא דְּמַאן דְּאָמַר תְּחִלָּתוֹ בִּפְשִׁיעָה וְסוֹפוֹ בְּאוֹנֶס חַיָּיב – לָא תִּיבְּעֵי לָךְ, כִּי תִּיבְּעֵי לָךְ – אַלִּיבָּא דְּמַאן דְּאָמַר תְּחִלָּתוֹ בִּפְשִׁיעָה וְסוֹפוֹ בְּאוֹנֶס פָּטוּר, מַאי?

The Gemara clarifies Rabbi Yirmeya's question: **Do not raise the dilemma in accordance with** the opinion **of the one who says** that one is **liable** in a case of damage that is **initially through negligence and ultimately by accident,** since in this case the owner was negligent in allowing the animal to enter another person's courtyard, although the actual causing of the damage was ultimately by accident. **When should you raise this dilemma?** Raise it **in accordance with** the opinion **of the one who says** that one is **exempt** in a case that is **initially through negligence and ultimately by accident. What** is the *halakha* in this case?

מִי אָמְרִינַן: כֵּיוָן דִּתְחִלָּתוֹ בִּפְשִׁיעָה וְסוֹפוֹ בְּאוֹנֶס – פָּטוּר. אוֹ דִּלְמָא: הָכָא כּוּלָּהּ בִּפְשִׁיעָה הוּא, דְּכֵיוָן דְּקָא חָזֵי דְּקָרֵיבָה לַהּ לְמֵילַד, אִיבְּעִי לֵיהּ לְנַטּוֹרַהּ

The two sides of the question are as follows: **Do we say that, since** this case is **initially through negligence and ultimately by accident,** he is **exempt** from liability? **Or perhaps here,** in this case, **it is entirely** due to his **negligence; since he saw that** the animal **was close to giving birth, he should have safeguarded it** adequately

HALAKHA

Even from one garden bed to another garden bed – אֲפִילּוּ מֵעֲרוּגָה לַעֲרוּגָה: If an animal falls into a garden, even if it then goes from one bed to another and eats for the entire day, its owner is obligated to pay only for the benefit it received, in accordance with the opinion of Rabbi Yoḥanan (Rambam *Sefer Nezikin, Hilkhot Nizkei Mamon* 3:11; *Shulḥan Arukh, Ḥoshen Mishpat* 394:1).

Once it leaves with his knowledge – כֵּיוָן שֶׁיָּצְתָה לְדַעַת: In a case where an animal falls into a garden and leaves with the knowledge of its owner, if the animal then returns to the same garden, even without the owner's knowledge, the owner is liable to pay for the damage it causes. The Rema writes that if the owner secured the animal properly but it nevertheless escaped and caused damage, he is exempt from liability (Rambam *Sefer Nezikin, Hilkhot Nizkei Mamon* 3:12; *Shulḥan Arukh, Ḥoshen Mishpat* 394:2).

Damaged it with amniotic fluid – הִזִּיקָה בְּמֵי לֵידָה: If an animal walks into a garden, even if it causes accidental damage, e.g., spoiling produce with amniotic fluid, the owner must pay for the damage, despite the fact that ultimately the damage was due to circumstances beyond his control. This is because initially he was negligent (Rambam *Sefer Nezikin, Hilkhot Nizkei Mamon* 3:11; *Shulḥan Arukh, Ḥoshen Mishpat* 394:1).

BACKGROUND

Amniotic fluid – מֵי לֵידָה: With all higher mammals, the fetus develops in the amniotic sac, which is filled with fluid to protect the fetus. Before birth the sac tears and the fluid spills out. In cattle the amount of fluid can be up to 250 ℓ in exceptional circumstances of illness. Therefore, amniotic fluid could seriously damage the area in which the animal gave birth.

NOTES

From one garden bed to another garden bed – מֵעֲרוּגָה לַעֲרוּגָה: If the animal moves to another garden bed it is considered as though it has entered another field, so its action is included in the injunction of the Torah with regard to damage by Eating and Trampling (*Tosafot*). The Ra'ah writes that if the animal fell into a sufficiently large garden bed, the leniency that the owner of the animal pays only for the benefit that it derives applies only to the area immediately surrounding where it fell.

Even from one garden bed to another garden bed – אֲפִילּוּ מֵעֲרוּגָה לַעֲרוּגָה: Rabbi Yoḥanan maintains that the owner is not responsible for any damage done by his ox while in the field, even in another garden bed of the field. His reasoning can be explained in several ways: One explanation is that the Torah specifically states: "If…he set his animal loose and it feed in the field of another" (Exodus 22:4). This indicates that one whose ox fell into another's field is exempt from the consequences of its presence in that field, since he did not set it loose there (Rosh). Alternatively, since the owner is reluctant to enter another person's field to remove his ox, he is not liable (Meiri). Others explain that it is considered a divine punishment for the owner of the field and therefore the owner of the ox is not considered liable, because he was not at fault when his ox entered the field (Ra'avad; Rashba). According to the latter explanation, the owner of the ox would be liable if the second garden bed, into which the animal wandered, is owned by someone other than the owner of the first garden bed, into which the animal fell (see *Ḥazon Ish* on *Bava Kamma* 6:2).

וְלְאִסְתַּמּוּרֵי בְּגַוָּהּ? תֵּיקוּ.

and taken care of it, and he bears responsibility for failing to do so. The dilemma **shall stand** unresolved.

״כֵּיצַד מְשַׁלֶּמֶת מַה שֶּׁהִזִּיקָה״ וכו׳. מְנָא הָנֵי מִילֵּי?

§ The mishna teaches: **How does** the court appraise the value of the damage when the owner **pays for what it damaged?** The court appraises a large piece of land with an area required for sowing one se'a of seed [*beit se'a*] in that field, including the garden bed in which the damage took place, it appraises how much it was worth before the animal damaged it and how much is it worth now, and the owner must pay the difference. The Gemara asks: **From where are these matters** derived?

אָמַר רַב מַתָּנָה, דְּאָמַר קְרָא: ״וּבִעֵר בִּשְׂדֵה אַחֵר״, מְלַמֵּד שֶׁשָּׁמִין עַל גַּב שְׂדֵה אַחֵר.

Rav Mattana says: As the verse states: "And it feed in another field [***uvi'er bisde aher***]" (Exodus 22:4). This **teaches that** the court **appraises** the damage **relative to another field,** i.e., relative to the damaged field as a whole and not an appraisal of only the specific garden bed that was damaged.

הַאי ״וּבִעֵר בִּשְׂדֵה אַחֵר״ מִבָּעֵי לֵיהּ לְאַפּוּקֵי רְשׁוּת הָרַבִּים!

The Gemara asks: But **this** phrase: **"*Uvi'er bisde aher,"*** can be understood as meaning: "And it feed in another's field," and accordingly, **is necessary** to teach that the owner is not liable unless it was a field with an owner, **to exclude** damage caused by an animal in **the public domain,** for which the owner is not liable.

אִם כֵּן, לִכְתּוֹב רַחֲמָנָא: וּבִעֵר בִּשְׂדֵה חֲבֵירוֹ, אִי נַמִי: שְׂדֵה אַחֵר, מַאי ״בִּשְׂדֵה אַחֵר״? שֶׁשָּׁמִין עַל גַּב שְׂדֵה אַחֵר.

The Gemara answers: **If so,** if this was the sole intention of the verse, **let the Merciful One write** in the Torah: **And it feed in a field belonging to another** [***uvi'er bisde haveiro***], **or alternatively,** let it write: And it consume **another field** [***sedeh aher***]." **What** is conveyed by the particular expression: **"In another field** [***bisde aher***]"? It is to teach that the court **appraises** the damage **relative to another field.**

וְאֵימָא: כּוּלֵּיהּ לְהָכִי הוּא דַּאֲתָא, לְאַפּוּקֵי רְשׁוּת הָרַבִּים מְנָלַן?

But why not **say** that this verse **comes entirely for this** purpose, i.e., to teach that the court appraises the damage relative to another field? And in that case, **from where do we** derive the **exclusion** of liability for damage by Eating in **the public domain?**

אִם כֵּן, לִכְתְּבֵיהּ רַחֲמָנָא גַּבֵּי תַּשְׁלוּמִין: ״מֵיטַב שָׂדֵהוּ וּמֵיטַב כַּרְמוֹ יְשַׁלֵּם בִּשְׂדֵה אַחֵר״, לָמָּה לִי דִּכְתַבֵיהּ רַחֲמָנָא גַּבֵּי ״וּבִעֵר״? שְׁמַע מִינָּהּ תַּרְתֵּי.

The Gemara answers: **If** it is **so** that the verse was referring solely to the method of appraising the damage, **the Merciful One should have written this** in the Torah **in the context of payment,** as follows: **His best-quality field and the best quality of his vineyard he shall pay in another field** (see Exodus 22:4), thereby adding the term: In another field, and, by extension, the directive concerning how the damage is appraised, to the verse discussing payment. **Why do I need the Merciful One to write it in** the context of the act of damaging, in the verse: **"And it feed** in another field"? **Conclude two** conclusions **from it:** The verse is referring to both the place where the damage occurred and the method by which the damage is appraised.

הֵיכִי שָׁיְימִינַן? אָמַר רַבִּי יוֹסֵי בַּר חֲנִינָא: סְאָה בְּשִׁשִּׁים סְאִין; רַבִּי יַנַּאי אָמַר: תַּרְקַב בְּשִׁשִּׁים תַּרְקַבִּים; חִזְקִיָּה אָמַר: קֶלַח בְּשִׁשִּׁים קְלָחִים.

§ The Gemara asks: **How do we,** the court, **appraise** the value of the damage? **Rabbi Yosei bar Hanina says:** The court appraises the value of an area required for sowing one ***se'a*** of seed [*beit se'a*] **relative to** an area required for sowing **sixty *se'a***[N] of seed, and according to this calculation determines the value of the damage. **Rabbi Yannai says:** The court appraises each ***tarkav***,[L] equivalent to half a *beit se'a*, **relative to** an area of **sixty *tarkav*.** **Hizkiyya says:** The court appraises the value of each **stalk** eaten **relative to sixty stalks.**[H]

מֵיתִיבֵי: אָכְלָה קַב אוֹ קַבַּיִים, אֵין אוֹמְרִים תְּשַׁלֵּם דְּמֵיהֶן, אֶלָּא רוֹאִין אוֹתָהּ כְּאִילּוּ הִיא עֲרוּגָה קְטַנָּה וּמְשַׁעֲרִים אוֹתָהּ; מַאי לָאו בִּפְנֵי עַצְמָהּ?

The Gemara **raises an objection** from a *baraita*: If an animal **ate** one ***kav* or two *kav***, the court **does not say that** the owner **pays** compensation according to **their value,** i.e., the value of the actual damage; **rather,** they **view it as if it were a small garden bed and evaluate it** accordingly. **What, is it not** that this means that the court evaluates that garden bed according to what it would cost if sold **by itself,** which contradicts all the previous explanations?

NOTES

One *se'a* relative to sixty *se'a* – סְאָה בְּשִׁשִּׁים סְאִין: The early commentaries seem to be in agreement that this is not referring to one *se'a*, a measure of volume, of produce, but rather, as stated in the mishna, a *beit se'a*, i.e., the area of land required for sowing a *se'a* of seed, relative to which the produce is evaluated. Rashi explains that, according to Rabbi Yosei bar Hanina, the court first assesses the added value of an individual *beit se'a* of land when sold as part of an area sixty times as large. This value will be less than that of a *beit se'a* sold independently. The court then appraises the depreciation of that *beit se'a* resulting from the damage to the particular garden bed within it from which the animal ate, as explicitly stated in the mishna.

Other early commentaries are troubled by this explanation, since there is no mention of two consecutive evaluations (see *Tosafot* and *Tosefot Rid*). One suggestion of the Ra'avad, which the Rashba prefers and attributes also to Rabbeinu Hananel, is that if the animal damaged an area of one *beit se'a*, it is evaluated relative to a field sixty times this area, whereas if the damaged area is smaller than this, the depreciation in its value due to the loss of the produce is assessed only according to the area that it damaged. The Ra'avad also suggests an alternative explanation that is similar to that of *Tosafot* and that he prefers to his first explanation: According to Rabbi Yosei bar Hanina, the court assesses the damage done to an area of a *beit se'a* relative to an area sixty times as large, whereas if the damaged area was smaller, the court assesses the damage in proportion to a *beit se'a*. According to these opinions, *Tosafot* explain that when the mishna states: The court appraises a large piece of land with an area of a *beit se'a* in that field, it is not referring to the method of calculation, as Rashi explains; rather, it means that one assesses the depreciation in the value of the field due to the loss of produce rather than directly assessing the value of the produce itself. Furthermore, the evaluation is made with reference to that same field, since some fields have produce of higher quality, and consequently higher value, than others.

LANGUAGE

Tarkav – תַּרְקַב: A *tarkav* is a measure of half a *se'a*, i.e., three *kav*. The word is derived from the Greek word τρίκαβος, *trikabos*, also meaning three *kav*. The early commentaries interpreted the word as a contraction of: Two *kav* and another *kav* [*terei vekav*].

HALAKHA

A stalk relative to sixty stalks – קֶלַח בְּשִׁשִּׁים קְלָחִים: The damage caused by an animal when it eats growing produce that has not fully ripened is appraised relative to a quantity sixty times as large. Therefore, if it ate the produce occupying a *beit se'a*, the court appraises the depreciation to an area of sixty *beit se'a* as a result of the damage. Similarly, if the animal ate only a single stalk, the court appraises the depreciation relative to sixty stalks, in accordance with the opinion of Hizkiyya and the conclusion of the Gemara (Rambam *Sefer Nezikin, Hilkhot Nizkei Mamon* 4:13; *Shulhan Arukh, Hoshen Mishpat* 394:4).

לָא, בְּשִׁשִּׁים.

The Gemara rejects this interpretation: **No,** it means that the court appraises the value **in** relation to an area **sixty** times greater.

תָּנוּ רַבָּנַן: אֵין שָׁמִין קַב – מִפְּנֵי שֶׁמַּשְׁבִּיחוֹ, וְלֹא בֵּית כּוֹר – מִפְּנֵי שֶׁפּוֹגְמוֹ.

The Sages taught: When appraising the damage, the court **does not appraise** it based on an area of a ***beit kav*****, because** doing so **enhances his** position, **and** they also do **not** appraise it relative to an area of **a *beit kor*,** equivalent to the area in which one can plant thirty *se'a* of seed, **because this weakens his** position.

מַאי קָאָמַר? אֲמַר רַב פַּפָּא, הָכִי קָאָמַר: אֵין שָׁמִין קַב בְּשִׁשִּׁים קַבִּים – מִפְּנֵי שֶׁמַּשְׁבִּיחַ מַזִּיק, וְלֹא כּוֹר בְּשִׁשִּׁים כּוֹרִין – מִפְּנֵי שֶׁפּוֹגֵם מַזִּיק.

The Gemara asks: **What is this *baraita* saying? Rav Pappa said: This** is what the *baraita* **is saying:** The court **does not appraise** the value of one ***kav*** **relative to** an area of **sixty *kav*,** which, being too large for an individual but too small for a trader, is always sold in the market at a lower price, **because that** would **enhance** the position of **the one liable for damage.** Conversely, the court does **not** appraise the value of **a *kor*** **relative to** an area of **sixty *kor*,** an area so large that it is purchased only by a person with a specific need and therefore for a high price, **because that** would **weaken** the position of **the one liable for damage.**

מַתְקִיף לָהּ רַב הוּנָא בַּר מָנוֹחַ: הַאי "וְלֹא בֵּית כּוֹר", "וְלֹא כּוֹר" מִבָּעֵי לֵיהּ!

Rav Huna bar Manoaḥ objects to this: According to this interpretation, **this** term employed by the *baraita*: **And** they also **do not** appraise it relative to **an area of a *beit kor*,** is imprecise. According to the explanation of Rav Pappa, the *baraita* **should have said: And** they also **do not** appraise it relative to **a *kor*,** to parallel the term in the previous clause: A *kav*.

אֶלָּא אֲמַר רַב הוּנָא בַּר מָנוֹחַ מִשְּׁמֵיהּ דְּרַב אַחָא בְּרֵיהּ דְּרַב אִיקָא, הָכִי קָתָנֵי: אֵין שָׁמִין קַב בִּפְנֵי עַצְמוֹ – מִפְּנֵי שֶׁמַּשְׁבִּיחַ נִיזָּק, וְלֹא קַב בְּבֵית כּוֹר – מִפְּנֵי שֶׁפּוֹגֵם נִיזָּק, אֶלָּא בְּשִׁשִּׁים.

Rather, Rav Huna bar Manoaḥ said in the name of Rav Aḥa, son of Rav Ika, that **this** is what the *baraita* **is teaching:** The court **does not appraise a *kav*** **by itself, because that** would **enhance** the position of **the injured** party, **nor** does the court appraise a *kav* as one part of **a *beit kor*,** **because that** would **weaken** the position of **the injured** party, since damage inside such a large area is insignificant. **Rather,** the court appraises the damage **in** relation to an area **sixty** times greater than the area that was damaged.

הַהוּא גַּבְרָא דְּקַץ קַשְׁבָּא מֵחַבְרֵיהּ, אֲתָא לְקַמֵּיהּ דְּרֵישׁ גָּלוּתָא, אֲמַר לֵיהּ: לְדִידִי חֲזֵי לִי, וּתְלָתָא תָּאלָתָא בְּקִינָּא הָווּ קַיְימִי וְהָווּ שָׁווּ מֵאָה זוּזֵי, זִיל הַב לֵיהּ תְּלָתִין וּתְלָתָא וְתִילְתָּא. אֲמַר: גַּבֵּי רֵישׁ גָּלוּתָא דְּדָאֵין דִּינָא דְּפַרְסָאָה לָמָּה לִי! אֲתָא לְקַמֵּיהּ דְּרַב נַחְמָן, אֲמַר לֵיהּ: בְּשִׁשִּׁים.

§ The Gemara relates: There was **a certain man who cut down a date palm** [*kashba*][NL] belonging **to another.** The latter **came** with the perpetrator for arbitration **before the Exilarch.**[B] The Exilarch **said to** the perpetrator: **I personally saw** that place where the date palm was planted, and it actually contained **three date palms** [*talata*][L] **standing** together **in a cluster,** growing out of a single root, **and they were worth** altogether **one hundred dinars.** Consequently, since you, the perpetrator, cut down one of the three, **go** and **give him thirty-three and one-third** dinars, one third of the total value. The perpetrator rejected this ruling and **said: Why do I** need to be judged by **the Exilarch, who rules according to Persian law?**[N] **He came before Rav Naḥman** for judgment in the same case, who **said to him:** The court appraises the damage **in** relation to an area **sixty** times greater than the damage caused. This amount is much less than thirty-three and one-third dinars.

אֲמַר לֵיהּ רָבָא: אִם אָמְרוּ בְּנִזְקֵי מָמוֹנוֹ, יֹאמְרוּ בְּנִזְקֵי גוּפוֹ?

Rava said to Rav Naḥman: **If** the Sages **said** that the court appraises **damage** caused **by one's property,** such as his animal, relative to an area sixty times greater, **would** they also **say** that the court appraises damage relative to an area sixty times greater even **for** direct **damage** caused **by one's body?**[N]

אֲמַר לֵיהּ אַבָּיֵי לְרָבָא: בְּנִזְקֵי גוּפוֹ מַאי דַּעְתִּיךְ? דְּתַנְיָא: הַמַּבְכִּיר כַּרְמוֹ שֶׁל חֲבֵירוֹ סְמָדַר, רוֹאִין אוֹתוֹ כַּמָּה הָיְתָה יָפָה קוֹדֶם לָכֵן וְכַמָּה הִיא יָפָה לְאַחַר מִכָּאן. וְאִילּוּ בְּשִׁשִּׁים לָא קָתָנֵי.

Abaye said to Rava: With regard to damage caused by **one's body, what is your opinion?** Are you basing your opinion on the following, **as it is taught** in a *baraita*: If one **destroys the vineyard of another** while the grapes are **budding** [*semadar*],[L] the court **views how much** the vineyard **was worth before** he destroyed it, **and how much it is worth afterward.** Abaye states the inference: **Whereas,** the method of appraising one part in **sixty is not taught.** Is the basis of your ruling the fact that in this *baraita* that discusses damage caused directly by a person, the method of appraising one part in sixty is not mentioned?

NOTES

Kashba – קַשְׁבָּא: *Tosafot* say that this is an alternative name for a date palm. According to some it refers specifically to an old date palm, whereas *talata* is referring to a young date palm. *Arukh* explains that *kashba* is referring to a Persian date palm, which is of a higher quality.

Persian law – דִּינָא דְּפַרְסָאָה: According to most commentaries, following Rashi, this means that he was disturbed by the fact that the Exilarch ruled neither according to Torah law nor the law of the land. Others explain that it was because he judged the case on the assumption that it was a Persian date palm, the *halakha* pertaining to which is explained later. *Tosafot* note that this cannot be the explanation according to those who maintain that the term *kashba* itself is referring to a Persian date palm.

For damage caused by one's body – בְּנִזְקֵי גוּפוֹ: Apparently there is room to differentiate between damage caused by one's property, for which he does bear responsibility but for which there are reasons to limit his liability, and damage that he directly causes through his own actions, for which the consequences should be more severe.

LANGUAGE

Date palm [*kashba*] – קַשְׁבָּא: In Aramaic this word means date palm, as does the modern Arabic قسب, *qasb*.

Date palms [*talata*] – תָּאלָתָא: This is the plural form, also found as *telai*, and refers to young date palms. The word derives from the Akkadian word *talu*, meaning date palm.

Budding [*semadar*] – סְמָדַר: The term *semadar* for blossom or buds is first mentioned in the Bible: "The fig tree puts forth her green figs, and the vines in blossom [*semadar*] give forth their fragrance" (Song of Songs 2:13), and it refers to the early appearance of the fruit on the vine. Some claim that it is the stage when the vine brings forth clusters of flowers. Others say that it is just after the flowers fall off and the first buds of the fruits appear.

BACKGROUND

The Exilarch – רֵישׁ גָּלוּתָא: The Exilarch, who descended from the House of David, was recognized by the Jews as the heir to the throne of Judah and entrusted with broad official powers. He was the leader of the Jews of the Persian Empire and their representative to the authorities, who regarded him as a member of a royal dynasty. Consequently, he enjoyed a lofty position within the Persian court. During various periods, he was considered third in the royal hierarchy. He was responsible for the collection of a major portion of the government taxes and could appoint leaders and judges whose powers included the imposition of corporal, and sometimes capital, punishment. Adjacent to the Exilarch's home was a special rabbinical court appointed by him to judge monetary cases and, in particular, cases concerning property. He also seems to have had the authority to appoint people to certain positions throughout the country, although most appointments were made in consultation with the heads of the great academies. The Exilarchs themselves were referred to in the Talmud by the honorific title *Mar* before or after their name and were devoted to the Torah. Some were significant scholars in their own right.

BACKGROUND

Those who issue decrees in Jerusalem – גּוֹזְרֵי גְזֵירוֹת שֶׁבִּירוּשָׁלַיִם: Prior to the destruction of the Second Temple there were many Jewish courts, study halls, and synagogues in Jerusalem. Among the many judges who served at that time only a small number had the authority to issue decrees and establish permanent public edicts with regard to such matters as robbery or damages. The Gemara explicitly mentions some of them, including Admon ben Gaddai, Ḥanan the Egyptian, and Ḥanan ben Avishalom. According to Rabbi Natan, Naḥum HaMadi was also one of these judges. The Sages valued the expertise of these judges and ruled that they should receive their wages from the Temple treasury (*Ketubot* 105a).

אַטּוּ גַּבֵּי בְּהֶמְתּוֹ נַמִּי מִי לָא תַּנְיָא כִּי הַאי גַּוְונָא? דְּתַנְיָא: קָטְמָה נְטִיעָה – רַבִּי יוֹסֵי אוֹמֵר, גּוֹזְרֵי גְזֵירוֹת שֶׁבִּירוּשָׁלַיִם אוֹמְרִים: נְטִיעָה בַּת שְׁנָתָהּ – שְׁתֵּי כֶסֶף, בַּת שְׁתֵּי שָׁנִים – אַרְבָּעָה כֶסֶף; אָכְלָה חָזִיז – רַבִּי יוֹסֵי הַגְּלִילִי אוֹמֵר: נִידּוֹן בַּמְּשׁוּיָּיר שֶׁבּוֹ, וַחֲכָמִים אוֹמְרִים: רוֹאִין אוֹתָהּ כַּמָּה הָיְתָה יָפָה וְכַמָּה הִיא יָפָה.

Abaye continued: **Is that to say that with regard to** damage caused by **an animal it is not taught** in a mishna or *baraita* without mentioning the method of appraising one part in sixty **like this case?** But this is not so, **as it is taught** in a *baraita*: If an animal **broke down a sapling** that had not yet borne fruit, **Rabbi Yosei says: Those who issue decrees in Jerusalem**[B] **say** that the damages are determined based on a fixed formula: If the **sapling** was **in its first year,** the owner of the animal pays **two** pieces of **silver;** if the sapling was **two years old,** he pays **four** pieces of **silver.** If the animal **ate unripe blades of grain** used for pasture, **Rabbi Yosei HaGelili says: It is judged according to what remains of it,** i.e., the court waits until the rest of the field ripens and then appraises the value of what was previously eaten. **And the Rabbis say:** The court **views how much** the field **was worth** before he destroyed it, **and how much it is worth** now.

Perek **VI**
Daf **59** Amud **a**

NOTES

As if they were grapes, etc. – כְּאִילּוּ הֵן עֲנָבִים וכו׳: These grapes are not appraised relative to what remains there, since the remaining grapes might not continue to grow properly, and so the injured party would suffer a loss. One possibility that *Tosafot* suggest is that Rabbi Yehoshua said this only with regard to grapes because sometimes grapes on a particular vine are not of good quality, whereas with regard to produce of a field and the like, if the field is deficient the issue would affect the entire field rather than a particular area, and therefore using the remaining produce as a measure for appraisal is acceptable.

Young branches – לוּלְבֵי גְּפָנִים: Rashi explains that these are clusters of flowers growing out of the vine that have not yet become fruit. Rabbeinu Ḥananel explains that they are young branches from which the fruit of the vine will eventually sprout, while the *Arukh* explains it as the center of the vine.

LANGUAGE

Young branches [*lulevei gefanim*] – לוּלְבֵי גְּפָנִים: This term refers to the soft, tender part of plants such as caper, grapevines, and palms, which were considered a delicacy.

אָכְלָה סְמָדַר, רַבִּי יְהוֹשֻׁעַ אוֹמֵר: רוֹאִין אוֹתָן כְּאִילּוּ הֵן עֲנָבִים עוֹמְדוֹת לִיבָּצֵר. וַחֲכָמִים אוֹמְרִים: רוֹאִין כַּמָּה הָיְתָה יָפָה וְכַמָּה הִיא יָפָה. רַבִּי שִׁמְעוֹן בֶּן יְהוּדָה אוֹמֵר מִשּׁוּם רַבִּי שִׁמְעוֹן: בַּמֶּה דְּבָרִים אֲמוּרִים – בִּזְמַן שֶׁאָכְלָה לוּלְבֵי גְפָנִים וְיִחוּרֵי תְאֵנִים, אֲבָל אָכְלָה פַּגִּים אוֹ בּוֹסֶר, רוֹאִין אוֹתָן כְּאִילּוּ עֲנָבִים עוֹמְדוֹת לִיבָּצֵר.

If the animal **ate** the grapes while they were in the **budding** stage, **Rabbi Yehoshua says:** The court **views** the grapes that were damaged **as if they were grapes**[N] **about to be picked,** and appraise the damage based on this. **And the Rabbis say:** The court **views how much** the vineyard **was worth** before the animal ate the grapes, **and how much it is worth** now. **Rabbi Shimon ben Yehuda says in the name of Rabbi Shimon: In what** case **is this statement,** that the court appraises the vineyard or group of trees that were damaged, **said?** It is **when** the animal **ate young branches** [*lulevei gefanim*][NL] **of vines or shoots of fig** trees, **but** where **it ate unripe figs or unripe grapes,** the court **views them** and appraises them **as if** they were **grapes ready to be picked.**

קָתָנֵי מִיהַת, וַחֲכָמִים אוֹמְרִים: רוֹאִין אוֹתָן כַּמָּה הָיְתָה יָפָה וְכַמָּה הִיא יָפָה, וְלָא קָתָנֵי בְּשִׁשִּׁים!

Abaye continues: **In any event, it teaches** that **the Rabbis say:** The court **views how much** the vineyard **was worth** before the animal ate the produce **and how much it is worth** now, **and** it **does not teach** that the court appraises the damage relative to an area **sixty** times greater.

אֶלָּא מַאי אִית לָךְ לְמֵימַר? בְּשִׁשִּׁים, הָכָא נַמִּי בְּשִׁשִּׁים.

Rather, what have you to say? You must say that the wording employed by the *baraita* is to be understood to mean that the court appraises the damage **relative to** an area **sixty** times greater, so **here too,** in the *baraita* dealing with one who himself causes damage, the wording is to be understood to mean that the damage is valued **relative to** an area **sixty** times greater.

אֲמַר אַבַּיֵי: רַבִּי יוֹסֵי הַגְּלִילִי וְרַבִּי יִשְׁמָעֵאל אָמְרוּ דָּבָר אֶחָד;

Abaye said: Rabbi Yosei HaGelili and Rabbi Yishmael both **said the same thing.** They are of the same opinion that the appraisal for damages is based on the value of the produce remaining in the field once it ripens.

רַבִּי יוֹסֵי הַגְּלִילִי – הָא דַּאֲמַרַן.

The opinion of **Rabbi Yosei HaGelili** is **this that we stated** above in the *baraita*, i.e., that the damages paid for an animal eating unripe grain is assessed according to what remains of the grain.

רַבִּי יִשְׁמָעֵאל, דְּתַנְיָא: ״מֵיטַב שָׂדֵהוּ וּמֵיטַב כַּרְמוֹ יְשַׁלֵּם״ – מֵיטַב שָׂדֵהוּ שֶׁל נִיזָּק וּמֵיטַב כַּרְמוֹ שֶׁל נִיזָּק, דִּבְרֵי רַבִּי יִשְׁמָעֵאל. רַבִּי עֲקִיבָא אוֹמֵר: לֹא בָא הַכָּתוּב אֶלָּא לִגְבּוֹת לַנִּיזָּקִין מִן הָעִידִּית, וְקַל וָחוֹמֶר לַהֶקְדֵּשׁ;

The opinion of **Rabbi Yishmael** is **as it is taught** in a *baraita*: The verse states: "**The best of his field and the best of his vineyard he shall pay**" (Exodus 22:4), which means he must pay according to the **best**-quality **field of the injured** party **or the best**-quality **vineyard of the injured** party. **This is the statement of Rabbi Yishmael. Rabbi Akiva says: The verse comes only** to allow **injured** parties **to collect** compensation **from the superior-quality** land of the one liable to pay for the damage, **and** by an ***a fortiori*** inference it is derived that this applies **to consecrated** property. Compensation for damaging consecrated property is paid from one's best-quality assets.

וְלָא תֵּימָא כְּרַב אִידִי בַּר אָבִין, דְּאָמַר רַב אִידִי בַּר אָבִין: כְּגוֹן שֶׁאָכְלָה עֲרוּגָה בֵּין הָעֲרוּגוֹת, וְלָא יָדְעִינַן אִי כְּחוּשָׁה הֲוַאי אִי שְׁמֵינָה הֲוַאי, דְּאָמַר: קוּם שַׁלֵּים שְׁמֵינָה בַּמֵּיטָב דְּאִיכָּא הָשְׁתָּא – דְּהָכִי לָא אָמְרִינַן,

And do not say that Rabbi Yishmael's statement should be interpreted **in accordance with** the opinion of **Rav Idi bar Avin, as Rav Idi bar Avin says:** Here it concerns a case **where** the animal **ate** the produce of **one garden bed from among** several **garden beds, but we do not know whether** the garden bed it ate from **was lean or choice.** Therefore, the verse **says** to the owner of the animal: **Arise** and **pay choice** land, equivalent **to the best**-quality land **that there is now** remaining, and the court does not assume that the animal ate produce from the lesser-quality garden bed, **as we do not say this.**

מַאי טַעֲמָא? הַמּוֹצִיא מֵחֲבֵירוֹ עָלָיו הָרְאָיָה. אֶלָּא בַּמֵּיטָב דִּלְקַמֵּיהּ, וּמַאי נִיהוּ? כִּי הֵיאַךְ דְּסָלֵיק.

What is the reason that Rabbi Yishmael does not hold in accordance with the opinion of Rav Idi bar Avin? It is because he accepts the principle that **the burden of proof rests upon the claimant;** without such proof, the owner of the animal pays only the value of a lesser-quality garden bed. **Rather,** Rabbi Yishmael interprets the Torah's expression "the best of his field" as requiring payment **with the best**-quality land **before him, and what is this?** It is **that which** remained in the field and subsequently **sprouted,** and the compensation is based on the value of this.

אָמַר מָר, רַבִּי שִׁמְעוֹן בֶּן יְהוּדָה אוֹמֵר מִשּׁוּם רַבִּי שִׁמְעוֹן: בַּמֶּה דְּבָרִים אֲמוּרִים – שֶׁאָכְלָה לוּלְבֵי גְּפָנִים וְיִחוּרֵי תְאֵנִים. הָא סְמָדַר – רוֹאִין אוֹתָן כְּאִילּוּ עֲנָבִים עוֹמְדוֹת לִיבָּצֵר; אֵימָא סֵיפָא: אָכְלָה פַּגִּים אוֹ בּוֹסֶר – הוּא דְּרוֹאִין אוֹתָן כְּאִילּוּ עֲנָבִים עוֹמְדוֹת לִיבָּצֵר, הָא סְמָדַר – רוֹאִין אוֹתָן כַּמָּה הִיא יָפָה וְכַמָּה הָיְתָה יָפָה!

The Gemara examines the *baraita*. **The Master said: Rabbi Shimon ben Yehuda says in the name of Rabbi Shimon: In what** case **is this statement** that the court appraises the vineyard or group of trees that were damaged **said?** It is **when** the animal **ate young branches of vines or shoots of fig** trees. The Gemara comments: **This** indicates that if the animal ate **budding** grapes the court **views them** and appraises them **as if** they were **grapes ready to be picked.** But **say,** and try to explain accordingly, **the latter clause** of the *baraita*, which teaches that if the animal **ate unripe figs or half-ripe grapes, that is** where the court **views them as if** they were **grapes ready to be picked,** indicating that if the animal ate the grapes in the **budding** stage, the court **views how much** the vineyard **was worth** before the animal ate them **and how much it is worth** now. Therefore, the two clauses of the *baraita* appear to be contradictory.

אֲמַר רָבִינָא, כְּרוֹךְ וּתְנֵי: בַּמֶּה דְּבָרִים אֲמוּרִים – בִּזְמַן שֶׁאָכְלָה לוּלְבֵי גְּפָנִים וְיִחוּרֵי תְאֵנִים, אֲבָל אָכְלָה סְמָדַר פַּגִּין אוֹ בּוֹסֶר – רוֹאִין אוֹתָן כְּאִילּוּ עֲנָבִים עוֹמְדוֹת לִיבָּצֵר.

Ravina said: Bind them together **and teach** them as a single statement, as follows: **In what** case **is this statement said** that the court appraises how much the field was worth when the animal ate from it? It is said in a case **when** the animal **ate young branches of vines or shoots of fig trees. But** if it **ate** grapes in the **budding** stage, **unripe figs, or half-ripe grapes,** the court **views them** and appraises them **as if** they were **grapes ready to be picked.**

אִי הָכִי, רַבִּי שִׁמְעוֹן בֶּן יְהוּדָה הַיְינוּ רַבִּי יְהוֹשֻׁעַ!

The Gemara asks: **If so,** the opinion of **Rabbi Shimon ben Yehuda is** identical to the opinion of **Rabbi Yehoshua** with regard to grapes in the budding stage. Why would the mishna state their opinions separately?

אִיכָּא בֵּינַיְיהוּ כְּחַשׁ גּוּפְנָא, וְלָא מְסַיְּימִי.

The Gemara answers: **There is** a difference **between them** with regard to **the weakening of the vine.**[HB] A vine is weakened by the grapes growing on it, as they draw nutrients from the roots and branches. Now that the grapes have been eaten, the vine is no longer weakened. Therefore, according to one opinion, the court takes into consideration this reduction of the weakening of the vine, and that amount is deducted when calculating the damages, whereas according to the other opinion, the court does not take this into account. **But** their respective opinions are **not defined,** and it is not clear which *tanna* takes this weakening into account and which does not.

HALAKHA

Weakening of the vine – כְּחַשׁ גּוּפְנָא: According to the Rosh, the compensation paid for fruit attached to the ground is calculated by deducting from the damages the benefit of the vine's not being weakened by the growing fruit. According to the Rif, the Rambam, and the Ramah, the value of that benefit is not deducted from the amount of compensation (*Tur, Ḥoshen Mishpat* 394, and see *Beit Yosef* there).

BACKGROUND

Weakening of the vine – כְּחַשׁ גּוּפְנָא: A certain amount of a plant's energy goes toward the growth and development of its fruit. For this reason, any fruit-bearing plant undergoes a decrease in its growth while its fruit is ripening. Proper pruning is an important step in ensuring healthy, strong plants. Therefore, when an animal damages a plant by eating its unripe fruit it also benefits the plant slightly by giving it more strength to grow.

אַבַּיֵי אֲמַר: מְסַיְּימִי וּמְסַיְּימִי, מַאן תַּנָּא דְּחָיֵישׁ לְכַחַשׁ גּוּפְנָא? רַבִּי שִׁמְעוֹן בֶּן יְהוּדָה הִיא; דְּתַנְיָא, רַבִּי שִׁמְעוֹן בֶּן יְהוּדָה אוֹמֵר מִשּׁוּם רַבִּי שִׁמְעוֹן בֶּן מְנַסְיָא: אוֹנֵס אֵינוֹ מְשַׁלֵּם אֶת הַצַּעַר, מִפְּנֵי שֶׁסּוֹפָהּ לְהִצְטַעֵר תַּחַת בַּעְלָהּ, אָמְרוּ לוֹ: אֵינוֹ דּוֹמֶה נִבְעֶלֶת בְּרָצוֹן לְנִבְעֶלֶת בְּאוֹנֶס.

Abaye said: Their respective opinions **are certainly defined,** and it is possible to know which Sage held which opinion, since **who is the *tanna* who is concerned for the weakening of the vine? It is Rabbi Shimon ben Yehuda, as it is taught** in a *baraita*: **Rabbi Shimon ben Yehuda says in the name of Rabbi Shimon ben Menasya:** With regard to the indemnity payments that **a rapist**[H] must pay his victim, who had been a virgin, he **does not pay** compensation for **the pain** caused by the rape. This is **due to** the fact that **she will ultimately suffer** the same pain during her first act of sexual intercourse **with her husband** when she marries. The Rabbis **said to him:** The pain of a woman who **has intercourse willingly is not comparable**[N] to the pain of a woman **who has intercourse by rape.** Rabbi Shimon ben Yehuda considers future pain when considering payment of damages, and similarly, he considers the reduced weakening of the vine.

אֲמַר אַבַּיֵי: הָנֵי תַּנָּאֵי וְרַבִּי שִׁמְעוֹן בֶּן יְהוּדָה אָמְרוּ דָּבָר אֶחָד; רַבִּי שִׁמְעוֹן בֶּן יְהוּדָה – הָא דַּאֲמַרַן. הָנֵי תַּנָּאֵי מַאי הִיא?

Abaye said: These *tanna'im* following **and Rabbi Shimon ben Yehuda said the same thing** concerning this matter. **Rabbi Shimon ben Yehuda** said **this** ruling **that we said** with regard to the case of rape and the case of the vine. As to **these** other ***tanna'im*, what is** the case about which they gave a similar ruling?

דְּתַנְיָא, רַבִּי יוֹסֵי אוֹמֵר: נְכִי חַיָּה, בֶּן עַזַּאי אוֹמֵר: נְכִי מְזוֹנוֹת.

This is **as it is taught** in a *baraita* concerning the *halakha* of one who injured a pregnant woman, thereby causing her to miscarry, for which the Torah holds him liable to pay her husband compensation. **Rabbi Yosei says:** The court appraises the compensation for the miscarried offspring and **deducts** the amount they would have paid for **a midwife.** Since she miscarried, the husband no longer has to pay for a midwife, so that is deducted from the compensation. **Ben Azzai says:** The court **deducts** the value of the extra **sustenance** the husband would have been required to provide for his pregnant wife.

מַאן דְּאָמַר נְכִי חַיָּה, כׇּל שֶׁכֵּן נְכִי מְזוֹנוֹת; וּמַאן דְּאָמַר נְכִי מְזוֹנוֹת, אֲבָל נְכִי חַיָּה – לָא, דְּאָמַר לֵיהּ: אִתְּתָא דִּידִי פְּקִיחָא הִיא וְלָא מִבָּעֲיָא חַיָּה.

The one who says that the court appraises the compensation for the miscarried offspring **less** the amount they would have paid for **a midwife** would **all the more so** concede that the appraisal is **less** the value of the extra **sustenance. But the one who says** that the appraisal is **less** the value of the extra **sustenance** does **not** necessarily hold that the court appraises the compensation for the miscarried offspring **less** the money they would have paid for **a midwife,** since the husband **can say to** the assailant: **My wife is capable**[B] **and does not require a midwife** to assist her when giving birth.

רַב פַּפָּא וְרַב הוּנָא בְּרֵיהּ דְּרַב יְהוֹשֻׁעַ עֲבוּד עוּבְדָא כְּוָותֵיהּ דְּרַב נַחְמָן בְּשִׁשִּׁים.

Returning to the discussion of the appraisal of compensation for damage, the Gemara relates: **Rav Pappa and Rav Huna, son of Rav Yehoshua, acted in accordance with** the opinion **of Rav Naḥman** and appraised a damaged date palm **relative to** an area **sixty** times greater than the particular area where the tree was standing.

לִישָּׁנָא אַחֲרִינָא: רַב פַּפָּא וְרַב הוּנָא בְּרֵיהּ דְּרַב יְהוֹשֻׁעַ שָׁמוּ דִּקְלָא אַגַּב קְטִינָא דְּאַרְעָא.

A different version of this *halakha* is also stated: **Rav Pappa and Rav Huna, son of Rav Yehoshua, appraised** the damage caused to **a date palm relative to** the assessment of **the patch of land** where the tree stood, i.e., how much it was worth with the tree and how much it was worth without it.

וְהִלְכְתָא כְּוָותֵיהּ דְּרַב פַּפָּא וְרַב הוּנָא בְּרֵיהּ דְּרַב יְהוֹשֻׁעַ בְּדִקְלָא דְּאַרְמָאָה, וְהִלְכְתָא כְּוָותֵיהּ דְּרֵישׁ גָּלוּתָא בְּדִקְלָא פַּרְסָאָה.

The Gemara concludes: **And the *halakha* is in accordance with** the opinion **of Rav Pappa and Rav Huna, son of Rav Yehoshua, with regard to an Aramean date palm,** i.e., one of lesser quality, and it is assessed relative to the land, **but the *halakha* is in accordance with** the opinion **of the Exilarch with regard to a Persian date palm,**[NH] as they are of higher quality and each one is valuable, and it is not assessed relative to the land.

אֱלִיעֶזֶר זְעֵירָא

The Gemara relates: **Eliezer Ze'eira**

BACKGROUND

Capable – פְּקִיחָא: Childbirth puts an enormous physical strain on a woman's body. Normally the toll on her body, pain, and loss of blood make it difficult for a woman to deliver her own baby and perform such actions as cutting the umbilical cord, delivering the placenta, and giving initial care to the baby. Yet, there are woman who are able to deliver their own babies. The Torah writes of such women: "The Hebrew women are not like the Egyptian women, for they are lively; before the midwives come they have given birth" (Exodus 1:19).

HALAKHA

Rapist – אוֹנֵס: As part of the indemnity payments, a rapist must pay compensation for the pain he inflicted (Rambam *Sefer Nashim, Hilkhot Na'ara Betula* 2:1; *Shulḥan Arukh, Even HaEzer* 177:1).

Aramean and Persian date palms – דִּקְלָא דְּאַרְמָאָה וְדִקְלָא פַּרְסָאָה: In a case where an animal ate fruit from, or a person cut down, a date palm belonging to another, the following distinction applies: If it was a date palm not of the best quality, the damage caused is assessed relative to an area of ground sixty times larger than the area containing the tree. If the date palm was of a variety bearing superior-quality fruit, the damage is appraised with regard to the tree itself by calculating how much it was worth before and how much it is worth after the damage. The Rema explains, in accordance with the opinions of the *Tur* and the Rosh, that if one damages a tree or a plant that is not yet fully grown, the damage is appraised relative to an area sixty times larger, whereas if it is fully grown, the damage is appraised according to the loss to that tree (Rambam *Sefer Nezikin, Hilkhot Nizkei Mamon* 4:14; *Shulḥan Arukh, Ḥoshen Mishpat* 394:6).

NOTES

The pain of a woman who has intercourse willingly is not comparable, etc. – אֵינוֹ דּוֹמֶה נִבְעֶלֶת בְּרָצוֹן וכו׳: *Tosafot* note that according to the opinion of the Rabbis as well, the court takes into account the future pain that would have been suffered by the woman when she first engages in intercourse with her husband, and the difference between their opinion and that of Rabbi Shimon ben Yehuda is only with regard to preciely how the pain is assessed. In any event, Abaye is not attempting to contrast the opinion of Rabbi Shimon ben Yehuda with that of the Rabbis, but to demonstrate that Rabbi Shimon ben Yehuda, as opposed to Rabbi Yehoshua, takes future events into account when assessing compensation.

With regard to a Persian date palm – בְּדִקְלָא פַּרְסָאָה: The reason that this type of date palm is not appraised relative to the land is that it is of independent value itself and is therefore sold independently, not as part of a plot of land. Therefore, one who damages it must pay the value of the tree itself and not its value relative to the land, in contrast to an Aramean date palm, which has no independent value (Rabbeinu Ḥananel). Some commentaries explain this in the opposite manner, i.e., that the reference is to an Aramean date palm, which is worth more. Consequently, it is assessed relative to the land so as not to obligate the perpetrator to pay excessive damages. By contrast, for a Persian date palm, which is not as valuable, one pays directly according to its value or in proportion to the three date palms that he damaged, as assessing it relative to the land would lessen the compensation, benefiting the perpetrator (Rabbeinu Yehonatan of Lunel). Rashi explains the distinction as follows: A young date palm, which cannot be transferred to another piece of land, is called Aramean. The value of this palm is assessed relative to the land. A fully grown date palm is called Persian. This palm no longer requires the land and has the same legal status as ripe fruit that is assessed independently. According to this explanation, the mistake of the Exilarch was in applying the same *halakha* to the young date palms as to those that are fully grown.

הֲוָה סַיֵּים מְסָאנֵי אוּכָּמֵי וְקָאֵי בְּשׁוּקָא דִּנְהַרְדְּעָא, אַשְׁכְּחוּהוּ דְּבֵי רֵישׁ גָּלוּתָא וַאֲמַרוּ לֵיהּ: מַאי שְׁנָא הָנֵי מְסָאנֵי? אֲמַר לְהוּ: דְּקָא מִתְאַבֵּילְנָא אַיְּרוּשָׁלַיִם. אֲמַרוּ לֵיהּ: אַתְּ חֲשִׁיבַתְּ לְאִיתְאַבּוּלֵי אַיְּרוּשָׁלַיִם?! סְבוּר יוּהֲרָא הֲוָה, אַתְיוּהּ וַחֲבָשׁוּהּ.

was wearing black shoes,[NB] unlike the Jewish custom of that time, and standing in the market of Neharde'a. Officials of the house of the Exilarch found him and said to him: What is different about you that causes you to wear these shoes? He said to them: I am wearing them because I am in mourning over the destruction of the Temple and Jerusalem,[B] and so I wear black shoes, as is the custom of mourners. They said to him: Are you a man of such importance to publicly mourn over Jerusalem?[N] They thought that it was simply presumptuousness on his part. Since he was acting against the prevalent Jewish custom, they brought him to the prison and incarcerated him.

אֲמַר לְהוּ: גַּבְרָא רַבָּה אֲנָא. אֲמַרוּ לֵיהּ: מְנָא יָדְעִינַן? אֲמַר לְהוּ: אוֹ אַתּוּן בְּעוּ מִינַּאי מִילְּתָא, אוֹ אֲנָא אִיבָּעֵי מִינַּיְיכוּ מִילְּתָא. אֲמַרוּ לֵיהּ: בְּעֵי אַתְּ.

Eliezer Ze'eira said to them: I am a great man, a scholar, and it is fitting for me to mourn publicly over the destruction of Jerusalem. They said to him: How do we know that you are a scholar? He said to them: Either you ask of me a matter of *halakha* and I will answer you, or I will ask you a matter of *halakha* and you will answer me. They said to him: You ask.

אֲמַר לְהוּ: הַאי מַאן דְּקַץ כּוּפְרָא, מַאי מְשַׁלֵּם? אֲמַרוּ לֵיהּ: מְשַׁלֵּם דְּמֵי כּוּפְרָא. וְהָא הָווּ תַּמְרֵי! אֲמַרוּ לֵיהּ: מְשַׁלֵּם דְּמֵי תַּמְרֵי. אֲמַר לְהוּ: וְהָא לָאו תַּמְרֵי שְׁקַל מִינֵּיהּ!

He said to them: With regard to one who cuts a cluster of flowers on the stem of a date palm belonging to another, what is he required to pay? They said to him: He pays the value of the date stem. He said to them: But ultimately they will become ripe dates, which are worth more. They said to him: If so, he pays the value of the future dates. He said to them: But he did not take ripe dates from the other person, so how can the court obligate him to pay for damage that he did not cause?

אֲמַרוּ לֵיהּ: אֵימָא לָן אַתְּ. אֲמַר לְהוּ: בְּשִׁשִּׁים. אֲמַרוּ לֵיהּ: מַאן אָמַר כְּוָותִיךְ? אֲמַר לְהוּ: הָא שְׁמוּאֵל חַי וּבֵית דִּינוֹ קַיָּים. שְׁדַרוּ קַמֵּיהּ דִּשְׁמוּאֵל, אֲמַר לְהוּ: שַׁפִּיר קָאָמַר לְכוּ בְּשִׁשִּׁים, וְשַׁבְקוּהוּ.

They said to Eliezer Ze'eira: You tell us the correct appraisal for the date stem. He said to them: The court appraises the damage relative to a similar piece of land sixty times the size. They said to him: Who says an opinion as you do, so that you can prove you are correct? He said to them: Shmuel is alive and his court exists; you can ask him. They sent the question before Shmuel, together with the ruling of Eliezer Ze'eira. Shmuel said to them: He is saying well to you, because the *halakha* is as he says; the appraisal is relative to an area sixty times greater. Upon hearing this, the officials of the Exilarch realized that he was a great man and they released him.

״רַבִּי שִׁמְעוֹן אוֹמֵר: אָכְלָה פֵּירוֹת גְּמוּרִים״ כו׳. מַאי טַעְמָא? הָא דְּאָמַר רַחֲמָנָא ״וּבִעֵר בִּשְׂדֵה אַחֵר״ – מְלַמֵּד שֶׁשָּׁמִין עַל גַּב הַשָּׂדֶה, הָנֵי מִילֵּי מִידֵּי דְּצָרִיךְ לַשָּׂדֶה, הָנֵי כֵּיוָן דְּלָא צְרִיכִי לַשָּׂדֶה – בְּעֵינַיְיהוּ בָּעֵי שַׁלּוּמֵי.

§ The mishna (55b) teaches that Rabbi Shimon says: If the animal ate ripe produce,[H] the owner pays the value of the ripe produce eaten. What is the reason for Rabbi Shimon's opinion? This that the Merciful One states in the Torah: "And it feed in another's field" (Exodus 22:4), which teaches that the court appraises the damage relative to another field, this statement applies specifically with regard to produce that requires a field to grow. For one's animal eating this produce, which do not require the field in order to ripen further, the animal's owner must pay their value as they are.

NOTES

Black [*ukamei*] shoes – מְסָאנֵי אוּכָּמֵי: *Tosafot* question this statement, since from various other sources it appears that the common practice was to wear black shoes. Rabbeinu Tam explains that Jews would wear black shoes with white straps by which they could be identified, whereas gentiles would wear completely black shoes, and Eliezer Ze'eira wore shoes with black straps. The Meiri cites an opinion that the term *ukamei* used here is not a generic term for black but refers specifically to a matte black, whereas shoes would typically be painted with a glossy black paint.

Are you of such importance to mourn over Jerusalem – אַתְּ חֲשִׁיבַתְּ לְאִיתְאַבּוּלֵי אַיְּרוּשָׁלַיִם: Although mourning for the destruction of Jerusalem is considered a meritorious act and the Gemara says (*Ta'anit* 30b) that one who mourns for Jerusalem will merit to rejoice at the time of its rebuilding, overt displays of mourning are discouraged. Some commentaries explain that people tend to mourn the lack of a Jewish monarchy and state, but the real mourning should be for the exile of the Divine Spirit and the lack of direct divine influence. Only a person of stature is able to truly mourn for these (*Divrei Yatziv*, *Oraḥ Ḥayyim* 238). Eliezer Ze'eira wore these shoes as a demonstration of mourning that reminded him of the destruction of the Temple, as one must remove one's shoes when entering the Temple compound. Alternatively, the Sages expound the verse: "How beautiful are your steps in sandals" (Song of Songs 7:2), as referring to the Jewish people making a pilgrimage to the Temple on foot. Therefore, Eliezer Ze'eira wished to constantly remind himself of that pilgrimage with his footwear (Gra).

HALAKHA

Ate ripe produce – אָכְלָה פֵּירוֹת גְּמוּרִים: If an animal eats fully grown, ripe produce, its owner pays the value of the produce, in accordance with the opinion of Rava and Rabbi Shimon (Rambam *Sefer Nezikin*, *Hilkhot Nizkei Mamon* 4:14; *Shulḥan Arukh*, *Ḥoshen Mishpat* 394:5).

BACKGROUND

Black shoes – מְסָאנֵי אוּכָּמֵי: Shoes in the time of the Gemara were usually similar to the shoes in the image, yet there were differences in the number of straps or laces and their color. Every detail of the shoe provided a sign of a specific social status. Apparently there were such differences between the shoes of gentiles and those of Jews, although *Tosafot* explain that the difference was not in the shoe itself but in the color of the straps. This difference provided a distinguishing mark between Jews and gentiles, and the Sages were severely opposed to one who changed the color of his shoes in order to resemble the gentiles.

Fresco from Pompeii depicting two upper-class Romans wearing black shoes

In mourning over Jerusalem – מִתְאַבֵּילְנָא אַיְּרוּשָׁלַיִם: After the destruction of the Second Temple some would go to great lengths to mourn for Jerusalem, refraining from eating certain foods and wearing special garments. The Sages in the generation after the destruction limited such mourning; they permitted only certain forms of mourning as a reminder of the destruction (see *Bava Batra* 60b). Nevertheless, in each generation there were certain individuals renowned for their fear of Heaven known as mourners of Zion, based on the verse: "To appoint those that mourn for Zion" (Isaiah 61:3), who accepted upon themselves additional customs of mourning.

אָמַר רַב הוּנָא בַּר חִיָּיא אָמַר רַבִּי יִרְמְיָה בַּר אַבָּא: דָּן רַב כְּרַבִּי מֵאִיר, וּפָסַק הִלְכְתָא כְּרַבִּי שִׁמְעוֹן;

Rav Huna bar Ḥiyya says that **Rabbi Yirmeya bar Abba says: Rav judged** a practical *halakha* on a certain issue **in accordance with** the opinion of **Rabbi Meir,** despite the fact that in general the *halakha* is not in accordance with his opinion. **And** furthermore, **he ruled**[N] that **the *halakha* is in accordance with** the opinion of **Rabbi Shimon,** even though in that case his was a minority opinion.

דָּן רַב כְּרַבִּי מֵאִיר, דְּתַנְיָא: כָּתַב לְרִאשׁוֹן וְלֹא חָתְמָה לוֹ, לַשֵּׁנִי וְחָתְמָה לוֹ – אִבְּדָה כְּתוּבָּתָהּ, דִּבְרֵי רַבִּי מֵאִיר. רַבִּי יְהוּדָה אוֹמֵר: יְכוֹלָה הִיא שֶׁתֹּאמַר: נַחַת רוּחַ עָשִׂיתִי לְבַעְלִי, אַתֶּם מַה לָּכֶם עָלַי.

Rav Huna bar Ḥiyya explains: **Rav judged** a practical *halakha* **in accordance with** the opinion of **Rabbi Meir, as it is taught** in a *baraita*: In the case of a field designated by its owner as a lien for his wife's marriage contract, which he subsequently wants to sell, if **he wrote** a document of sale **to a first** buyer, **but** his wife **did not sign**[H] **for him** to endorse the sale, and subsequently the husband wrote a document of sale **to a second** buyer, **and** his wife **signed for him, she** thereby **loses** the lien of **her marriage contract,** since the sale is effective and she can no longer collect from this field; this is **the statement of Rabbi Meir. Rabbi Yehuda says** that **she can say: I did** it only to **please my husband,** but I did not mean it and never intended to forgo my rights. **What** claim **do you,** the purchasers, **have against me?** Therefore, the lien is still in effect. Rav judged a case in accordance with the opinion of Rabbi Meir.

וּפָסַק הִלְכְתָא כְּרַבִּי שִׁמְעוֹן, כִּי הָא דִּתְנַן, רַבִּי שִׁמְעוֹן אוֹמֵר: אָכְלָה פֵּירוֹת גְּמוּרִין מְשַׁלֶּמֶת פֵּירוֹת גְּמוּרִין, אִם סְאָה – סְאָה, אִם סָאתַיִם – סָאתַיִם.

And Rav **ruled** that **the *halakha*** is **in accordance with** the opinion of **Rabbi Shimon, as we learned** in the mishna: **Rabbi Shimon says:** If one's animal **ate ripe produce,** the owner **pays** the value of **ripe produce** eaten. Therefore, **if** it ate **one *se'a*** of produce, he pays the value of **one *se'a*** of produce, and **if** it ate **two *se'a*,** he pays for **two *se'a*.** Although Rabbi Shimon's opinion is the minority one, Rav ruled in accordance with it.

מתני׳ הַמַּגְדִּישׁ בְּתוֹךְ שְׂדֵה חֲבֵירוֹ שֶׁלֹּא בִּרְשׁוּת, וַאֲכָלָתַן בְּהֶמְתּוֹ שֶׁל בַּעַל הַשָּׂדֶה – פָּטוּר, וְאִם הוּזְּקָה בָּהֶן – בַּעַל הַגָּדִישׁ חַיָּיב. וְאִם הִגְדִּישׁ בִּרְשׁוּת – בַּעַל הַשָּׂדֶה חַיָּיב.

MISHNA In a case of **one who stacks** his produce **in another's field**[H] **without permission** from the owner of that field, **and an animal belonging to the owner of the field eats** the produce, the owner of the field is **exempt. And if** the animal **is injured by** the produce, **the owner of the stack** is **liable. But if he stacked** them in that field **with permission,**[H] **the owner of the field** is **liable** for damage caused to the produce.

NOTES

Rav judged [*dan*] in accordance with Rabbi Meir and he ruled [*pasak*], etc. – **דָּן רַב כְּרַבִּי מֵאִיר וּפָסַק וכו׳**: Rashi explains that the first term, *dan*, means that he judged a practical case that came before him, whereas the term *pasak* refers to a ruling that he issued although the case did not actually come before him in practice. The commentaries write that these two matters are connected, since in both cases Rav's ruling contained a novelty. In the first case he ruled in accordance with the opinion of Rabbi Meir, since his opinion seemed logical, and against the opinion of Rabbi Yehuda. He did so even though the conventions concerning adjudicating between different opinions, as listed in tractate *Eiruvin* (52a) state that the *halakha* is ruled in accordance with Rabbi Yehuda's opinion in his disputes with Rabbi Meir. In the second case, he ruled in accordance with Rabbi Shimon's opinion even though it appears to be a minority opinion, since the unattributed opinion in the mishna apparently holds that in all cases the damage is assessed relative to an area of land sixty times as large (Rabbeinu Barukh).

HALAKHA

He wrote to a first buyer but his wife did not sign – **כָּתַב לְרִאשׁוֹן וְלֹא חָתְמָה**: In this case the husband wished to sell the field, but his wife refused to sign a document waiving her rights to it, and as a result the sale was not completed. Subsequently the husband sold either the same field or a different field, and the wife agreed to sign a document waiving her rights. In such a case she is unable to claim later that she signed only in order to please her husband, since she did refuse to sign the first time. This ruling is in accordance with the opinion of Rabbi Meir (Rambam *Sefer Nashim, Hilkhot Ishut* 17:11; *Shulḥan Arukh, Even HaEzer* 90:17).

One who stacks produce in another's field – **הַמַּגְדִּישׁ בְּתוֹךְ שְׂדֵה חֲבֵירוֹ**: If one stacks produce in another's field without permission, and an animal belonging to the owner of the field eats it, the owner of the field is not liable to pay damages. Moreover, if the animal is injured on account of the stack of grain, e.g., by tripping on it, the owner of the stack is liable to pay. If the animal was injured as a result of eating the produce, the owner of the stack is exempt (Rambam *Sefer Nezikin, Hilkhot Nizkei Mamon* 3:15; *Shulḥan Arukh, Ḥoshen Mishpat* 393:4).

He stacked with permission – **הִגְדִּישׁ בִּרְשׁוּת**: If one stacks produce in a field with the permission of the field's owner, who is also the supervisor of the produce of threshing floors, even if the owner of the field did not explicitly accept responsibility for safeguarding the stack, he is liable for any damage to the stack caused by his animal (Rambam *Sefer Nezikin, Hilkhot Nizkei Mamon* 3:15; *Shulḥan Arukh, Ḥoshen Mishpat* 393:4).

גמ׳ לֵימָא, תְּנַן דְּלָא כְּרַבִּי, דְּאִי כְּרַבִּי, הָאָמַר: עַד שֶׁיְּקַבֵּל עָלָיו בַּעַל הַבַּיִת לִשְׁמוֹר! אֲמַר רַב פַּפָּא: הָכָא בְּנַטָּר בֵּי דָּרֵי עָסְקִינַן, דְּכֵיוָן דַּאֲמַר לֵיהּ ״עַיֵּיל וּגְדוֹשׁ״ – עַיֵּיל וְאֶנְטַר לָךְ הוּא.

GEMARA The Gemara asks: **Shall we say** that **that which we learned** in the mishna **is not in accordance with** the opinion of **Rabbi** Yehuda HaNasi? **As,** if the mishna were **in accordance with** the opinion of **Rabbi** Yehuda HaNasi, **doesn't he say:** A homeowner who gives another permission to bring items into his courtyard is not responsible for them **unless the homeowner accepts on himself to safeguard** them? The mishna does not mention any such acceptance of responsibility. **Rav Pappa said: Here we are dealing with the supervisor of the threshing floors,** to whom people would entrust their produce. **As, since the supervisor says** to the owner of the produce: **Bring it in and stack** it, it is as though he had said to him: **Bring it in and I will supervise** it for you.

מתני׳ הַשּׁוֹלֵחַ אֶת הַבְּעֵרָה בְּיַד חֵרֵשׁ שׁוֹטֶה וְקָטָן – פָּטוּר בְּדִינֵי אָדָם וְחַיָּיב בְּדִינֵי שָׁמַיִם. שָׁלַח בְּיַד פִּקֵּחַ – הַפִּקֵּחַ חַיָּיב.

MISHNA **One who sends a fire,** i.e., places a burning object, **in the hand of a deaf-mute,**[H] **an imbecile, or a minor is exempt** for any damage later caused by the fire **according to human laws but liable according to the laws of Heaven. If he sent it in the hand of a** halakhically **competent** person,[H] **the** halakhically **competent** person **is liable,** not the one who sent him.

אֶחָד הֵבִיא אֶת הָאוּר וְאֶחָד הֵבִיא אֶת הָעֵצִים – הַמֵּבִיא אֶת הָעֵצִים חַיָּיב. אֶחָד הֵבִיא אֶת הָעֵצִים וְאֶחָד הֵבִיא אֶת הָאוּר – הַמֵּבִיא אֶת הָאוּר חַיָּיב.

If one person **brought the fire,**[H] **and one** other person subsequently **brought the wood,** causing the fire to spread, **the one who brought the wood**[N] **is liable** for any damage caused. Conversely, **if one** person first **brought the wood, and** subsequently **one** other person **brought the fire, the one who brought the fire is liable,** since it was he who actually kindled the wood.

בָּא אַחֵר וְלִיבָּה – הַמְלַבֶּה חַיָּיב, לִיבַּתָּה הָרוּחַ – כּוּלָּן פְּטוּרִין.

If another came and fanned the flame,[H] and as a result the fire spread and caused damage, **the one who fanned it is liable,** since he is the proximate cause of the damage. **If the wind fanned** the flames, **all** the people involved **are exempt,**[NH] since none of them actually caused the damage.

גמ׳ אָמַר רֵישׁ לָקִישׁ מִשְּׁמֵיהּ דְּחִזְקִיָּה: לֹא שָׁנוּ אֶלָּא שֶׁמָּסַר לוֹ גַּחֶלֶת וְלִיבָּה, אֲבָל מָסַר לוֹ שַׁלְהֶבֶת – חַיָּיב, מַאי טַעֲמָא? מַעֲשָׂיו קָא גָּרְמוּ לוֹ;

GEMARA **Reish Lakish says in the name of Ḥizkiyya: They taught** that one who sends fire in the hand of a deaf-mute, an imbecile, or a minor is exempt **only when he conveyed to him** a glowing **coal**[H] **and** one of these people **fanned** it himself and set it alight. **But** if one **conveyed a torch to** a deaf-mute, imbecile, or minor, the one who gave it to him is **liable. What is the reason** for this *halakha*? **The action** of the one who gave it to him directly **caused** the fire to spread.

וְרַבִּי יוֹחָנָן אָמַר: אֲפִילּוּ מָסַר לוֹ שַׁלְהֶבֶת – פָּטוּר, מַאי טַעֲמָא? צְבָתָא דְּחֵרֵשׁ גָּרְמָה לוֹ, וְלָא מִחַיַּיב עַד שֶׁיִּמְסוֹר לוֹ גַּוְוזָא

And Rabbi Yoḥanan says: Even if he conveyed a torch to him, he **is exempt. What is the reason?** It is **the tongs of the deaf-mute**[N] **that caused** the damage, since torches do not cause fires on their own. **And** the one who gives dangerous objects to a deaf-mute **is not rendered liable** for the damage caused, **unless he conveys branches** [*gavza*][L] **to him**

NOTES

The one who brought the wood, etc. – הַמֵּבִיא אֶת הָעֵצִים וכו׳: The principle is that provided that one's actions do not create a situation where there is danger of the fire spreading, such an action does not render one liable. Rather, it is the one who causes the fire to spread who is held liable.

All are exempt – כּוּלָּן פְּטוּרִין: The word all includes the one fanning the flames. Since in this case it was an atypical wind that caused the damage, it could not have been foreseen. If it was a typical wind, the person fanning the flames would be liable since he ought to have realized that such a wind might spread the flames. If the wind started blowing only after they kindled the fire, then none of them are held responsible (Rashba, based on Jerusalem Talmud).

The tongs [*tzevata*] of the deaf-mute – צְבָתָא דְּחֵרֵשׁ: Rashi explains this term as being related to the word *tzevat*, meaning tongs. In other words, the deaf-mute holds the fire with tongs and starts the blaze using it. Earlier (9b) Rashi cites the textual variant *tzavta*, meaning: Those who accompany. The deaf-mute is now considered to be accompanied by the fire, as it is held by him alone.

LANGUAGE

Branches [*gavza*] – גַּוְוזָא: This word derives from Iranian words that range in meaning from cattle goads to wooden mortars, as in the Middle Persian gawāz. The Sages used it to mean any kind of stick, cut branch, or beam.

HALAKHA

One who sends a fire in the hand of a deaf-mute, etc. – הַשּׁוֹלֵחַ אֶת הַבְּעֵרָה בְּיַד חֵרֵשׁ וכו׳: One who places a burning object in the hands of one who is halakhically incompetent is exempt according to human laws but liable according to the laws of Heaven (Rambam *Sefer Nezikin*, *Hilkhot Nizkei Mamon* 14:5; *Shulḥan Arukh*, *Ḥoshen Mishpat* 418:7).

He sent it in the hand of a halakhically competent person – שָׁלַח בְּיַד פִּקֵּחַ: If one sends a burning object in the hand of a person who is halakhically competent, and it leads to damage, the one holding the fire is liable and the one who gave it to him is exempt (Rambam *Sefer Nezikin*, *Hilkhot Nizkei Mamon* 14:6; *Shulḥan Arukh*, *Ḥoshen Mishpat* 418:8).

If one brought the fire, etc. – אֶחָד הֵבִיא אֶת הָאוּר וכו׳: If one person first brought the fire and another added the wood, causing a blaze, the one who added the wood is liable. If one first brought wood and another set it on fire, the one who kindled the fire is liable (Rambam *Sefer Nezikin*, *Hilkhot Nizkei Mamon* 14:7; *Shulḥan Arukh*, *Ḥoshen Mishpat* 418:9).

If another came and fanned the flame – בָּא אַחֵר וְלִיבָּה: If one fans a kindled piece of wood, causing the fire to spread, he is liable for any damage (Rambam *Sefer Nezikin*, *Hilkhot Nizkei Mamon* 14:7; *Shulḥan Arukh*, *Ḥoshen Mishpat* 418:9).

If the wind fanned the flames, all are exempt – לִיבַּתָּה הָרוּחַ כּוּלָּן פְּטוּרִין: Even if one fanned a fire but an atypical wind blew and fanned it, the one who fanned it is exempt. The Rema, citing the *Maggid Mishne*, writes that if it was a typical wind, or even an atypical wind that was already blowing before the fire was kindled, the last one who caused the fire to spread is liable (Rambam *Sefer Nezikin*, *Hilkhot Nizkei Mamon* 14:7; *Shulḥan Arukh*, *Ḥoshen Mishpat* 418:9).

When he conveyed to him a glowing coal – שֶׁמָּסַר לוֹ גַּחֶלֶת: If one gives a glowing coal to one who is halakhically incompetent, and the halakhically incompetent person fans it, the one who gave it to him is exempt according to human laws but liable according to the laws of Heaven. If one gives a burning torch to one who is halakhically incompetent, he is liable even according to human laws, in accordance with the opinion of Ḥizkiyya, who was Rabbi Yoḥanan's teacher (Rambam *Sefer Nezikin*, *Hilkhot Nizkei Mamon* 14:5; *Shulḥan Arukh*, *Ḥoshen Mishpat* 418:7).

סִלְתָּא שְׁרָגָא, דְּהַהוּא וַדַּאי מַעֲשֵׂה דִּידֵיהּ גָּרְמוֹ.

of thin wood and a candle [*sheraga*],[L] **since in that** case **his own action,** i.e., that of the one who sent the flame, **definitely caused** the fire to spread.

״שָׁלַח בְּיַד פִּקֵּחַ – הַפִּקֵּחַ חַיָּיב״ וכו׳. אָמַר רַב נַחְמָן בַּר יִצְחָק: מַאן דְּתָנֵי ״לִיבָּה״ לָא מִשְׁתַּבֵּשׁ, וּמַאן דְּתָנֵי ״נִיבָּה״ לָא מִשְׁתַּבֵּשׁ.

The mishna teaches that if one **sent** a fire **in the hand of a** halakhically **competent** person, **the** halakhically **competent** person is **liable…** If another came and fanned the flame the one who fanned it is liable. **Rav Naḥman bar Yitzḥak says** with regard to the correct text of the mishna: The **one who teaches** it using the word **fanned** [*libba*] **is not mistaken,**[N] **and the one who teaches** it using the word **blew** [*nibba*] **is not mistaken.**

מַאן דְּתָנֵי לִיבָּה לָא מִשְׁתַּבֵּשׁ, דִּכְתִיב ״בְּלַבַּת אֵשׁ״; וּמַאן דְּתָנֵי נִיבָּה לָא מִשְׁתַּבֵּשׁ, דִּכְתִיב ״בּוֹרֵא נִיב שְׂפָתָיִם״.

Rav Naḥman explained: The **one who teaches** using the word **fanned** [*libba*] **is not mistaken, as it is written: "With a flame** [*belabbat*] **of fire"** (Exodus 3:2), **and the one who teaches** using the word **blew** [*nibba*] **is not mistaken, as it is written: "He creates the fruit** [*niv*] **of the lips"** (Isaiah 57:19), which can be interpreted as referring to the breath of the lips.

״לִבְּתָה הָרוּחַ – כּוּלָּן פְּטוּרִין״. תָּנוּ רַבָּנַן: לִיבָּה וְלִבְּתָה הָרוּחַ, אִם יֵשׁ בְּלִבּוּיוֹ כְּדֵי לְלַבּוֹתָהּ – חַיָּיב, וְאִם לָאו – פָּטוּר.

§ The mishna teaches: If **the wind fanned** the flames, **all** the people involved **are exempt,** indicating that even if one fanned the fire at the same time that the wind was blowing he is exempt. The Gemara cites a *baraita* in which **the Sages taught** the same idea explicitly: In a case where **one fanned** the flame **and** at the same time **the wind** fanned[H] it, **if his fanning has** sufficient strength by itself **to fan** the flames, he is **liable** for damage caused by the fire, since even without the wind the fire would have spread. **But if** his fanning alone was **not** sufficient, he is **exempt.**

אַמַּאי? לֶיהֱוֵי כְּזוֹרֶה וְרוּחַ מְסַיַּיעְתּוֹ!

The Gemara asks: **Why** is he exempt if his fanning is not sufficient? **Let it be** the same *halakha* **as** the case of one who **winnows** grain on Shabbat by throwing it into the air, **and the wind assists him** by separating the chaff from the grain. In such a case he is liable for desecrating Shabbat, despite the fact that without the assistance of the wind he would not have been able to winnow the grain.

אָמַר אַבָּיֵי: הָכָא בְּמַאי עָסְקִינַן – כְּגוֹן שֶׁלִּיבָּה מִצַּד אֶחָד, וְלִבַּתּוּ הָרוּחַ מִצַּד אַחֵר. רָבָא אָמַר: כְּגוֹן שֶׁלִּיבָּה בְּרוּחַ מְצוּיָה, וְלִבַּתּוּ הָרוּחַ בְּרוּחַ שֶׁאֵינָהּ מְצוּיָה. רַבִּי זֵירָא אָמַר: כְּגוֹן דְּצַמְּרָה צַמּוּרֵי.

Abaye said: With what are we dealing here? We are dealing with a case **where he fanned** the fire **from one side and the wind fanned** it **from the other side,** and the fire was blown in the direction the wind was blowing. Therefore, it is clear that his fanning did not help the fire spread, so he is exempt. **Rava says:** We are dealing with a case **where he fanned** it along **with a typical wind,** and this was not sufficient to cause the fire to spread, **and** suddenly **an atypical wind** came and **fanned it.** Therefore, he is exempt since he could not have anticipated this. **Rabbi Zeira said:** We are dealing with a case **where** he only **heated** [*detzamera tzamurei*] the fire[LN] by breathing on it, rather than fanning it properly.

רַב אַשִׁי אָמַר: כִּי אָמְרִינַן זוֹרֶה וְרוּחַ מְסַיַּיעְתּוֹ – הָנֵי מִילֵּי לְעִנְיַן שַׁבָּת, דִּמְלֶאכֶת מַחֲשֶׁבֶת אָסְרָה תּוֹרָה, אֲבָל הָכָא גְּרָמָא בְּעָלְמָא הוּא, וּגְרָמָא בִּנְזָקִין פָּטוּר.

Rav Ashi said: When we say that one is liable in a case where he **winnows and the wind assists him, this statement** applies **with regard to** the *halakhot* of **Shabbat.** With regard to Shabbat, the principle is **that the Torah prohibited planned,** constructive **labor.**[N] The primary consideration is that his objective is accomplished, even if he did not perform the entire act of labor. **But here,** in the context of damages, **he is** considered to have caused damage **merely** through **indirect** action, **and** one who causes **damage** through **indirect** action is **exempt.**

מתני׳ הַשּׁוֹלֵחַ אֶת הַבְּעֵרָה, וְאָכְלָה עֵצִים אוֹ אֲבָנִים אוֹ עָפָר – חַיָּיב, שֶׁנֶּאֱמַר ״כִּי תֵצֵא אֵשׁ וּמָצְאָה קֹצִים וְנֶאֱכַל גָּדִישׁ אוֹ הַקָּמָה אוֹ הַשָּׂדֶה שַׁלֵּם יְשַׁלֵּם הַמַּבְעִר אֶת הַבְּעֵרָה״.

MISHNA If one **sends** forth **a fire,** i.e., allows it to escape, **and it consumes wood, or stones,**[HB] **or earth,** he is **liable, as it is stated: "If a fire breaks out, and catches in thorns, so that a stack of grain, or standing grain, or the field, is consumed, the one who kindled the fire shall pay compensation"** (Exodus 22:5), which teaches that he is liable also for destroying the field itself.

LANGUAGE

Candle [*sheraga*] – שְׁרָגָא: This word was borrowed from Iranian and is attested to in several Aramaic dialects. The form of the word in Middle Persian is čirāγ, which means lamp.

Heated it [*tzamera tzamurei*] – צַמְּרָה צַמּוּרֵי: The Aramaic verb *tzadi, mem, reish* means to heat. It was adopted into Hebrew, as evident in words such as *tzemarmoret*, which means a fever that is accompanied by shivering or chills. In the Gemara it is referring to a case where the fire is fanned not by strong blowing but rather with gentle breathing, just as when one warms up an item with his breath.

NOTES

The one who teaches fanned is not mistaken – מַאן דְּתָנֵי לִיבָּה לָא מִשְׁתַּבֵּשׁ: In the Jerusalem Talmud it is stated that there were originally two versions of the mishna, and the other version is found in the *Tosefta* (6:22).

He heated it – צַמְּרָה צַמּוּרֵי: In other words, he did not actually blow but merely opened his mouth and breathed warm air onto the coal to warm it. Even in combination with the wind, this is not usually sufficient to spread a fire (see Rashi and *Tosafot*).

That the Torah prohibited planned labor – דִּמְלֶאכֶת מַחֲשֶׁבֶת אָסְרָה תּוֹרָה: In the same way that this principle of planned, constructive labor is sometimes invoked to absolve one from liability for certain acts that were performed on Shabbat without intention or forethought, it also serves to render one liable for certain acts. This is because, with regard to one's liability for transgressing the *halakhot* of Shabbat, it is not just the isolated action performed by the person that is relevant but also the circumstances within which it takes place. For example, one who bakes or cooks on Shabbat is liable specifically because there is a fire in the oven, since putting an item in the oven is not a prohibited act in itself. Similarly, winnowing by its very nature is performed in combination with the wind, and so it is considered a bona fide act of prohibited labor on Shabbat, even though it is accomplished in conjunction with a force of nature beyond one's control. By contrast, with regard to the *halakhot* of damages, only the action that one actually performs is taken into consideration.

HALAKHA

One fanned and the wind fanned, etc. – לִיבָּה וְלִבְּתָה הָרוּחַ וכו׳: If one fanned a fire and the wind also fanned it, the one who fanned it is liable for any damage caused. This does not follow the opinion of Rav Ashi, as this ruling holds one liable for indirect damage. The Rema writes that, according to some authorities (*Tosafot*; Rosh), one is liable only if the fire could have resulted through his fanning alone and also could not have been caused solely by the wind. But if neither was sufficient to fan it on its own, or if each was sufficient, the one who fanned it is exempt, since his fanning is considered indirect damage, in accordance with the opinion of Rav Ashi (Rambam *Sefer Nezikin, Hilkhot Nizkei Mamon* 14:7; *Shulḥan Arukh, Ḥoshen Mishpat* 418:9).

Wood or stones, etc. – עֵצִים אוֹ אֲבָנִים וכו׳: One who kindles a fire that burns wood, stones, or earth is liable to pay compensation for them (Rambam *Sefer Nezikin, Hilkhot Nizkei Mamon* 14:8; *Shulḥan Arukh, Ḥoshen Mishpat* 418:2).

BACKGROUND

It consumes…stones – אָכְלָה...אֲבָנִים: Limestone makes up approximately 10 percent of all sedimentary rock and is used extensively for building. When limestone is heated a chemical reaction occurs, turning the calcium carbonate ($CaCO_3$) in the stone into calcium oxide (CaO). As a result, the rock becomes soft and flaky, and when subsequently exposed to rain it can crumble.

גמ׳ אָמַר רָבָא: לָמָּה לִי דִּכְתַב רַחֲמָנָא ״קוֹצִים״ ״גָּדִישׁ״ ״קָמָה״ וְ״שָׂדֶה״?

GEMARA With regard to the verse cited in the mishna, **Rava says: Why do I** need **the Merciful One** to write in the Torah all of these terms: **"Thorns," "a stack of grain," "standing grain," and "field,"** which seem to be redundant?

צְרִיכִי, דְּאִי כְּתַב רַחֲמָנָא ״קוֹצִים״, הֲוָה אָמִינָא: קוֹצִים הוּא דְּחַיֵּיב רַחֲמָנָא, מִשּׁוּם דִּשְׁכִיחַ אֵשׁ גַּבַּיְיהוּ וּשְׁכִיחַ דְּפָשַׁע, אֲבָל גָּדִישׁ דְּלָא שְׁכִיחַ אֵשׁ גַּבַּיְיהוּ וְלָא שְׁכִיחַ דְּפָשַׁע – אֵימָא לָא; וְאִי כְּתַב רַחֲמָנָא ״גָּדִישׁ״, הֲוָה אָמִינָא: גָּדִישׁ חַיֵּיב רַחֲמָנָא, מִשּׁוּם דְּהֶפְסֵד מְרוּבֶּה הוּא, אֲבָל קוֹצִים דְּהֶפְסֵד מוּעָט – אֵימָא לָא;

Rava explains: All the terms **are necessary, because if the Merciful One had written** only **"thorns"** in the Torah, **I would say** that it is specifically **thorns for which the Merciful One renders one liable, because** it is **common** for **fire** to be **near them, and** it is **common that** one is **negligent. But** with regard to **a stack of grain,** with regard to **which it is not common** for **fire** to be **near it,** as grain is valuable, so one keeps it out of harm's way, and it **is not common that** one is **negligent** in allowing it to catch fire, I would **say** that he should **not** be liable. **And if the Merciful One had written** only: **"A stack of grain," I would say** that it is specifically for such **a stack** that **the Merciful One renders him liable, because** it involves **a substantial** financial **loss. But** with regard to **thorns,** which involve only **a minimal loss,** I would **say** that he should **not** be liable. Therefore, the verse teaches that he is liable for damage to thorns as well.

״קָמָה״ לָמָּה לִי? מַה קָּמָה בְּגָלוּי, אַף כֹּל בְּגָלוּי.

Why do I need the Torah to state the term **"standing grain"?** It is in order to teach that **just as standing grain is exposed, so too,** one is liable only for damage caused by fire **for all** items that are **exposed.** One is exempt from liability for damage to items that are concealed.

וּלְרַבִּי יְהוּדָה, דִּמְחַיֵּיב אַנִּזְקֵי טָמוּן בָּאֵשׁ, ״קָמָה״ לָמָּה לִי? לְרַבּוֹת כָּל בַּעֲלֵי קוֹמָה. וְרַבָּנַן, לְרַבּוֹת כָּל בַּעֲלֵי קוֹמָה מְנָא לְהוּ? נָפְקָא לְהוּ מֵ״אוֹ הַקָּמָה״.

The Gemara asks: **And according to** the opinion of **Rabbi Yehuda, who deems** one **liable for a concealed** article damaged **by a fire, why do I** need the Torah to state the term: **"Standing grain"?** The Gemara answers: The term serves **to include all** items **that have stature,**[N] i.e., trees and animals, and not only produce. The Gemara asks: **And** according to the opinion of **the Rabbis,** who derive the *halakha* of concealed articles from the term "standing grain," **from where do they** derive that **all** items **that have stature** are **included?** The Gemara answers: **They derive it from** the term: **"Or standing grain,"** since the additional word "or" is an inclusive term.

וְרַבִּי יְהוּדָה? ״אוֹ״ מִיבָּעֵי לֵיהּ לְחַלֵּק. וְרַבָּנַן, לְחַלֵּק מְנָא לְהוּ? נָפְקָא לְהוּ מֵ״אוֹ הַשָּׂדֶה״.

The Gemara asks: **And** what does **Rabbi Yehuda** derive from the additional word "or"? The Gemara answers: **He requires** the word **"or" to divide** the terms, i.e., to teach that one is liable for damage to any one of the items listed, and not only where the fire burned all of them together. The Gemara then asks: **And from where do the Rabbis** derive the *halakha* **to divide** the terms so that one is liable for damage to each one independently? The Gemara answers: **They derive it from** the second instance of the word "or," as the verse states: **"Or the field."**

וְרַבִּי יְהוּדָה? אַיְּידֵי דִּכְתַב רַחֲמָנָא ״אוֹ הַקָּמָה״, כְּתַב ״אוֹ הַשָּׂדֶה״.

The Gemara asks: **And** what does **Rabbi Yehuda** derive from the phrase "or the field"? The Gemara answers: **Since the Merciful One wrote** in the Torah: **"Or standing grain," He** also **wrote: "Or the field,"** for stylistic consistency, but no additional *halakha* may be derived from this term.

״שָׂדֶה״ לָמָּה לִי? לְאַתּוּיֵי לִחֲכָה נִירוֹ וְסִכְסְכָה אֲבָנָיו. וְלִכְתּוֹב רַחֲמָנָא ״שָׂדֶה״ וְלָא בָּעֵי הָנָךְ! צְרִיכָא, דְּאִי כְּתַב רַחֲמָנָא ״שָׂדֶה״, הֲוָה אָמִינָא: מַה שֶּׁבַּשָּׂדֶה אִין, מִידֵּי אַחֲרִינָא לָא, קָא מַשְׁמַע לַן.

Rava continues to elaborate on the different terms in the verse: And **why do I** need the word **"field"** in the verse? It serves **to include** liability for damage in a case when the flames **licked a plowed field and charred its stones.** The Gemara asks: **But let the Merciful One write** only the term **"field," and** then it would **not require all these** other terms. If one is liable for damage to a field, which is not totally destroyed by the fire, he is certainly liable for damage to other items that are completely destroyed. The Gemara answers: It is **necessary** to write the other terms as well, **because if the Merciful One** had **written** only **"field," I would say that** for **what is in the field, yes,** one is liable, but for **anything else, no,** one is not liable. Therefore, it **teaches us** that one is liable for any damage caused by fire.

NOTES

Items that have stature [*ba'alei koma*] – **בַּעֲלֵי קוֹמָה**: Rashi explains that this includes trees and animals. From the Jerusalem Talmud it appears that the word *kama* used in the verse, which is translated here as standing grain, incorporates anything still attached to the ground. This is in contrast to another term used in the verse, *gaddish*, which is translated here as a stack of grain and refers to harvested produce. The Ra'avad suggests two explanations for the term *ba'alei koma*: Either it incorporates various items standing and growing in the field that are not generally stacked, e.g., vegetables, or alternatively, it includes essentially any item, since every object has some height.

NOTES

Calamity befalls the world only, etc. – אֵין פּוּרְעָנוּת בָּאָה לָעוֹלָם אֶלָּא וכו׳: The Meiri writes that this serves to teach the proper attitude toward life. Righteous people should not think that it makes no difference to them that others are wicked. Rather, they must be aware that calamity comes as a result of the actions of the wicked and afflicts the entire world. Suffering afflicts both the righteous and the wicked, and moreover, it begins with the righteous.

אָמַר רַבִּי שְׁמוּאֵל בַּר נַחְמָנִי אָמַר רַבִּי יוֹנָתָן: אֵין פּוּרְעָנוּת בָּאָה לָעוֹלָם אֶלָּא בִּזְמַן שֶׁהָרְשָׁעִים בָּעוֹלָם, וְאֵינָהּ מַתְחֶלֶת אֶלָּא מִן הַצַּדִּיקִים תְּחִלָּה, שֶׁנֶּאֱמַר: "כִּי תֵצֵא אֵשׁ וּמָצְאָה קֹצִים", אֵימָתַי אֵשׁ יוֹצְאָה? בִּזְמַן שֶׁקּוֹצִים מְצוּיִין לָהּ. וְאֵינָהּ מַתְחֶלֶת אֶלָּא מִן הַצַּדִּיקִים תְּחִלָּה, שֶׁנֶּאֱמַר "וְנֶאֱכַל גָּדִישׁ"; "וְאָכַל גָּדִישׁ" לֹא נֶאֱמַר, אֶלָּא "וְנֶאֱכַל גָּדִישׁ", שֶׁנֶּאֱכַל גָּדִישׁ כְּבָר.

§ The Gemara cites an aggadic midrash based on this verse: **Rabbi Shmuel bar Naḥmani says** that **Rabbi Yonatan says: Calamity befalls the world only**[N] **when wicked** people are **in the world, but** the calamity **begins only with the righteous first, as it is stated** in the verse: **"If a fire breaks out, and catches in thorns,** so that a stack of grain, or standing grain, or the field, is consumed" (Exodus 22:5). **When does the fire,** i.e., calamity, **emerge?** At **a time when the thorns,** i.e., the wicked, **are found with it. But** calamity **begins only from the righteous first, as it is stated** in the continuation of the verse: **"And a stack of grain is consumed** [*vene'ekhal*]." **It is not stated:** If a fire breaks out, and catches in thorns, **and consumes** [*ve'akhal*] **the stack of grain; rather,** it states: **"A stack of grain is consumed,"** meaning **that** the **stack,** i.e., the righteous, **has already been consumed** before the thorns.

תָּאנֵי רַב יוֹסֵף: מַאי דִּכְתִיב: "וְאַתֶּם לֹא תֵצְאוּ אִישׁ מִפֶּתַח בֵּיתוֹ עַד בֹּקֶר"? כֵּיוָן שֶׁנִּיתַּן רְשׁוּת לַמַּשְׁחִית אֵינוֹ מַבְחִין בֵּין צַדִּיקִים לִרְשָׁעִים; וְלֹא עוֹד, אֶלָּא שֶׁמַּתְחִיל מִן הַצַּדִּיקִים תְּחִלָּה, שֶׁנֶּאֱמַר: "וְהִכְרַתִּי מִמֵּךְ צַדִּיק וְרָשָׁע".

Rav Yosef taught a *baraita*: **What** is the meaning of that **which is written** with regard to the plague of the firstborn: **"And none of you shall go out of the opening of his house until the morning"** (Exodus 12:22)? If the plague was not decreed upon the Jewish people, why were they not permitted to leave their homes? **Once permission** is granted **to the destroyer** to kill, **it does not distinguish between the righteous and the wicked. And not only** that, **but it begins with the righteous first, as it is stated** in the verse: **"And will cut off from you the righteous and the wicked"** (Ezekiel 21:8), where mention of the righteous precedes the wicked.

בְּכָא רַב יוֹסֵף, כּוּלֵּי הַאי נַמִי לְאַיִן דּוֹמִין! אָמַר לֵיהּ אַבָּיֵי: טִיבוּתָא הוּא לְגַבַּיְיהוּ, דִּכְתִיב: "כִּי מִפְּנֵי הָרָעָה נֶאֱסַף הַצַּדִּיק".

Rav Yosef cried and said: **Are all these** righteous people **also compared to nothing** when calamity strikes? **Abaye said to him: It is goodness for** the righteous that they die first, **as it is written: "The righteous is taken away because of the evil to come"** (Isaiah 57:1), so that he will not have to endure the suffering that will befall the people.

אָמַר רַב יְהוּדָה אָמַר רַב:

Rav Yehuda says that Rav says:

Perek **VI**
Daf **60** Amud **b**

NOTES

Outside the sword will bereave – מִחוּץ תְּשַׁכֶּל חֶרֶב: Rashi explains that this does not refer to the sword of battle but to the sword of the Angel of Death.

לְעוֹלָם יִכָּנֵס אָדָם בְּכִי טוֹב וְיֵצֵא בְּכִי טוֹב, שֶׁנֶּאֱמַר: "וְאַתֶּם לֹא תֵצְאוּ אִישׁ מִפֶּתַח בֵּיתוֹ עַד בֹּקֶר".

A person should **always enter** an unfamiliar city **at** a time of **good,** i.e., while it is light, as the Torah uses the expression "It is good" with regard to the creation of light (see Genesis 1:4). This goodness is manifest in the sense of security one feels when it is light. **And** likewise, when one leaves a city **he** should **leave at** a time of **good,** meaning after sunrise the next morning, **as it is stated** in the verse: **"And none of you shall go out of the opening of his house until the morning"** (Exodus 12:22).

תָּנוּ רַבָּנַן: דֶּבֶר בָּעִיר – כַּנֵּס רַגְלֶיךָ, שֶׁנֶּאֱמַר: "וְאַתֶּם לֹא תֵצְאוּ אִישׁ מִפֶּתַח בֵּיתוֹ עַד בֹּקֶר", וְאוֹמֵר: "לֵךְ עַמִּי בֹּא בַחֲדָרֶיךָ וּסְגוֹר דְּלָתְךָ בַּעֲדֶךָ", וְאוֹמֵר: "מִחוּץ תְּשַׁכֶּל חֶרֶב וּמֵחֲדָרִים אֵימָה".

§ **The Sages taught:** If there is **plague in the city, gather your feet,** i.e., limit the time you spend out of the house, **as it is stated** in the verse: **"And none of you shall go out of the opening of his house until the morning." And it says** in another verse: **"Come, my people, enter into your chambers, and shut your doors behind you;** hide yourself for a little moment, until the anger has passed by" (Isaiah 26:20). **And it says: "Outside the sword will bereave,**[N] **and in the chambers terror"** (Deuteronomy 32:25).

מַאי "וְאוֹמֵר"? וְכִי תֵּימָא: הָנֵי מִילֵּי בְּלֵילְיָא, אֲבָל בִּימָמָא לָא – תָּא שְׁמַע: "לֵךְ עַמִּי בֹּא בַחֲדָרֶיךָ וּסְגוֹר דְּלָתְךָ";

The Gemara asks: **What** is the reason for citing the additional verses introduced with the term: **And it says?** The first verse seems sufficient to teach the principle that one should not emerge from one's house when there is a plague. The Gemara answers: **And if you would say** that **this matter,** the first verse that states that none of you shall go out until morning, applies only **at night, but in the day** one may think that the principle does **not** apply, for this reason the Gemara teaches: **Come and hear: "Come, my people, enter into your chambers, and shut your doors behind you."**

וְכִי תֵּימָא: הָנֵי מִילֵּי [הֵיכָא] דְּלֵיכָּא אֵימָה מִגַּוַּאי, אֲבָל הֵיכָא דְּאִיכָּא אֵימָה מִגַּוַּאי, כִּי נָפֵיק יָתֵיב בֵּינֵי אֱינָשֵׁי בְּצַוְותָּא בְּעָלְמָא טְפֵי מַעֲלֵי – תָּא שְׁמַע: ״מִחוּץ תְּשַׁכֶּל חֶרֶב וּמֵחֲדָרִים אֵימָה״, אַף עַל גַּב דְּמֵחֲדָרִים אֵימָה – מִחוּץ תְּשַׁכֶּל חֶרֶב.

And if you would say that **this matter** applies only **where there is no fear inside,** which explains why it is preferable to remain indoors, **but where there is fear inside,** one might think that **when he goes out** and **sits among people in general company** it is **better,** therefore, the Gemara introduces the third verse and says: **Come** and **hear: "Outside the sword will bereave, and in the chambers terror."** This means that **although there is terror in the chambers, outside the sword will bereave,** so it is safer to remain indoors.

רָבָא בְּעִידַּן רִתְחָא הֲוֵי סָכַר כַּוֵּי, דִּכְתִיב: ״כִּי עָלָה מָוֶת בְּחַלּוֹנֵינוּ״.

At a time when there was a **plague, Rava would close the windows** of his house, **as it is written: "For death is come up into our windows"** (Jeremiah 9:20).

תָּנוּ רַבָּנַן: רָעָב בָּעִיר – פַּזֵּר רַגְלֶיךָ, שֶׁנֶּאֱמַר: ״וַיְהִי רָעָב בָּאָרֶץ וַיֵּרֶד אַבְרָם מִצְרַיְמָה [לָגוּר] (ויגר) שָׁם״, וְאוֹמֵר: ״אִם אָמַרְנוּ נָבוֹא הָעִיר וְהָרָעָב בָּעִיר וָמַתְנוּ שָׁם״.

The Sages taught: If there is **famine in the city, spread your feet,** i.e., leave the city, **as it is stated** in the verse: **"And there was a famine in the land; and Abram went down into Egypt to sojourn there"** (Genesis 12:10). **And it says: "If we say: We will enter into the city, then the famine is in the city, and we shall die there;** and if we sit here, we die also, now come, and let us fall unto the host of the Arameans; if they save us alive, we shall live; and if they kill us, we shall but die" (II Kings 7:4).

מַאי ״וְאוֹמֵר״? וְכִי תֵּימָא: הָנֵי מִילֵּי הֵיכָא דְּלֵיכָּא סְפֵק נְפָשׁוֹת, אֲבָל הֵיכָא דְּאִיכָּא סְפֵק נְפָשׁוֹת לָא – תָּא שְׁמַע: ״לְכוּ וְנִפְּלָה אֶל מַחֲנֵה אֲרָם אִם יְחַיֻּנוּ נִחְיֶה״.

What is the reason for citing the second verse, introduced with the term: **And it says? And if you would say** that **this matter,** the principle of leaving the city, applies only **where there is no uncertainty** concerning **a life-threatening** situation, **but where there is uncertainty** concerning **a life-threatening** situation this principle does **not** apply, **come and hear: "Come, and let us fall unto the host of the Arameans; if they save us alive, we shall live;** and if they kill us, we shall but die."

תָּנוּ רַבָּנַן: דֶּבֶר בָּעִיר – אַל יְהַלֵּךְ אָדָם בְּאֶמְצַע הַדֶּרֶךְ, מִפְּנֵי שֶׁמַּלְאַךְ הַמָּוֶת מְהַלֵּךְ בְּאֶמְצַע הַדְּרָכִים. דְּכֵיוָן דִּיהִיבָא לֵיהּ רְשׁוּתָא מְסַגֵּי לְהֶדְיָא; שָׁלוֹם בָּעִיר – אַל יְהַלֵּךְ בְּצִדֵּי דְרָכִים. דְּכֵיוָן דְּלֵית לֵיהּ רְשׁוּתָא, מְחַבֵּי חַבּוּיֵי וּמְסַגֵּי.

The Sages taught: If there is **a plague in the city,**[H] **a person should not walk in the middle of the road, due to** the fact **that the Angel of Death walks in the middle of the road, as,** since in Heaven **they have given him permission** to kill within the city, **he goes openly** in the middle of the road. By contrast, if there is **peace** and quiet **in the city, do not walk on the sides of the road, as, since** the Angel of Death **does not have permission** to kill within the city, **he hides** himself **and walks** on the side of the road.

תָּנוּ רַבָּנַן: דֶּבֶר בָּעִיר – אַל יִכָּנֵס אָדָם יְחִיד לְבֵית הַכְּנֶסֶת, שֶׁמַּלְאַךְ הַמָּוֶת מַפְקִיד שָׁם כֵּלָיו. וְהָנֵי מִילֵּי הֵיכָא דְּלָא קָרוּ בֵּיהּ דַּרְדְּקֵי, וְלָא מְצַלּוּ בֵּיהּ עֲשָׂרָה.

The Sages taught: If there is **a plague in the city, a person should not enter the synagogue alone, as the Angel of Death leaves his utensils there,**[N] and for this reason it is a dangerous place. **And this matter,** the danger in the synagogue, applies only **when there are no children learning in** the synagogue, **and** there are **not ten** men **praying in it.** But if there are children learning or ten men praying there, it is not a dangerous place.

תָּנוּ רַבָּנַן: כְּלָבִים בּוֹכִים – מַלְאַךְ הַמָּוֶת בָּא לָעִיר, כְּלָבִים מְשַׂחֲקִים – אֵלִיָּהוּ הַנָּבִיא בָּא לָעִיר; וְהָנֵי מִילֵּי דְּלֵית בְּהוּ נְקֵבָה.

The Sages taught: If the **dogs** in a certain place **are crying** for no reason, it is a sign that they feel the **Angel of Death has come to the city.** If the **dogs are playing,** it is a sign that they feel that **Elijah the prophet has come to the city. These matters** apply only **if there is no female** dog among them. If there is a female dog nearby, their crying or playing is likely due to her presence.

יָתֵיב רַב אַמִי וְרַב אַסִי קַמֵּיהּ דְּרַבִּי יִצְחָק נַפָּחָא, מָר אֲמַר לֵיהּ: לֵימָא מָר שְׁמַעְתְּתָא, וּמָר אֲמַר לֵיהּ: לֵימָא מָר אַגַּדְתָּא. פְּתַח לְמֵימַר אַגַּדְתָּא וְלָא שָׁבֵיק מָר, פְּתַח לְמֵימַר שְׁמַעְתְּתָא וְלָא שָׁבֵיק מָר.

§ **Rav Ami and Rav Asi sat before Rabbi Yitzḥak Nappaḥa.** One **Sage said to** Rabbi Yitzḥak Nappaḥa: **Let the Master say** words of ***halakha*****,** and the other **Sage said to** Rabbi Yitzḥak Nappaḥa: **Let the Master say** words of ***aggada*****.** Rabbi Yitzḥak Nappaḥa **began to say** words of ***aggada*** **but** one **Sage did not let him,** so he **began to say** words of ***halakha*** **but** the other **Sage did not let him.**

אָמַר לָהֶם: אֶמְשׁוֹל לָכֶם מָשָׁל, לְמָה הַדָּבָר דּוֹמֶה? לְאָדָם שֶׁיֵּשׁ לוֹ שְׁתֵּי נָשִׁים, אַחַת יַלְדָּה וְאַחַת זְקֵינָה, יַלְדָּה מְלַקֶּטֶת לוֹ לְבָנוֹת, זְקֵינָה מְלַקֶּטֶת לוֹ שְׁחוֹרוֹת, נִמְצָא קֵרֵחַ מִכָּאן וּמִכָּאן;

Rabbi Yitzḥak Nappaḥa **said to them: I will relate a parable. To what can this be compared?** It can be compared **to a man who has two wives, one young and one old. The young** wife **pulls out his white** hairs, so that her husband will appear younger. **The old** wife **pulls out his black** hairs so that he will appear older. And it **turns out** that he is **bald from here and from there,** i.e., completely bald, due to the actions of both of his wives.

HALAKHA

A plague in the city – דֶּבֶר בָּעִיר: One must be careful to avoid any dangerous situation. Therefore, the Sages said that one should flee from a city where there is a plague. One should flee as soon as the plague begins, before it takes hold in the city (*Shulḥan Arukh, Yore De'a* 116:5, in the comment of Rema).

NOTES

As the Angel of Death leaves his utensils there – שֶׁמַּלְאַךְ הַמָּוֶת מַפְקִיד שָׁם כֵּלָיו: In the time of the Talmud the synagogues were located far from the city, and people went there only for prayers. Therefore, the Sages held that a synagogue was considered like other uninhabited places and was potentially dangerous.

אָמַר לָהֶן: אִי הָכִי, אֵימָא לְכוּ מִלְּתָא דְּשָׁוְיָא לְתַרְוַיְיכוּ: ״כִּי תֵצֵא אֵשׁ וּמָצְאָה קֹצִים״ – תֵּצֵא מֵעַצְמָהּ, ״שַׁלֵּם יְשַׁלֵּם הַמַּבְעִר אֶת הַבְּעֵרָה״ – אָמַר הַקָּדוֹשׁ בָּרוּךְ הוּא: עָלַי לְשַׁלֵּם אֶת הַבְּעֵרָה שֶׁהִבְעַרְתִּי,

Rabbi Yitzḥak Nappaḥa continued and **said to them: If so, I will say to you a matter that is appropriate to both of you,** which contains both *halakha* and *aggada*. In the verse that states: **"If a fire breaks out, and catches in thorns"** (Exodus 22:5), the term **"breaks out"** indicates that it breaks out **by itself.** Yet, the continuation of the verse states: **"The one who kindled the fire shall pay compensation,"** which indicates that he must pay only if the fire spread due to his negligence. The verse can be explained allegorically: **The Holy One, Blessed be He, said** that although the fire broke out in the Temple due to the sins of the Jewish people, **it is incumbent upon Me to pay** restitution **for the fire that I kindled.**

אֲנִי הִצַּתִּי אֵשׁ בְּצִיּוֹן, שֶׁנֶּאֱמַר: ״וַיַּצֶּת אֵשׁ בְּצִיּוֹן וַתֹּאכַל יְסוֹדֹתֶיהָ״, וַאֲנִי עָתִיד לִבְנוֹתָהּ בָּאֵשׁ, שֶׁנֶּאֱמַר: ״וַאֲנִי אֶהְיֶה לָּהּ...חוֹמַת אֵשׁ סָבִיב וּלְכָבוֹד אֶהְיֶה בְתוֹכָהּ״;

I, God, **kindled a fire in Zion, as it is stated:** "The Lord has accomplished His fury, He has poured out His fierce anger; **and He has kindled a fire in Zion, which has devoured its foundations"** (Lamentations 4:11). **And I will build it with fire** in the **future, as it is stated: "For I,** says the Lord, **will be for her a wall of fire round about; and I will be the glory in her midst"** (Zechariah 2:9).

שְׁמַעְתְּתָא, פָּתַח הַכָּתוּב בְּנִזְקֵי מָמוֹנוֹ וְסִיֵּים בְּנִזְקֵי גוּפוֹ, לוֹמַר לְךָ: אִשּׁוֹ מִשּׁוּם חִצָּיו.

There is a *halakha* that can be learned from the verse in Exodus, as **the verse begins with damage** caused through one's **property:** "If a fire breaks out," **and concludes with damage** caused by **one's body:** "The one who kindled the fire." This indicates that when damage is caused by fire, it is considered as though the person who kindled the fire caused the damage directly with his body. That serves **to say to you** that the liability for **his fire** damage is **due to** its similarity to **his arrows.** Just as one who shoots an arrow and causes damage is liable because the damage was caused directly through his action, so too, one who kindles a fire that causes damage is liable because it is considered as though the damage were caused directly by his actions.

״וַיִּתְאַוֶּה דָוִד וַיֹּאמַר מִי יַשְׁקֵנִי מַיִם מִבֹּאר בֵּית לֶחֶם אֲשֶׁר בַּשָּׁעַר. וַיִּבְקְעוּ שְׁלֹשֶׁת הַגִּבּוֹרִים בְּמַחֲנֵה פְלִשְׁתִּים וַיִּשְׁאֲבוּ מַיִם מִבֹּאר בֵּית לֶחֶם אֲשֶׁר בַּשַּׁעַר״ [וגו׳].

§ The Gemara continues with another statement of *aggada* on a related topic: The verse states: **"And David longed, and said: Oh, that one would give me water to drink of the well of Bethlehem, which is by the gate! And the three mighty men broke through the host of the Philistines, and drew water out of the well of Bethlehem, that was by the gate,** and took it, and brought it to David; but he would not drink it, but poured it out to the Lord" (II Samuel 23:15–16). The Sages understood that David was not simply asking for water, but was using the term as a metaphor referring to Torah, and he was raising a halakhic dilemma.

מַאי קָא מִיבַּעְיָא לֵיהּ? אָמַר רָבָא אָמַר רַב נַחְמָן: טָמוּן בָּאֵשׁ קָמִיבַּעְיָא לֵיהּ, אִי כְּרַבִּי יְהוּדָה אִי כְּרַבָּנַן, וּפָשְׁטוּ לֵיהּ מַאי דְּפָשְׁטוּ לֵיהּ.

What is the dilemma that David **is raising?**[N] **Rava says** that **Rav Naḥman says: He was asking** about the *halakha* with regard to a **concealed** article damaged by **a fire.**[N] He wanted to know whether the *halakha* is **in accordance with** the opinion of **Rabbi Yehuda,** who holds that one is liable to pay for such damage, or **whether** the *halakha* is **in accordance with** the opinion of **the Rabbis,** who hold that one is exempt from liability for damage by fire to concealed articles. **And** the Sages in Bethlehem **answered him what they answered him.**

רַב הוּנָא אָמַר: גְּדִישִׁים דִּשְׂעוֹרִים דְּיִשְׂרָאֵל הָווּ דְּהָווּ מְטַמְּרֵי פְּלִשְׁתִּים בְּהוּ, וְקָא מִיבַּעְיָא לֵיהּ: מַהוּ לְהַצִּיל עַצְמוֹ בְּמָמוֹן חֲבֵירוֹ?

Rav Huna stated a different explanation of the verse: **There were stacks of barley belonging to Jews in which the Philistines were hiding, and** David wanted to burn down the stacks to kill the Philistines and save his own life. **He raised the dilemma: What is** the *halakha*? Is it permitted **to save oneself** by destroying **the property of another?**[H]

שְׁלַחוּ לֵיהּ: אָסוּר לְהַצִּיל עַצְמוֹ בְּמָמוֹן חֲבֵירוֹ, אֲבָל אַתָּה מֶלֶךְ אַתָּה, [וּמֶלֶךְ] פּוֹרֵץ לַעֲשׂוֹת לוֹ דֶּרֶךְ וְאֵין מוֹחִין בְּיָדוֹ.

They sent the following answer **to him: It is prohibited to save oneself** by destroying **the property of another. But you are king,**[N] **and a king may breach the fence** of an individual **in order to form a path for himself, and none may protest his** action, i.e., the normal *halakhot* of damage do not apply to you since you are king.

NOTES

What is the dilemma that David is raising – מַאי קָא מִיבַּעְיָא לֵיהּ: The Rashba writes that the Sages of the Talmud did not explain the verse according to its straightforward meaning, because presumably King David had water with him. The Ra'avad adds that if he were thirsty, why would he ask specifically for water from Bethlehem? One who is thirsty will drink any water that is available. The Ra'ah writes that at a time of war, it is unlikely that someone would be particular and specify which water he wants. Therefore, the Gemara understands that water in this verse is a reference to Torah, and he was asking for a halakhic ruling. The verse states: "Which is by the gate" (II Samuel 23:16), which alludes to the judges of the court, who sit in the gate of the city.

A concealed article damaged by a fire – טָמוּן בָּאֵשׁ: King David was faced with this practical question and did not know the answer. His uncertainty was with regard to the matter that was later subject to a dispute between Rabbi Yehuda and the Rabbis. The Maharsha explains that although the verse does not seem to allude to this question at all, it is possible that the Gemara derived it from a contradiction between the verses. One verse states: "A plot of ground full of lentils" (II Samuel 23:11), and another verse states: "A plot of ground full of barley" (I Chronicles 11:13). The Gemara derives from this that the lentils were concealed inside a stack of barley, or vice versa, which led to the question of liability for the concealed produce.

You are king, etc. – מֶלֶךְ אַתָּה וכו׳: One of the principles of kingship is that the king has permission to perform certain actions, e.g., building a road, without taking into account the rights of the people who live there, provided he is not doing so to take the property for his own personal use. Although he is required to subsequently appease those who have suffered loss due to his actions, he does not have to first receive their permission. The Rambam indicates that this *halakha* applies only at times of war and for the sake of the war (Rambam *Sefer Shofetim, Hilkhot Melakhim* 5:3).

HALAKHA

To save oneself by the property of another – לְהַצִּיל עַצְמוֹ בְּמָמוֹן חֲבֵירוֹ: One who saves himself by using the property of another is liable to pay compensation (Rambam *Sefer Nezikin, Hilkhot Ḥovel UMazik* 8:2–4; *Shulḥan Arukh, Ḥoshen Mishpat* 388:2–4).

וְרַבָּנַן, וְאִיתֵּימָא רַבָּה בַּר מָרִי אָמְרוּ: גְּדִישִׁים דִּשְׂעוֹרִין דְּיִשְׂרָאֵל הָווּ, וּגְדִישִׁין דַּעֲדָשִׁים דִּפְלִשְׁתִּים, וְקָא מִיבַּעְיָא לְהוּ: מַהוּ לִיטּוֹל גְּדִישִׁין שֶׁל שְׂעוֹרִין דְּיִשְׂרָאֵל לִיתֵּן לִפְנֵי בְּהֶמְתּוֹ, עַל מְנָת לְשַׁלֵּם גְּדִישִׁין שֶׁל עֲדָשִׁים דִּפְלִשְׁתִּים?

The Rabbis, and some say that it was **Rabba bar Mari,** give an alternative explanation of the dilemma and **said: The stacks of barley belonged to Jews, and** there were **stacks of lentils belonging to the Philistines.** David needed barley to feed his animals. **And** David **raised the** following **dilemma: What is** the *halakha*? I know that I may take the lentils belonging to a gentile to feed my animals, but is it permitted **to take a stack of barley** belonging to **a Jew, to place before one's animal** for it to consume, **with the intent to pay** the owner of the barley with the **stacks of lentils belonging to the Philistines?**

שְׁלַחוּ לֵיהּ: ״חֲבֹל יָשִׁיב רָשָׁע גְּזֵלָה יְשַׁלֵּם״, אַף עַל פִּי שֶׁגְּזֵילָה מְשַׁלֵּם – רָשָׁע הוּא, אֲבָל אַתָּה מֶלֶךְ אַתָּה, וּמֶלֶךְ פּוֹרֵץ לַעֲשׂוֹת לוֹ דֶּרֶךְ וְאֵין מוֹחִין בְּיָדוֹ.

The Sages of Bethlehem **sent** the following reply **to him: "If the wicked restore the pledge, give back that which he had taken by robbery,** walk in the statutes of life, committing no iniquity; he shall surely live, he shall not die" (Ezekiel 33:15). This verse teaches that **even though** the robber **repays** the value of the **stolen item, he** is nevertheless considered to be **wicked,**[N] and is described as such in the verse, and a commoner would not be allowed to act as you asked. **But you are king, and a king may breach the fence** of an individual **in order to form a path for himself,**[H] **and none may protest his** action.

בִּשְׁלָמָא לְמַאן דְּאָמַר לְאַחְלוּפֵי, הַיְינוּ דִּכְתִיב חַד קְרָא: ״וַתְּהִי שָׁם חֶלְקַת הַשָּׂדֶה מְלֵאָה עֲדָשִׁים״, וּכְתִיב חַד קְרָא: ״וַתְּהִי חֶלְקַת הַשָּׂדֶה מְלֵאָה שְׂעוֹרִים״;

The Gemara discusses the different explanations: **Granted, according to the one who says** that David was asking whether he could take the stacks of barley and **exchange** them, i.e., repay the owners of the barley, with stacks of lentils, **this is as it is written** in **one verse:** "And the Philistines were gathered together into a troop, **where was a plot of ground full of lentils;** and the people fled from the Philistines" (II Samuel 23:11), **and it is written** in **one** other **verse:** "He was with David at Pas Dammim, and there the Philistines were gathered together to battle, **where was a plot of ground full of barley;** and the people fled from before the Philistines" (I Chronicles 11:13). This apparent contradiction can be reconciled by saying that there were two fields, one of barley and one of lentils.

אֶלָּא לְמַאן דְּאָמַר לְמִקְלֵי, מַאי אִיבַּעְיָא לְהוּ לְהָנֵי תְּרֵי קְרָאֵי? אָמַר לָךְ: דְּהָווּ נַמִי גְּדִישִׁים דַּעֲדָשִׁים דְּיִשְׂרָאֵל דְּהָווּ מִיטַּמְרוּ בְּהוּ פְּלִשְׁתִּים.

But according to Rav Huna, **the one who says** that David's question was asked because he wanted **to burn** the stacks of barley, for **what** purpose **does he require these two verses?** How does he explain this contradiction? Rav Huna could have **said to you that there were also stacks of lentils belonging to Jews, inside which the Philistines were hiding.**

בִּשְׁלָמָא לְמַאן דְּאָמַר לְמִקְלֵי, הַיְינוּ דִּכְתִיב: ״וַיִּתְיַצֵּב בְּתוֹךְ הַחֶלְקָה וַיַּצִּילֶהָ״, אֶלָּא לְמַאן דְּאָמַר לְאַחְלוּפֵי, מַאי ״וַיַּצִּילֶהָ״?

Granted, according to the one who says that David asked his question because he wanted **to burn** the stacks, **this is as it is written** in the following verse with regard to David: **"But he stood in the midst of the plot, and saved it,** and slew the Philistines; and the Lord performed a great victory" (II Samuel 23:12). **But according to the one who says** that David's question was asked **with regard to exchanging** the lentils for the barley, **what** is the meaning of the phrase: **"And saved it"?**

דְּלָא שְׁבַק לְהוּ לְאַחְלוּפֵי.

The Rabbis answer that David saved it in **that he did not permit them to exchange** the value of the barley with the lentils.

בִּשְׁלָמָא הָנֵי תַּרְתֵּי, הַיְינוּ דִּכְתִיב תְּרֵי קְרָאֵי,

Granted, according to both of **these two** opinions, **this is as it is written** in two distinct **verses,** one describing the field of lentils and one describing the field of barley.

Perek **VI**
Daf **61** Amud **a**

אֶלָּא לְמַאן דְּאָמַר טָמוּן בָּאֵשׁ קָמִיבַּעְיָא לֵיהּ, מַאי אִיבָּעֵי לֵיהּ קְרָאֵי? אָמַר לָךְ: טָמוּן וְחָדָא מֵהָנָךְ קָמִיבַּעְיָא לֵיהּ.

But according to Rava, who cited Rav Naḥman, **the one who says** that David **asked** with regard to the *halakha* of **a concealed** article damaged by **a fire,** for **what** purpose does **he require the** two **verses** that describe a field of lentils and a field of barley? Rav Naḥman could have **said to you** that David **was asking** both about **concealed** articles damaged by a fire **and one of these** other two dilemmas.

NOTES

Even though the robber repays the stolen item he is wicked – אַף עַל פִּי שֶׁגְּזֵילָה מְשַׁלֵּם רָשָׁע הוּא: The Rosh writes that the issue here is that King David had not yet taken possession of the stacks of lentils belonging to the Philistines. In general, if one takes a less valuable item from another person and replaces it with a better item, this is not considered theft.

HALAKHA

A king may breach the fence in order to form a path for himself – מֶלֶךְ פּוֹרֵץ לַעֲשׂוֹת לוֹ דֶּרֶךְ: During times of war, a king is permitted to breach any fence to form a path. It is permitted for him to form as wide a path and to clear as much space as required. He does not have to adjust the place of the path in order to limit the damage caused (Rambam *Sefer Shofetim, Hilkhot Melakhim* 5:3, 4:6; *Shulḥan Arukh, Ḥoshen Mishpat* 369:2).

בשלמא למאן דאמר הני תרתי, היינו דכתיב: "ולא אבה (דוד) לשתותם", אמר: כיון דאיכא איסורא לא ניחא לי; אלא למאן דאמר טמון באש קא מבעיא ליה, מכדי גמרא הוא דשלחו ליה, מאי "לא אבה (דוד) לשתותם"?

Granted, according to the one who says one of **these two** explanations, that David was asking either about repaying barley with lentils or burning the stacks of barley, **this is as it is written** of David: **"But he would not drink it"** (II Samuel 23:16). David **said** to himself: **Since there is a prohibition** involved in this action, **it is not satisfactory to me** to act in this manner, even though technically it is permitted for a king. **But according to the one who says** that David **was raising a dilemma** with regard to the *halakha* of **a concealed** article damaged by **a fire, since they sent him** an answer that was **a tradition** with regard to the *halakha*, **what** is the meaning of: "But **he would not drink it"?**

דלא אמרינהו משמייהו; אמר, כך מקובלני מבית דינו של שמואל הרמתי: כל המוסר עצמו למות על דברי תורה – אין אומרים דבר הלכה משמו.

The Gemara answers: This means **that he did not say the *halakha* in their names.** He did not transmit the ruling in the name of those who went in the time of battle to ask the Sages what the *halakha* is. David **said** to himself: **This is the tradition that I received from the court of Samuel of Rama:** With regard to **anyone who hands himself over**[N] **to die for** the sake of **words of Torah,** the Sages **do not say a matter of *halakha* in his name,** so that others will not follow this ruling and endanger their lives.

"ויסך אתם לה'", בשלמא למאן דאמר הני תרתי – משום דעבד לשם שמים, אלא למאן דאמר טמון באש, מאי "ויסך אתם לה'"? דאמרינהו משמא דגמרא.

The Gemara asks another question: The verse states: **"He poured it out to the Lord"** (II Samuel 23:16), which indicates that David acted stringently and did not rely on the lenient ruling that he received. **Granted, according to the one who says** either of **these two** explanations, that David asked either about burning the stacks of barley or about replacing their value with lentils, he poured out the water to God **due to** the fact **that he acted for the sake of Heaven**[N] and did not rely on the lenient ruling he had received. **But according to the one who says** that David asked about **a concealed** article damaged by **a fire, what** is the reason that **he poured out** the water **to the Lord?** The Gemara answers: The reason is **that they said** this *halakha* **in the name of the tradition,** without associating it with any specific individual.

מתני' עברה גדר שהוא גבוה ארבע אמות, או דרך הרבים, או נהר – פטור.

MISHNA If one kindled a fire that **crossed a fence**[H] **that is four cubits high, or** if the fire crossed **the public thoroughfare, or** if the fire crossed **a river,** and in each case it caused damage on the other side, he is **exempt** from liability.

גמ' והתניא: עברה גדר שהוא גבוה ארבע אמות – חייב!

GEMARA The Gemara asks: **But isn't it taught** in a *baraita* that if a fire **crossed a fence that is four cubits in height,** the one who kindled the fire is **liable?** This appears to contradict the mishna.

אמר רב פפא: תנא דידן קא חשיב מלמעלה למטה: שש אמות פטור, חמש אמות פטור, עד ארבע אמות פטור. תנא ברא מלמטה למעלה קא חשיב: שתי אמות חייב, שלש אמות חייב, עד ארבע אמות חייב.

Rav Pappa said: There is no dispute between the *tanna* of the mishna and the *tanna* of the *baraita*; there is merely a difference of how they stated their rulings. **The *tanna* of our** mishna[N] **counts** downward **from above to below.** In other words, if the fire crossed a fence **six cubits** high, the one who kindled the fire is **exempt;** if it crossed a fence **five cubits** high, he is **exempt;** and this is the *halakha* **until** the fire crosses a fence of a minimum of **four cubits** high, where the one who kindled the fire is still **exempt.** Conversely, **the *tanna* of the *baraita* counts** up **from below to above.** The meaning is that if the fire crossed a fence **two cubits** high, the one who kindled the fire is **liable;** if the fire crossed a fence **three cubits** high, he is **liable;** and this is the *halakha* **until** the fire crosses a fence of a maximum of **four cubits** high, where the one who kindled the fire is still **liable.** Accordingly, there is no contradiction between the mishna and the *baraita*.

אמר רבא: ארבע אמות שאמרו דפטור, אפילו בשדה קוצים. אמר רב פפא: ומשפת קוצים ולמעלה ארבע אמות.

§ **Rava says: When they said** in the mishna with regard to a fire crossing a fence **four cubits** high **that** the one who kindled the fire is **exempt,** this is **even in a field of thorns. Rav Pappa says: And** Rava's statement is referring to a case where the height of the fence **is four cubits** counting **from above the** upper **limit of the thorns.**

NOTES

Anyone who hands himself over, etc. – כל המוסר עצמו וכו׳: The reason the Sages do not transmit a *halakha* in the name of one who hands himself over to die for the sake of the Torah is that the laws of the Torah apply only when a person can live by them; the Torah does not require one to die in order to observe the *halakha*. The Maharsha explains that anyone who cites a *halakha* in the name of the one who said it brings redemption to the world. Those who risk their lives and rely on miracles to save them from tragedy are not worthy of having the redemption brought about by their actions.

He acted for the sake of Heaven – עבד לשם שמים: Although King David could have relied on his position as king to render his actions permitted, he chose to act for the sake of Heaven and follow the *halakha* as it would apply to any other individual.

The *tanna* of our mishna, etc. – תנא דידן וכו׳: Rashi and most early commentaries explain that the *tanna* of the mishna here is stating the minimum height for exemption, i.e., in the case of a fence that is four cubits high or more, he is exempt, but if it is lower than this, he is liable. By contrast, the *tanna* in the *baraita* is stating the maximum height for liability, i.e., he is liable if the fence is less than four cubits high, but if it is four cubits high or more he is exempt. Although the mishna and *baraita* do not employ the term: Until, they understand the phrase: That is four cubits in height, as meaning until four cubits in height; and the mishna and *baraita* differ as to whether it should be understood as: Up to and including, or: Up to but not including. Rabbeinu Yehonatan of Lunel explains similarly, but holds that if the fence is precisely four cubits high, both the mishna and the *baraita* hold that he is liable. The mishna states that if the fence is higher than four cubits, he is exempt. The *baraita* states that if the fence is four cubits or less, he is liable. According to the Ra'ah, neither *tanna* relates to a height of exactly four cubits, which is impossible to measure with precision. Rather, the mishna is stating an approximation, that if the fence is higher than four cubits, ranging down toward four cubits, the one who kindled the fire is exempt. The *baraita* is stating an approximation, that if the fence is lower than four cubits, ranging up toward four cubits, the one who kindled the fire is liable.

HALAKHA

If a fire crossed a fence – עברה גדר: If one kindles a fire on his own premises and it crosses a fence, liability is assessed based on the size of the fire, the height of the fence, and the quantity of wood and thorns in the vicinity. If the circumstances are such that the fire could be expected to cross the fence, the one who kindled it is liable, and if not, it is considered to be due to circumstances beyond his control, in accordance with the opinion of Rabbi Shimon in the next mishna (Rambam *Sefer Nezikin, Hilkhot Nizkei Mamon* 14:3; *Shulḥan Arukh, Ḥoshen Mishpat* 418:4).

אָמַר רַב: לֹא שָׁנוּ אֶלָּא בְּקוֹלַחַת, אֲבָל בְּנִכְפֶּפֶת – אֲפִילּוּ עַד מֵאָה אַמָּה חַיָּיב; וּשְׁמוּאֵל אֲמַר: מַתְנִיתִין בְּנִכְפֶּפֶת, אֲבָל בְּקוֹלַחַת – אֲפִילּוּ כָּל שֶׁהוּא פָּטוּר.

Rav says: They taught in the mishna that one is exempt from liability if the fire crosses a public thoroughfare **only in** a case where the flame **blazes high** [***bekolaḥat***].[LN] **But in** a case where the flame **blazes low** [*benikhpefet*][HN] and therefore spreads easily along the ground, the one who kindled the fire is **liable even** if the space that the fire crossed was **up to one hundred cubits. And Shmuel said: The mishna** exempts one from liability if the fire crosses a public thoroughfare **in** a case where the flame **blazes low, but in** a case where the flame **blazes high, even any** minimal gap between where the fire was kindled and where it caused damage renders the one who kindled the fire **exempt.**

תַּנְיָא כְּוָותֵיהּ דְּרַב: בַּמֶּה דְּבָרִים אֲמוּרִים – בְּקוֹלַחַת, אֲבָל בְּנִכְפֶּפֶת וְעֵצִים מְצוּיִין לָהּ – אֲפִילּוּ עַד מֵאָה מִיל חַיָּיב; עָבְרָה נָהָר אוֹ שְׁלוּלִית שֶׁהֵם רְחָבִים שְׁמוֹנֶה אַמּוֹת – פָּטוּר.

It is **taught** in a *baraita* **in accordance with** the opinion **of Rav: In what** case **is this statement said** that one is exempt if the fire crosses a public thoroughfare? It is **in** a case where the flame **blazes high. But in** a case where the flame **blazes low and there is wood** to keep **it** burning, one is **liable even** if it causes damage at a distance of **up to one hundred** ***mil***. If the fire **crossed a river or a pool** [*shelulit*][H] of water **that is eight cubits wide,** he is **exempt** from paying for the damage caused, regardless of whether the fire blazed high or low.

״דֶּרֶךְ הָרַבִּים״. מַאן תַּנָּא? אֲמַר רָבָא: רַבִּי אֱלִיעֶזֶר הִיא; דִּתְנַן, רַבִּי אֱלִיעֶזֶר אוֹמֵר: שֵׁשׁ עֶשְׂרֵה אַמּוֹת כְּדֶרֶךְ רְשׁוּת הָרַבִּים (פָּטוּר).

§ The mishna teaches: If the fire crossed **the public thoroughfare,** he is exempt. The Gemara asks: **Who is the** ***tanna*** who holds this opinion? **Rava said: It is Rabbi Eliezer, as we learned** in a mishna (61b) that **Rabbi Eliezer says:** One is liable up to a distance of **sixteen cubits, like** the width of **the public domain.** By inference, one is exempt if a fire crosses a greater distance, i.e., across a public thoroughfare.

״אוֹ נָהָר״. רַב אָמַר: נָהָר מַמָּשׁ, וּשְׁמוּאֵל אָמַר: אָרִיתָא דְּדַלָּאֵי.

The mishna teaches: **Or** if the fire crossed **a river,** he is exempt. **Rav says:** The term stream means **an actual river. And Shmuel says:** This term means **a water channel.**

מַאן דְּאָמַר נָהָר מַמָּשׁ – אַף עַל גַּב דְּלֵיכָּא מַיָּא; וּמַאן דְּאָמַר אָרִיתָא דְּדַלָּאֵי, אִי אִית בֵּיהּ מַיָּא – אִין, אֲבָל לֵית בֵּיהּ מַיָּא – לָא.

The Gemara explains their dispute: **The one who says** that it is referring to **an actual river,** Rav, deems exempt one whose fire crosses a riverbed **even when there is no water** in it, since it is sufficiently deep and wide to prevent a typical fire from crossing it. **But the one who says** that it is referring to **a water channel,** Shmuel, holds that **if** the fire crosses a water channel that **has water in it, yes,** the one who kindled the fire is exempt. **But if** the fire crosses a water channel that **does not have water in it,** he is **not** exempt.

תְּנַן הָתָם, וְאֵלּוּ מַפְסִיקִין לַפֵּאָה: הַנַּחַל, וְהַשְּׁלוּלִית, וְדֶרֶךְ הַיָּחִיד, וְדֶרֶךְ הָרַבִּים.

We learned in a mishna **elsewhere** (*Pe'a* 2:1): **And these,** the following list of features, **divide** a field **for the purpose of** ***pe'a***, i.e., it is no longer considered a single field, but instead *pe'a* must be given from each separate section: **A stream, a** ***shelulit***,[H] **a private road, and a public thoroughfare.**[H]

מַאי שְׁלוּלִית? אָמַר רַב יְהוּדָה אָמַר שְׁמוּאֵל: מָקוֹם שֶׁמֵּי גְשָׁמִים שׁוֹלְלִין שָׁם; רַב בֵּיבָי אָמַר רַבִּי יוֹחָנָן: אַמַּת הַמַּיִם שֶׁמְּחַלֶּקֶת שָׁלָל לַאֲגַפֶּיהָ.

The Gemara asks: **What is a** ***shelulit*****? Rav Yehuda says that Shmuel says:** It is **a place where rainwater gathers** [***sholelin***]. **Rav Beivai says that Rabbi Yoḥanan says:** It is **a water channel that distributes** its **spoils** [***shalal***][N] **to its banks,** since the water spreads to the adjacent cisterns.

מַאן דְּאָמַר מָקוֹם שֶׁמֵּי גְשָׁמִים שׁוֹלְלִין שָׁם, כָּל שֶׁכֵּן אַמַּת הַמַּיִם; וּמַאן דְּאָמַר אַמַּת הַמַּיִם, אֲבָל מָקוֹם שֶׁמֵּי גְשָׁמִים שׁוֹלְלִין שָׁם – לָא מַפְסְקִי, דְּהָנְהוּ

The Gemara points out that according to the **one who says** that it means **a place where rainwater gathers,** Shmuel, since gathered rainwater divides a field, **all the more so** does **a water channel,** which is both larger and permanent, divide a field. **But** according to the **one who says** that only **a water channel** divides a field, Rabbi Yoḥanan, he holds that only that divides a field, **but a place where rainwater gathers does not divide** the field, **since these**

LANGUAGE

Blazes high [*kolaḥat*] – **קוֹלַחַת:** This word has the root *kuf, lamed, ḥet*, meaning to rise in a column. The word *kole'aḥ* also refers to spouting or flowing continuously.

HALAKHA

In a case where the flame blazes high…blazes low – בְּקוֹלַחַת...נִכְפֶּפֶת: The *halakha* concerning the assessment of damages applies only to a flame that blazes upward. If it is so strong that the top of the fire bends downward in the wind and there is wood along its path, he is liable in all circumstances (Rambam *Sefer Nezikin, Hilkhot Nizkei Mamon* 14:3; *Shulḥan Arukh, Ḥoshen Mishpat* 418:5).

Crossed a river or a ***shelulit*** **– עָבְרָה נָהָר אוֹ שְׁלוּלִית:** If one kindles a fire that then crosses a stream or other body of water at least eight cubits wide, he is exempt, in accordance with the *baraita* and the opinion of Shmuel. The Rema rules, based on the opinion of the *Tur*, that one is exempt if the fire crosses a riverbed of at least eight cubits wide even if it contains no water, or an irrigation channel containing water, even less than eight cubits in width, since, in his opinion, Rav and Shmuel do not disagree on this matter (Rambam *Sefer Nezikin, Hilkhot Nizkei Mamon* 14:2; *Shulḥan Arukh, Ḥoshen Mishpat* 418:4).

A stream and a ***shelulit*** **– הַנַּחַל וְהַשְּׁלוּלִית:** If one sows his field with one type of seed, and the field is divided by a riverbed, even if it has no water, or a water channel containing water, and it is sufficiently wide such that the two parts of the field on either side cannot be harvested as one, it is considered to be two fields, and *pe'a* must be given for each separately, in accordance with the opinion of Rabbi Yoḥanan (Rambam *Sefer Zera'im, Hilkhot Mattenot Aniyyim* 3:2).

A private road and a public thoroughfare – דֶּרֶךְ הַיָּחִיד וְדֶרֶךְ הָרַבִּים: A field with a private road four cubits wide or a public thoroughfare sixteen cubits wide passing through is considered as two fields with regard to *pe'a*, which must therefore be given from each part separately (Rambam *Sefer Zera'im, Hilkhot Mattenot Aniyyim* 3:3).

NOTES

Blazes high [*kolaḥat*] – **קוֹלַחַת:** This means that the fire rises upward as it grows. An alternative version of the text, which is the version in the Jerusalem Talmud, has *kodaḥat*, meaning that the fire burns through items (cited in Rabbeinu Ḥananel).

Blazes low [*nikhpefet*] – **נִכְפֶּפֶת:** The explanation of this term depends on the meaning of the contrasting term *kolaḥat*, or *kodaḥat* according to an alternative version of the text. Some explain that it is referring to a fire remaining low due to the wind blowing it to the sides (Rashi; see Ra'avad), while others explain that it is referring to a fire that creeps along the ground, catching onto items lying in its path. The *Arukh* explains the term as referring to a fire whose flames leap from one place to another.

That distributes its spoils [*shalal*] – **שֶׁמְּחַלֶּקֶת שָׁלָל:** Rashi explains that water is distributed from there to the adjacent fields, which, as it were, takes these spoils and brings forth fruit by its means. According to *Tosafot*, it is referring to the distribution of water to the cisterns and channels nearby.

בָּאגְנֵי דְּאַרְעָא מִקְרוּ.

are simply **called pools of the land,** and are not considered significant enough to divide the field.

מתני׳ הַמַּדְלִיק בְּתוֹךְ שֶׁלּוֹ, עַד כַּמָּה תַּעֲבוֹר הַדְּלֵיקָה? רַבִּי אֶלְעָזָר בֶּן עֲזַרְיָה אוֹמֵר: רוֹאִין אוֹתוֹ כְּאִילּוּ הוּא בְּאֶמְצַע בֵּית כּוֹר. רַבִּי אֱלִיעֶזֶר אוֹמֵר: שֵׁשׁ עֶשְׂרֵה אַמּוֹת כְּדֶרֶךְ רְשׁוּת הָרַבִּים. רַבִּי עֲקִיבָא אוֹמֵר: חֲמִשִּׁים אַמָּה. רַבִּי שִׁמְעוֹן אוֹמֵר: ״שַׁלֵּם יְשַׁלֵּם הַמַּבְעִר אֶת הַבְּעֵרָה״ – הַכֹּל לְפִי הַדְּלֵיקָה.

MISHNA In a case of **one who kindles** a fire **on his own premises,**[N] **up to what** distance **may the fire travel** within his property for him to still bear liability for damage caused? **Rabbi Elazar ben Azaria says:** The court **views** his location where he kindled the fire **as if it were in the center of a** ***beit kor*.**[B] Therefore, if the fire spreads and causes damage farther away than half a *beit kor*, the one who kindled the fire is exempt, since he could not anticipate that the fire would spread so far. **Rabbi Eliezer says:** One is liable up to a distance of **sixteen cubits, like** the width of **a public thoroughfare. Rabbi Akiva says:** One is liable up to a distance of **fifty cubits. Rabbi Shimon says:** The verse states: **"The one who kindled the fire shall pay** [***shallem yeshallem***] **compensation"** (Exodus 22:5), to teach that **everything is according to the fire.**[N]

גמ׳ וְלֵית לֵיהּ לְרַבִּי שִׁמְעוֹן שִׁיעוּרָא בִּדְלֵיקָה?

GEMARA Rabbi Shimon appears to hold that there is no maximum distance which would exempt one from liability for the spreading of a fire. The Gemara asks: **But isn't Rabbi Shimon** of the opinion that there is a maximum **limit** concerning liability **for a fire,** beyond which one is exempt?

וְהָתְנַן: לֹא יַעֲמִיד אָדָם תַּנּוּר בְּתוֹךְ הַבַּיִת אֶלָּא אִם כֵּן יֵשׁ עַל גַּבּוֹ גּוֹבַהּ דְּאַרְבַּע אַמּוֹת, הָיָה מַעֲמִידוֹ בַּעֲלִיָּיה – עַד שֶׁיְּהֵא תַּחְתָּיו מַעֲזִיבָה שְׁלֹשָׁה טְפָחִים, וּבְכִירָה – טֶפַח, וְאִם הִזִּיק – מְשַׁלֵּם מַה שֶּׁהִזִּיק;

But didn't we learn in a mishna (*Bava Batra* 20b): **A person may not stand an oven**[NH] **inside the house unless there is a height of four cubits** to the ceiling **above it,** out of concern that the ceiling might catch fire. Similarly, if **he stood it in the attic,** he should not do so **unless there is plaster** [***ma'aziva***][L] **underneath it,** above the ceiling of the floor below, **three handbreadths** in thickness, out of concern that the floor might catch fire. **And in the** case of a **stove,**[B] which is smaller and does not reach temperatures as high as those of an oven, a thickness of one **handbreadth** is sufficient. **And** even though he may place his oven or stove in this manner, **if** the fire from the oven or stove **causes damage,**[H] **he must pay** for **what it damaged.**

רַבִּי שִׁמְעוֹן אוֹמֵר: לֹא נֶאֶמְרוּ שִׁיעוּרִין הַלָּלוּ אֶלָּא שֶׁאִם הִזִּיק – פָּטוּר מִלְּשַׁלֵּם!

The mishna continues: **Rabbi Shimon says: These measurements were stated only** to teach **that if** the fire from the oven or stove **causes damage** after the owner takes these precautions, he is **exempt from paying** compensation. Evidently, Rabbi Shimon does have a maximum distance beyond which one is not liable for fire.

NOTES

One who kindles a fire on his own premises – הַמַּדְלִיק בְּתוֹךְ שֶׁלּוֹ: The Rashba writes that the mishna is formulated in this way, as though it were beginning a new subject and not a continuation of the previous mishna, so that one should apply the principle that in an instance of an unattributed ruling followed in a different mishna by a dispute, the *halakha* is not in accordance with the unattributed mishna but rather is decided from among the dissenting opinions, as inferred earlier in the Gemara on 61a. Similarly, the Meiri writes that the mishna here disagrees with the previous one. The Meiri cites an alternative explanation in the name of his teachers, that the ruling of the previous mishna requiring a fence is speaking specifically of a case where one kindles a fire on his neighbor's property. Where he kindles it on his own property, the distance stated in this mishna is sufficient, and a fence is not required.

Everything is according to the fire – הַכֹּל לְפִי הַדְּלֵיקָה: The initial understanding of Rabbi Shimon's wording is that one is liable for damage caused by the fire in all events, since he cites the verse using the doubled emphatic form: "He shall pay [*shallem yeshallem*]," leading the Gemara subsequently to question such an opinion.

A person may not stand an oven, etc. – לֹא יַעֲמִיד אָדָם תַּנּוּר וכו׳: Rashi explains that the town's inhabitants may prevent him from building an oven in a manner that carries a risk of fire out of concern that the potential fire will spread to other houses in the city. *Tosafot* raise the possibility that it is specifically the occupant of the apartment above or below who may prevent him from doing so, but ultimately they concur with Rashi's explanation.

LANGUAGE

Plaster [*ma'aziva*] – מַעֲזִיבָה: The word *ma'aziva* usually refers to the material in the upper part of a roof used to block the holes in the original roofing and seal it from the rain. In the days of the Talmud *ma'aziva* was made of fine reeds and mud.

BACKGROUND

Beit kor – בֵּית כּוֹר: A *beit kor* is an area of land that can produce one *kor*, or thirty *se'a*, of grain. The amount of land required for one *se'a* of grain is 2,500 square cubits, 50 × 50. A *beit kor* is therefore an area of 75,000 square cubits. This is an area of approximately 136 × 136 m. Consequently, according to Rabbi Elazar ben Azaria's opinion, one is liable for damage caused by fire up to approximately 68 m from the place where he started the conflagration, whereas according to Rabbi Akiva's opinion he is liable up to approximately 25 m, and according to Rabbi Eliezer's opinion up to approximately 8 m.

Oven and stove – תַּנּוּר וְכִירָה: The ovens that were used in homes were generally large clay vessels similar in form to a very large jug, and were principally used to bake bread. The oven required a significant amount of heat and therefore a large fire was kindled inside it. The stove was also an oven made from clay, yet it was smaller and had two holes on top on which two cooking vessels could be placed. The stove usually had just enough room to hold two pots and had a smaller fire burning inside it.

HALAKHA

A person may not stand an oven, etc. – לֹא יַעֲמִיד אָדָם תַּנּוּר וכו׳: If a house and an attic belong to two separate people, the owner of the house may not place an oven anywhere unless there are four cubits above it, nor may the owner of the attic place an oven on the floor unless there is a layer of plaster three handbreadths thick below. Similarly, one may not place a stove anywhere unless there is a layer of plaster one handbreadth underneath it if it is in the attic, or four cubits above it if it is on the lower floor (Rambam *Sefer Kinyan*, *Hilkhot Shekhenim* 9:11; *Shulḥan Arukh*, *Ḥoshen Mishpat* 155:1, and see *Sma* there).

And if the fire causes damage – וְאִם הִזִּיק: Even if one positions an oven or stove according to the above requirements, if damage nevertheless results, he is liable to pay, in accordance with the unattributed mishna and against the opinion of Rabbi Shimon. Although the *halakha* is in accordance with the opinion of Rabbi Shimon with regard to the case of a fire stated in this mishna, a distinction may be drawn between a onetime and unexpected occurrence, and one involving known danger (Rambam *Sefer Kinyan*, *Hilkhot Shekhenim* 9:11; *Shulḥan Arukh*, *Ḥoshen Mishpat* 155:1).

אָמַר רַב נַחְמָן אָמַר רַבָּה בַּר אֲבוּהּ: הַכֹּל לְפִי גּוֹבַהּ הַדְּלֵיקָה.

Rav Naḥman says that **Rabba bar Avuh says:** This is how Rabbi Shimon's statement in the mishna should be understood: **Everything is according to the height of the fire**[NH] he initially kindled. If it was a small fire he is not liable to pay for damage caused by it if it traveled far, whereas if he started a large fire, he is liable even if it traveled a great distance.

אָמַר רַב יוֹסֵף אָמַר רַב יְהוּדָה אָמַר שְׁמוּאֵל: הֲלָכָה כְּרַבִּי שִׁמְעוֹן. וְכֵן אָמַר רַב נַחְמָן אָמַר שְׁמוּאֵל: הֲלָכָה כְּרַבִּי שִׁמְעוֹן.

Rav Yosef says that **Rav Yehuda says** that **Shmuel says:** The ***halakha*** **is in accordance with** the opinion of **Rabbi Shimon. And so Rav Naḥman says** that **Shmuel says:** The ***halakha*** **is in accordance with** the opinion of **Rabbi Shimon.**

מתני׳ הַמַּדְלִיק אֶת הַגָּדִישׁ וְהָיוּ בּוֹ כֵּלִים וְדָלְקוּ, רַבִּי יְהוּדָה אוֹמֵר: מְשַׁלֵּם מַה שֶּׁבְּתוֹכוֹ, וַחֲכָמִים אוֹמְרִים: אֵינוֹ מְשַׁלֵּם אֶלָּא גָּדִישׁ שֶׁל חִטִּין אוֹ שֶׁל שְׂעוֹרִין.

MISHNA With regard to **one who kindles a stack** of wheat or barley **and there were vessels** concealed **inside** the stack **and they** caught fire and **burned** together with the stack, **Rabbi Yehuda says:** The one who kindled the fire also **pays** compensation **for what was inside** the stack, **but the Rabbis say: He pays** compensation **only for the stack of wheat or barley,** as the case may be, and he is not responsible for that which was concealed within it.

הָיָה גְּדִי כָּפוּת לוֹ וְעֶבֶד סָמוּךְ לוֹ וְנִשְׂרַף עִמּוֹ – חַיָּיב, עֶבֶד כָּפוּת לוֹ וּגְדִי סָמוּךְ לוֹ וְנִשְׂרַף עִמּוֹ – פָּטוּר.

If **there was a goat tied to** the stack of grain,[H] **and** there was a Canaanite **slave nearby** who was not tied to it, **and** both the goat and the slave **were burned** together **with** the stack and killed, the one who kindled the fire is **liable** to pay compensation for both. Conversely, if the **slave was tied** to the stack **and** there was a **goat nearby** that was not tied to it, **and** they were both **burned together with it,** the one who kindled the fire is **exempt**[B] from payment for damage because he is liable to receive capital punishment for murder, and he is punished only for the greater transgression.

וּמוֹדִים חֲכָמִים לְרַבִּי יְהוּדָה בְּמַדְלִיק אֶת הַבִּירָה, שֶׁהוּא מְשַׁלֵּם כָּל מַה שֶּׁבְּתוֹכָהּ, שֶׁכֵּן דֶּרֶךְ בְּנֵי אָדָם לְהַנִּיחַ בַּבָּתִּים.

And the Rabbis, who disagree with Rabbi Yehuda and exempt one from payment for vessels concealed inside the stack in the field, **concede to Rabbi Yehuda** that if one **sets fire to a building,**[H] he **pays** compensation **for everything** that was burned **inside it, since it is the** normal **way of people to place** items **in houses.**

גמ׳ אָמַר רַב כָּהֲנָא: מַחֲלוֹקֶת – בְּמַדְלִיק בְּתוֹךְ שֶׁלּוֹ וְהָלְכָה וְאָכְלָה בְּתוֹךְ שֶׁל חֲבֵירוֹ, דְּרַבִּי יְהוּדָה מְחַיֵּיב אַנִּזְקֵי טָמוּן בָּאֵשׁ, וְרַבָּנַן פָּטְרִי. אֲבָל בְּמַדְלִיק בְּתוֹךְ שֶׁל חֲבֵירוֹ – דִּבְרֵי הַכֹּל מְשַׁלֵּם כָּל מַה שֶּׁבְּתוֹכוֹ.

GEMARA Rav Kahana says: This **dispute** between the Rabbis and Rabbi Yehuda concerning vessels concealed in a stack is referring specifically to a case **where one kindled** a fire **on his own** premises **and** the fire **spread and consumed** the stack **on another's** property. In that case, **Rabbi Yehuda deems** the one who kindled the fire **liable for damage to concealed** articles damaged by **a fire,**[H] **but the Rabbis exempt** him. **But in** a case of one who **kindles** a fire **on another's** premises,[H] **all agree** that **he pays** compensation for **everything that is** contained **within it.**

אֲמַר לֵיהּ רָבָא: אִי הָכִי, אַדְּתָנֵי סֵיפָא: מוֹדִים חֲכָמִים לְרַבִּי יְהוּדָה בְּמַדְלִיק אֶת הַבִּירָה שֶׁמְּשַׁלֵּם כָּל מַה שֶּׁבְּתוֹכָהּ, שֶׁכֵּן דֶּרֶךְ בְּנֵי אָדָם לְהַנִּיחַ בַּבָּתִּים – לִפְלוֹג וְלִיתְנֵי בְּדִידַהּ: בַּמֶּה דְּבָרִים אֲמוּרִים – בְּמַדְלִיק בְּתוֹךְ שֶׁלּוֹ וְהָלְכָה וְאָכְלָה בְּתוֹךְ שֶׁל חֲבֵירוֹ, אֲבָל מַדְלִיק בְּתוֹךְ שֶׁל חֲבֵירוֹ – דִּבְרֵי הַכֹּל מְשַׁלֵּם כָּל מַה שֶּׁהָיָה בְּתוֹכוֹ!

Rava said to him: If so, that the Rabbis concede to Rabbi Yehuda in the case of one who kindles the fire on the premises of another, then **rather than teaching the latter clause** that states: **The Rabbis concede to Rabbi Yehuda** that if one **sets fire to a building he pays** compensation **for everything** that was burned **inside it, since it is the** normal **way of people to place** items **in houses, let** the *tanna* instead **distinguish and teach** the concession of the Rabbis **in** the context of **the same** case of one setting fire to a stack: **In what case is this statement said?** It is said in a case **where he kindled the fire on his own** premises **and it spread and consumed** a stack on the premises of **another. But if he kindled** the fire **on** property belonging to **another, all agree that he pays** compensation **for everything that was contained within it.** Since the mishna is not worded in this manner, it seems that this is not the opinion of the Rabbis.

NOTES

Everything is according to the height of the fire – הַכֹּל לְפִי גּוֹבַהּ הַדְּלֵיקָה: Even according to Rabbi Shimon's opinion that in the case of a larger fire one is liable to pay for damage caused at a greater distance, some say that if there were a river or water channel between the fire and the damaged area one would not be liable (*Ḥoshen Mishpat* 418:4 in *Beur HaGra*). Others maintain that since Rabbi Shimon did not mention distance, one would be liable for damage caused by a large fire even if it crossed a river or water channel.

HALAKHA

Everything is according to the height of the fire – הַכֹּל לְפִי גּוֹבַהּ הַדְּלֵיקָה: If one kindles a fire on his premises, he must ensure that it is at a sufficient distance from his neighbor's field that it is not expected to spread. If the assessment is that the fire cannot spread, even if it ultimately does cross and cause damage, he is exempt, in accordance with the opinion of Rabbi Shimon, as adjudicated by the *amora'im* in the Gemara. The Rema writes, citing the *Tur*, that this applies only concerning one who kindles the fire on his own premises. If he kindles it on his neighbor's property, he is liable in all cases (Rambam *Sefer Nezikin, Hilkhot Nizkei Mamon* 14:2–3; *Shulḥan Arukh, Ḥoshen Mishpat* 418:2–4).

If there was a goat tied to the stack of grain, etc. – הָיָה גְּדִי כָּפוּת לוֹ וכו׳: If one kindles a fire in his neighbor's field and it burns a stack of grain, and there was a goat tied to it or an unbound slave nearby and they are burned along with the stack, he is liable to pay compensation. If there was a slave tied to it and a goat nearby, he is exempt from paying compensation (Rambam *Sefer Nezikin, Hilkhot Nizkei Mamon* 14:10).

That if one sets fire to a building – בְּמַדְלִיק אֶת הַבִּירָה: If one sets fire to a house, he is liable to pay for all items that people usually keep in their house (Rambam *Sefer Nezikin, Hilkhot Nizkei Mamon* 14:12; *Shulḥan Arukh, Ḥoshen Mishpat* 418:13).

Concealed articles damaged by a fire – טָמוּן בָּאֵשׁ: If one kindles a fire on his own premises and it spreads and burns down a stack of grain belonging to his neighbor, he is liable to pay for the stack but not for items concealed inside it, even items that are usually found in a stack, e.g., harnesses for cattle. Therefore, he pays as though it were a solid stack of grain, in accordance with the opinion of the Rabbis (Rambam *Sefer Nezikin, Hilkhot Nizkei Mamon* 14:9; *Shulḥan Arukh, Ḥoshen Mishpat* 418:13).

In a case of one who kindles a fire on another's premises – בְּמַדְלִיק בְּתוֹךְ שֶׁל חֲבֵירוֹ: If one kindles a fire on his neighbor's property and it causes damage to stacks with items concealed inside, he is also liable to pay for concealed items that people typically conceal there, in accordance with the opinion of the Rabbis as explained by Rava (Rambam *Sefer Nezikin, Hilkhot Nizkei Mamon* 14:8; *Shulḥan Arukh, Ḥoshen Mishpat* 418:13).

BACKGROUND

If the slave was tied…he is exempt – עֶבֶד כָּפוּת...פָּטוּר: This is a principle with regard to legal penalties. One who committed two or more transgressions with a single act is exempt from punishment for the less severe transgression. Consequently, one who committed an act warranting the death penalty and the payment of monetary compensation receives only the more severe penalty, i.e., the death penalty, and is exempt from the monetary payment. Even if he does not actually receive the death penalty, he remains exempt from the monetary payment.

אֶלָּא אָמַר רָבָא: בִּתְרָתֵי פְּלִיגִי, פְּלִיגִי בְּמַדְלִיק בְּתוֹךְ שֶׁלּוֹ וְהָלְכָה וְאָכְלָה בְּתוֹךְ שֶׁל חֲבֵירוֹ, דְּרַבִּי יְהוּדָה מְחַיֵּיב אַטְמוֹן בָּאֵשׁ, וְרַבָּנַן סָבְרִי: לָא מְחַיֵּיב; וּפְלִיגִי נַמִּי בְּמַדְלִיק בְּשֶׁל חֲבֵירוֹ, דְּרַבִּי יְהוּדָה סָבַר: מְשַׁלֵּם כׇּל מַה שֶּׁבְּתוֹכוֹ וַאֲפִילּוּ אַרְנְקִי, וְרַבָּנַן סָבְרִי: כֵּלִים שֶׁדַּרְכָּן לְהַטְמִין בַּגָּדִישׁ, כְּגוֹן מוֹרִיגִין וּכְלֵי בָקָר - הוּא דִּמְשַׁלֵּם, כֵּלִים שֶׁאֵין דַּרְכָּן לְהַטְמִין בַּגָּדִישׁ - לָא מְשַׁלֵּם.

Rather, Rava said that the Rabbis and Rabbi Yehuda **disagree with regard to two issues:**[N] **They disagree** with regard to the case of one who **kindles a fire on his own** premises **and** it then **spreads and consumes** a stack **on** property belonging to **another, as Rabbi Yehuda deems** him **liable** even **for a concealed** article damaged by **a fire, but the Rabbis hold** that he is **not liable. And they disagree also** in the case of one **who kindles a fire on** premises belonging to **another, as Rabbi Yehuda holds** that he must **pay** compensation **for everything within it, even a purse** of money if it was concealed within the stack, **but the Rabbis hold** that it is only for **vessels that are typically concealed inside a stack, such as threshing tools or yokes for cattle, that he must pay** compensation, but for **vessels** or other items **that are not typically**[N] **concealed inside a stack** he is **not** liable to **pay** compensation.

תָּנוּ רַבָּנַן: הַמַּדְלִיק אֶת הַגָּדִישׁ וְהָיוּ בּוֹ כֵּלִים וְדָלְקוּ, רַבִּי יְהוּדָה אוֹמֵר: מְשַׁלֵּם כׇּל מַה שֶּׁהָיָה בְּתוֹכוֹ, וַחֲכָמִים אוֹמְרִים: אֵינוֹ מְשַׁלֵּם אֶלָּא גָּדִישׁ שֶׁל חִטִּין אוֹ גָּדִישׁ שֶׁל שְׂעוֹרִין, וְרוֹאִין מְקוֹם כֵּלִים כְּאִילּוּ הוּא מָלֵא תְּבוּאָה.

The Sages taught: With regard to one **who kindles a stack and there were vessels inside it** that were **burned, Rabbi Yehuda says:** The one who kindled the fire **pays** compensation **for everything that was inside it, but the Rabbis say: He pays** compensation only for the value of **a stack of wheat or a stack of barley,** and he does not pay compensation for the vessels. **And** the court **views the place** where **the vessels** were **as if it were filled with grain,** and calculates the amount of compensation accordingly.

NOTES

The Rabbis and Rabbi Yehuda disagree with regard to two issues – בִּתְרָתֵי פְּלִיגִי: Rava explains that in a case where one starts a fire on his own premises, the Rabbis entirely reject Rabbi Yehuda's opinion and deem one exempt from liability for damage to any concealed items, whereas if the fire was started on one's neighbor's property, the Rabbis deem one exempt from liability only for items not usually concealed there, but for other items, they agree that he is liable. Therefore, in the case of the house, he is liable for everything in it even according to the opinion of the Rabbis, since it is commonplace for people to leave all types of items in their house. Rabbi Yehuda, by contrast, deems one liable for causing damage to all items, even those not usually concealed there, in both cases.

Vessels that are not typically, etc. – כֵּלִים שֶׁאֵין דַּרְכָּן וכו׳: *Tosafot* note that there is no specific exemption in the Torah for concealed items in cases where the fire is started on one's neighbor's property. Still, they write that even according to the opinion of the Rabbis, since such cases are not included in the verse beginning: "When a fire breaks out" (Exodus 22:5), it nevertheless stands to reason that one should not be held liable for items that he could not have anticipated would be there.

Perek **VI**
Daf **62** Amud **a**

בַּמֶּה דְּבָרִים אֲמוּרִים - בְּמַדְלִיק בְּתוֹךְ שֶׁלּוֹ וְהָלְכָה וְדָלְקָה בְּתוֹךְ שֶׁל חֲבֵירוֹ. אֲבָל מַדְלִיק בְּתוֹךְ שֶׁל חֲבֵירוֹ - דִּבְרֵי הַכֹּל מְשַׁלֵּם כׇּל מַה שֶּׁהָיָה בְּתוֹכוֹ.

In what case **is this statement said?** It is in a case where one **kindled** a fire **on his** premises **and** the fire **spread and burned** items **in** premises belonging to **another. But** with regard to one who **kindles** a fire **on** premises belonging to **another** that destroys a stack of wheat, **all agree** that **he pays** compensation for **everything that was inside** the stack.[N]

וּמוֹדֶה רַבִּי יְהוּדָה לַחֲכָמִים בְּמַשְׁאִיל מָקוֹם לַחֲבֵירוֹ לְהַגְדִּישׁ גָּדִישׁ, וְהִגְדִּישׁ וְהִטְמִין - שֶׁאֵין מְשַׁלֵּם אֶלָּא דְּמֵי גָדִישׁ בִּלְבַד; לְהַגְדִּישׁ חִטִּין וְהִגְדִּישׁ שְׂעוֹרִין, שְׂעוֹרִין וְהִגְדִּישׁ חִטִּין, חִטִּין וְחִיפָּן בִּשְׂעוֹרִין, שְׂעוֹרִין וְחִיפָּן בְּחִטִּים - שֶׁאֵינוֹ מְשַׁלֵּם אֶלָּא דְּמֵי שְׂעוֹרִין בִּלְבַד.

And Rabbi Yehuda concedes to the Rabbis that in a case where one **lends space to another** in his field **to stack grain,**[H] and this person **stacked** grain in the field **and concealed** items inside the stack, if the owner of the field causes the stack to be burned down, **he pays compensation for the stack alone,** since the other person did not have permission to conceal items inside his stack. Similarly, if one received permission **to stack wheat** in the field of another **and he stacked barley;**[HN] or conversely, if he received permission to stack **barley and he stacked wheat;** or similarly, if he stacked **wheat and covered** the stack **with barley,** or stacked **barley and covered** the stack **with wheat,**[N] in all these cases, Rabbi Yehuda concedes **that he pays compensation for** the **barley alone,**[N] which is less than the value of wheat.

HALAKHA

Where one lends space…to stack grain – בְּמַשְׁאִיל מָקוֹם...לְהַגְדִּישׁ גָּדִישׁ: In a case where one lends an area to another for stacking grain, and the latter conceals items inside the grain, if the owner kindles a fire and it burns down the stack, he is liable to pay only the value of the stack (Rambam *Sefer Nezikin*, *Hilkhot Nizkei Mamon* 14:11; *Shulḥan Arukh*, *Ḥoshen Mishpat* 418:14).

To stack wheat and he stacked barley – לְהַגְדִּישׁ חִטִּין וְהִגְדִּישׁ שְׂעוֹרִין: If one lends an area to another for stacking wheat but the other person stacked barley, or vice versa, or he stacked wheat and covered it with barley, or vice versa, the owner of the field is liable only for the value of a stack of barley (Rambam *Sefer Nezikin*, *Hilkhot Nizkei Mamon* 14:11; *Shulḥan Arukh*, *Ḥoshen Mishpat* 418:15).

NOTES

He pays for everything that was inside the stack – מְשַׁלֵּם כׇּל מַה שֶּׁהָיָה בְּתוֹכוֹ: It appears that according to Rava's opinion, the wording here is not precise, since in his opinion, the Rabbis do not agree that one pays for literally any item but rather for those items that he usually keeps there (Rashi; Rashba; see *Tosafot*).

To stack wheat and he stacked barley – לְהַגְדִּישׁ חִטִּין וְהִגְדִּישׁ שְׂעוֹרִין: Rabbeinu Yehonatan of Lunel explains that this case also concerns items concealed in the stack and teaches that, despite having given permission to stack wheat, the perpetrator of the damage is required to pay only the value of barley even for those spaces occupied by the concealed items.

Barley and covered the stack with wheat – שְׂעוֹרִין וְחִיפָּן בְּחִטִּים: Rabbeinu Yehonatan of Lunel explains that one is not required to pay for the wheat because he did not undertake its safeguarding, even though most of the stack was barley, as agreed upon. According to the Meiri, since the wheat is visible, he is liable to pay for it in addition to the barley inside.

He pays compensation for barley alone – אֵינוֹ מְשַׁלֵּם אֶלָּא דְּמֵי שְׂעוֹרִין בִּלְבַד: *Tosafot* explain that the reason is that since he started the fire on his own premises, and it burned only there, he is liable only for that for which he accepted responsibility. Rashi adds that it is not referring to a case where he intentionally burned the stack, where he would clearly be liable, as in the case of the gold dinar mentioned later, but rather to a situation where he was simply unable to control the fire.

אָמַר רָבָא: הַנּוֹתֵן דִּינַר זָהָב לְאִשָּׁה, וְאָמַר לָהּ ״הִזָּהֲרִי בּוֹ, שֶׁל כֶּסֶף הוּא״, הִזִּיקַתּוּ – מְשַׁלֶּמֶת דִּינַר זָהָב, מִשּׁוּם דְּאָמַר לָהּ: מַאי הֲוָה לִיךְ גַּבֵּיהּ דְּאַזֵּקְתֵּיהּ; פָּשְׁעָה בּוֹ – מְשַׁלֶּמֶת שֶׁל כֶּסֶף, דְּאָמְרָה לֵיהּ: נְטִירוּתָא דְּכַסְפָּא קַבִּילִי עֲלַי, נְטִירוּתָא דְּדַהֲבָא לָא קַבִּילִי עֲלַי.

§ **Rava says:** With regard to **one who gives a gold dinar**[H] **to a woman**[N] for safekeeping **and says to her: Be careful with this** dinar because **it is** made of **silver,** if **she** herself **damaged** the dinar, **she must pay** compensation for the value of **a gold dinar.** This is **because he** can **say to her: What** business **did you have damaging it? If she was negligent** and it was lost or stolen, **she pays** as compensation only the value of a **silver** dinar, **since she** can **say to him: I undertook to safeguard only a silver** dinar, **but I did not undertake to safeguard a gold** dinar.

אֲמַר לֵיהּ רַב מָרְדְּכַי לְרַב אַשִׁי: אַתּוּן בִּדְרָבָא מַתְנִיתוּ לָהּ, אֲנַן מִמַּתְנִיתָא פְּשִׁיטָא לָן: חִטִּין וְחִיפָּן בִּשְׂעוֹרִין, שְׂעוֹרִין וְחִיפָּן בְּחִטִּין – אֵינוֹ מְשַׁלֵּם אֶלָּא דְּמֵי שְׂעוֹרִין בִּלְבַד; אַלְמָא אָמַר לֵיהּ: נְטִירוּתָא דִּשְׂעָרֵי קַבִּילִי עֲלַי; הָכָא נַמִי אָמְרָה לֵיהּ: נְטִירוּתָא דְּדַהֲבָא לָא קַבִּילִי עֲלַי.

Rav Mordekhai said to Rav Ashi: You teach this *halakha* as a statement **of Rava,** but **for us** this *halakha* **is obvious from the** *baraita* that taught: If one stacked **wheat and covered** the stack **with barley,** or stacked **barley and covered** the stack **with wheat,** the one responsible for the fire **pays compensation for the barley alone. Evidently,** the one who kindled the fire can **say to** the owner of the stack: **I undertook to safeguard** a stack of **barley** but not a stack of wheat. **Here too,** in the case of a golden dinar presented as a silver dinar, **the woman can say to him: I did not undertake to safeguard a gold** dinar.

אֲמַר רַב: שְׁמַעִית מִילְּתָא לְרַבִּי יְהוּדָה, וְלָא יָדַעְנָא מַאי הִיא. אֲמַר שְׁמוּאֵל: וְלָא יָדַע אַבָּא מַאי שְׁמִיעַ לֵיהּ? לְרַבִּי יְהוּדָה דִּמְחַיֵּיב עַל נִזְקֵי טָמוּן בָּאֵשׁ, עָשׂוּ תַּקָּנַת נִגְזָל בְּאִשּׁוֹ.

§ **Rav said: I heard** a halakhic **matter** in connection **with Rabbi Yehuda's** opinion in the mishna **but I do not know what it is. Shmuel said: And does Abba,** which was Rav's name, **really not know what he heard?** This is the statement that he heard: **According to** the opinion of **Rabbi Yehuda, who deems** one **liable**[N] **for concealed** articles damaged by **a fire,** the Sages **applied the ordinance of a robbery victim**[HN] **to** one whose concealed items are damaged by **his fire.**[H] Just as the Sages instituted an ordinance that a robbery victim can take an oath as to what was stolen from him and the robber must repay him accordingly, similarly, according to Rabbi Yehuda the owner of the stack can take an oath that certain items were inside the stack, and the one responsible for the fire must pay compensation for them.

בָּעֵי אַמֵימָר: עָשׂוּ תַּקָּנַת נִגְזָל בְּמָסוֹר אוֹ לָא? אַלִּיבָּא דְּמַאן דְּאָמַר לָא דָּיְינִינַן דִּינָא דְּגַרְמֵי – לָא תִּבָּעֵי לָךְ, דְּמָסוֹרוֹת נַמִי לָא דָּיְינִינַן.

Ameimar asks: Did **they apply** this **ordinance of a robbery victim in** the case of an **informer**[H] who causes another person's property to be confiscated by the gentile authorities, **or not?** The question is clarified: **According to** the opinion of **the one who says that we do not judge** cases of **liability** for damage caused by **indirect** action,[H] **do not ask** the question, as according to that opinion **we also do not judge** cases of liability for **informers** who cause indirect damage.

אֶלָּא כִּי תִּבָּעֵי לָךְ – אַלִּיבָּא דְּמַאן דַּאֲמַר דָּיְינִינַן דִּינָא דְּגַרְמֵי, עָשׂוּ תַּקָּנַת נִגְזָל בְּמָסוֹר, דְּמִשְׁתַּבַּע וְשָׁקֵיל, אוֹ לָא? תֵּיקוּ.

Rather, when you ask this question, **it is in accordance with** the opinion of **the one who said** that **we judge** cases of **liability** for damage caused by **indirect** action, and the question is: Did the Sages **apply the ordinance of a robbery victim to** one whose items were taken due to an **informer,** meaning **that** the victim **can take an oath** to support his claim with regard to what was taken **and take** this amount in compensation, **or not?** No conclusion was reached about this, and the dilemma **shall stand** unresolved.

HALAKHA

One who gives a gold dinar, etc. – הַנּוֹתֵן דִּינַר זָהָב וכו׳: In a case where one gives another a gold coin for safekeeping and says to him: Be careful with it since it is a silver dinar, if the latter is negligent and loses it, he is required to pay only the value of a silver dinar. If he himself directly brings about its loss, he must pay the value of a gold dinar (*Shulḥan Arukh, Ḥoshen Mishpat* 291:4).

The ordinance of a robbery victim – תַּקָּנַת נִגְזָל: The Sages instituted an ordinance that a robbery victim can take an oath as to what was stolen, after which the thief must pay him according to the claim. This applies when there are witnesses to the robbery itself (Rambam *Sefer Nezikin, Hilkhot Gezeila VaAveda* 4:1; *Shulḥan Arukh, Ḥoshen Mishpat* 90:1).

The ordinance of a robbery victim to concealed items damaged by his fire – תַּקָּנַת נִגְזָל בְּאִשּׁוֹ: The Sages instituted an ordinance that one whose house was damaged by a fire kindled by another can take an oath, while holding a sacred object, with regard to what was contained in the house, and he may subsequently collect the value of the destroyed items from the perpetrator of the damage (Rambam *Sefer Nezikin, Hilkhot Nizkei Mamon* 14:12; *Shulḥan Arukh, Ḥoshen Mishpat* 418:13).

This ordinance of a robbery victim in the case of an informer – תַּקָּנַת נִגְזָל בְּמָסוֹר: If witnesses testified that one informed against another, whether by free will or under coercion, causing the latter's property to be confiscated, and the injured party claims a given sum of damages, and the informer denies the claim, the court cannot compel the informer to pay that sum without clear evidence. But if the claimant seized the property he claims from the informer, he cannot be compelled to return it; rather, he takes an oath of inducement that he did not seize any more than was his by right. Since the question in the Gemara is left unresolved, it is treated as an uncertain matter of monetary law. According to the Rema, some hold that seizure has no halakhic force in such a case. The *Shulḥan Arukh* writes, citing Rabbeinu Tam: Some say that if the informer says that he does not know what loss he induced his counterpart, the informer's victim may take an oath and collect (Rambam *Sefer Nezikin, Hilkhot Ḥovel UMazik* 8:7–8; *Shulḥan Arukh, Ḥoshen Mishpat* 388:7).

Liability for damage caused by indirect action – דִּינָא דְּגַרְמֵי: The accepted ruling with regard to damage caused by indirect action is in accordance with the opinion of Rabbi Meir. Therefore, one who causes indirect damage to another is liable to pay. The Rema writes that this is specifically with regard to a case where the person himself causes the damage, but not where the damage is caused by his animal (Rambam *Sefer Nezikin, Hilkhot Ḥovel UMazik* 7:7; *Shulḥan Arukh, Ḥoshen Mishpat* 386:1).

NOTES

A gold dinar to a woman – דִּינַר זָהָב לְאִשָּׁה: Rabbeinu Barukh writes that the reason that the case concerns a woman specifically is that in talmudic times, most men were experienced in trade and commerce and would be able to distinguish between the two types of coins. Most women, by contrast, were not experienced in these matters, and might not have known the difference.

According to Rabbi Yehuda who deems one liable, etc. – לְרַבִּי יְהוּדָה דִּמְחַיֵּיב וכו׳: *Tosafot* note that in reality, this could have been said also according to the opinion of the Rabbis, since they also hold one liable for damage to items inside a house. They explain that the opinion of Rabbi Yehuda was singled out since he holds one liable even for items not usually there, e.g., a purse in a stack. Therefore, the question arises as to whether, even in that case, the ordinance concerning robbery victims applies. Some early commentaries infer from this discussion that the *halakha* is ruled in accordance with Rabbi Yehuda's opinion (see Rabbeinu Ḥananel), whereas others prove that this does not appear to be the case from the continuation of the discussion (see Rif).

The ordinance of a robbery victim – תַּקָּנַת נִגְזָל: According to Torah law, oaths are usually taken by a defendant in order to absolve himself of a certain monetary claim. Nevertheless, in certain cases, the Sages instituted an ordinance that the plaintiff can take an oath and collect payment, e.g., in the case of a worker who claims he has not received his wages. Similarly here, the Sages instituted an ordinance that one who has clear evidence that another stole from him but cannot prove what was stolen can take an oath with regard to what was taken and the robber must compensate him for that amount. Therefore, the discussion here revolves around the question whether this ordinance relates specifically to the case of a robbery victim, as a deterrent, or whether it includes all cases where one suffers damage or a loss, the extent of which cannot be proven.

הַהוּא גַּבְרָא דִּבְטַשׁ בְּכַסְפְּתָא דְּחַבְרֵיהּ, שַׁדְיֵיהּ בְּנַהֲרָא. אֲתָא מָרֵיהּ וַאֲמַר: הָכִי וְהָכִי הֲוָה לִי בְּגַוָּהּ; יָתֵיב רַב אַשִׁי וְקָא מְעַיֵּין בֵּיהּ, כִּי הַאי גַּוְונָא מַאי?

An incident was related about **a certain man who kicked a safe**[B] **belonging to another,**[H] **sending it flying into the river. The owner** of the safe **came** to court **and said: I had such and such inside it. Rav Ashi sat and was investigating** the question: **In a case like this, what** is the *halakha*? Does the court believe the claimant or not?

אֲמַר לֵיהּ רָבִינָא לְרַב אַחָא בְּרֵיהּ דְּרָבָא, וְאָמְרִי לָהּ רַב אַחָא בְּרֵיהּ דְּרָבָא לְרַב אַשִׁי: לָאו הַיְינוּ מַתְנִיתִין, דִּתְנַן: וּמוֹדִים חֲכָמִים לְרַבִּי יְהוּדָה, בְּמַדְלִיק אֶת הַבִּירָה שֶׁמְּשַׁלֵּם כׇּל מַה שֶּׁבְּתוֹכוֹ, שֶׁכֵּן דֶּרֶךְ בְּנֵי אָדָם לְהַנִּיחַ בַּבָּתִּים?

Ravina said to Rav Aḥa, son of Rava, and some say that **Rav Aḥa, son of Rava, said to Rav Ashi: Is this not** identical to the case **of the mishna, as we learned** in the mishna: **And the Rabbis concede to Rabbi Yehuda** that if one **sets fire to a building, he pays** compensation **for everything** that was burned **inside it, since it is the** normal **way of people to place** items **in houses?** Similarly, it is the normal way of people to place money in a safe, and the court should rely on the claim of the victim.

אֲמַר לֵיהּ: אִי דְּקָא טָעֵין זוּזֵי – הָכָא נַמִי. הָכָא בְּמַאי עָסְקִינַן – דְּקָא טָעֵין מַרְגָּנִיתָא, מַאי? מִי מַנְחִי אֱינָשֵׁי מַרְגָּנִיתָא בְּכַסְפְּתָא, אוֹ לָא? תֵּיקוּ.

Rav Ashi **said to him: If** the claimant **were to claim** that there were **coins** in the safe, this ruling would apply **here also.** But **with what are we dealing here?** We are dealing with a case **where** the claimant **claims** that there was **a pearl** [*marganita*][HL] in the safe. **What** is the *halakha*? **Do people** typically **place pearls in a safe,** in which case he should be believed, **or not?** The dilemma **shall stand** unresolved.

אֲמַר לֵיהּ רַב יֵימָר לְרַב אַשִׁי: טָעֵין כָּסָא דְּכַסְפָּא בַּבִּירָה, מַאי? אֲמַר לֵיהּ: חָזֵינָא, אִי אִינִישׁ אֲמִיד הוּא דְּאִית לֵיהּ כָּסָא דְּכַסְפָּא, אִי נַמִי אִינִישׁ מְהֵימְנָא הוּא דְּמַפְקְדִי אֱינָשֵׁי גַּבֵּיהּ – מִשְׁתַּבַּע וְשָׁקֵיל, וְאִי לָא – לָאו כֹּל כְּמִינֵּיהּ.

Rav Yeimar said to Rav Ashi: If the one whose home was burned by the fire were to **claim** that he had, among other items, a **silver goblet in the building,**[H] **what** is the *halakha*? Is he believed or not? Rav Ashi **said to him: We view** his situation. **If he is a wealthy person, who** would typically **have a silver goblet, or alternatively, if he is a trustworthy person with whom people entrust** valuable items, he **can take an oath** that this is what he had **and take** compensation according to his claim. **But if** he is **not** such a person, it **is not in his** power to be believed in such a claim.

אֲמַר לֵיהּ רַב אַדָּא בְּרֵיהּ דְּרַב אַוְיָא לְרַב אַשִׁי: מַה בֵּין גַּזְלָן לְחַמְסָן? אֲמַר לֵיהּ: חַמְסָן יָהֵיב דָּמֵי, גַּזְלָן לָא יָהֵיב דָּמֵי.

§ **Rav Adda, son of Rav Avya, said to Rav Ashi:** Concerning two terms used to describe those who take another's property against his will, **a *gazlan* and a *ḥamsan*, what** is the difference **between them?**[N] Rav Ashi **said to him: A *ḥamsan* gives money**[H] for the article that he takes from its owner, albeit against the owner's will, whereas **a *gazlan* does not give money.**[H]

אֲמַר לֵיהּ: אִי יָהֵיב דָּמֵי, חַמְסָן קָרֵית לֵיהּ? וְהָאָמַר רַב הוּנָא: תָּלוּהוּ וְזַבֵּין זְבִינֵיהּ זְבִינֵי! לָא קַשְׁיָא: הָא דְּאָמַר ״רוֹצֶה אֲנִי״, הָא דְּלָא אָמַר ״רוֹצֶה אֲנִי״.

Rav Adda was puzzled by this response and **said to him: If he gives money, do you** still **call him a *ḥamsan*?** Since he pays money for it, he acquires it lawfully, despite the fact that its owner did not sell it voluntarily. **But doesn't Rav Huna say:** If one was **strung up** so that another could coerce him to sell a certain item, **and he sold it,**[H] **his sale is** a valid **sale.** This indicates that a sale under duress is considered a valid sale. Rav Ashi answered: This is **not difficult. This** case, where the sale under duress is legally considered to be a sale, is referring to a case **where he** eventually **says: I want** to sell the item, despite having been forced. By contrast, in **that** case, where the sale is invalid, **he did not say: I want** to sell the item.

BACKGROUND

Safe – כַּסְפְּתָא: In the talmudic times most people had vessels in which they guarded money or valuable items. Sometimes this vessel was made of metal, and sometimes from wood reinforced with steel straps. Usually such boxes were equipped with locks whose keys their owners safeguarded.

HALAKHA

Who kicked a safe belonging to another – דִּבְטַשׁ בְּכַסְפְּתָא דְּחַבְרֵיהּ: If one destroys the property of another, and he does not know the value of the damage, the injured party can take an oath as to the extent of the damage and receive the corresponding amount. This applies only if the items he claims were destroyed are likely to have been in his possession. The authorities are divided as to whether he can take such an oath in the case where the perpetrator denies the claim (Rambam *Sefer Nezikin, Hilkhot Ḥovel UMazik* 7:17–18; *Shulḥan Arukh, Ḥoshen Mishpat* 388:1, and see *Shakh* there).

The claimant claims there was a pearl – דְּקָא טָעֵין מַרְגָּנִיתָא: If the injured party claims that in the safe there were precious items of a type that people do not usually put inside such a container, he is not believed. Nevertheless, if he unilaterally seizes property from the perpetrator as compensation, the court does not then confiscate this from him, provided that he takes an oath to corroborate his claim. The Rema writes that, according to some authorities, even if the injured party produces witnesses to verify his claim, the perpetrator is exempt, since the former was negligent in putting valuable items in such an unsuitable container (Rambam *Sefer Nezikin, Hilkhot Ḥovel UMazik* 7:18; *Shulḥan Arukh, Ḥoshen Mishpat* 388:1, and see *Shakh* there).

A silver goblet in the building – כָּסָא דְּכַסְפָּא בַּבִּירָה: If one sets fire to a building, the injured party can take an oath as to what was inside, and the perpetrator must pay this amount. This applies where the claim involves items that could conceivably have been there based on his wealth, or his having been entrusted with the items by others (Rambam *Sefer Nezikin, Hilkhot Nizkei Mamon* 14:12; *Shulḥan Arukh, Ḥoshen Mishpat* 418:13).

A *ḥamsan* gives money – חַמְסָן יָהֵיב דָּמֵי: A *ḥamsan* is one who seizes another's land against his will, although he does pay for it. Such a person is disqualified as a witness by rabbinical law (Rambam *Sefer Shofetim, Hilkhot Edut* 10:4; *Shulḥan Arukh, Ḥoshen Mishpat* 34:13).

A *gazlan* does not give money – גַּזְלָן לָא יָהֵיב דָּמֵי: A *gazlan*, or robber, is one who takes property belonging to another by force (Rambam *Sefer Nezikin, Hilkhot Gezeila VaAveda* 1:3; *Shulḥan Arukh, Ḥoshen Mishpat* 359:7).

One was strung up and he sold it – תָּלוּהוּ וְזַבֵּין: If one is coerced into selling property, and he eventually sells it and takes the money, even if he was strung up and forced to do so, the sale is effective, whether it involved movable property or land, in accordance with the opinion of Rav Huna. Despite the coercion, the seller ultimately acquiesced and consciously transferred ownership (Rambam *Sefer Kinyan, Hilkhot Mekhira* 10:1; *Shulḥan Arukh, Ḥoshen Mishpat* 205:1).

LANGUAGE

Pearl [*marganita*] – מַרְגָּנִיתָא: The source of this word is the Greek μαργαρίτης, *margaritēs*, with the common exchange of *n* for *r*. Originally the word signified a gemstone and not necessarily a pearl. Even in the talmudic sources it is not clear whether it signifies a pearl or a gemstone in general.

NOTES

A *gazlan* and a *ḥamsan*, what is the difference between them – מַה בֵּין גַּזְלָן לְחַמְסָן: Some explain that the reason this question is raised here, despite seemingly being out of place, is that in the context of the previous discussion about whether robbery is a clearly defined category or whether it includes other cases where one causes a financial loss to another, it is relevant to clarify whether this includes whoever openly acts unlawfully and causes damage to another person (see *Penei Yehoshua*).

Tosafot note that this distinction between a *gazlan* and a *ḥamsan* is not based on the wording used in the Torah, where these terms are used interchangeably, but relates specifically to their usage by the Sages in a *baraita* (see *Sanhedrin* 25b).

מתני׳ גֵּץ שֶׁיָּצָא מִתַּחַת הַפַּטִּישׁ וְהִזִּיק – חַיָּיב.

MISHNA In the case of a **spark**[N] **that emerged from under the hammer**[H] of a blacksmith and started a fire, **causing damage,** the blacksmith is **liable** for the damage caused.

גָּמָל שֶׁהָיָה טָעוּן פִּשְׁתָּן וְעָבַר בִּרְשׁוּת הָרַבִּים, וְנִכְנַס פִּשְׁתָּנוֹ לְתוֹךְ הֶחָנוּת, וְדָלְקוּ בְּנֵרוֹ שֶׁל חֶנְוָנִי וְהִדְלִיק אֶת הַבִּירָה – בַּעַל גָּמָל חַיָּיב, הִנִּיחַ חֶנְוָנִי נֵרוֹ מִבַּחוּץ – הַחֶנְוָנִי חַיָּיב; רַבִּי יְהוּדָה אוֹמֵר: בְּנֵר חֲנוּכָּה – פָּטוּר.

In the case of **a camel that was laden**[H] **with flax and was passing through the public domain, and its flax extended into a store** and the flax **caught fire from a lamp** in the store **belonging to the storekeeper, and** as a result of the burning flax the camel **set fire to the building** together with all its contents, **the owner of the camel** is **liable.** But if **the storekeeper placed his lamp outside,** thereby causing the flax on the camel to catch fire, and consequently the building was set on fire, **the storekeeper is liable. Rabbi Yehuda says: In** a case where the lamp placed outside was a **Hanukkah lamp,**[H] the storekeeper is **exempt,** since it is a mitzva for a Hanukkah lamp to be placed outside.

גמ׳ אֲמַר רָבִינָא מִשְּׁמֵיהּ דְּרָבָא, שְׁמַע מִינָּהּ מִדְּרַבִּי יְהוּדָה: נֵר חֲנוּכָּה מִצְוָה לְהַנִּיחָהּ בְּתוֹךְ עֲשָׂרָה, דְּאִי סָלְקָא דַּעְתָּךְ לְמַעְלָה מֵעֲשָׂרָה, אַמַּאי אָמַר רַבִּי יְהוּדָה: נֵר חֲנוּכָּה – פָּטוּר? לֵימָא לֵיהּ: הֲוָה לֵיהּ לְאַנּוּחָהּ לְמַעְלָה מִגָּמָל וְרוֹכְבוֹ! אֶלָּא לָאו שְׁמַע מִינָּהּ: מִצְוָה לְהַנִּיחָהּ בְּתוֹךְ עֲשָׂרָה.

GEMARA **Ravina said in the name of Rava: Conclude from Rabbi Yehuda's** statement that **the mitzva is to place the Hanukkah lamp within** a height of **ten** handbreadths from the ground **as, if it enters your mind** to say that the mitzva can also be fulfilled by placing it **above ten handbreadths, why did Rabbi Yehuda say that** in the case of a **Hanukkah lamp** placed outside, the storekeeper is **exempt? Let** the owner of the camel **say to the** storekeeper: **You should have placed** the lamp **above the** height **of a camel and its rider** so that the flax would not catch fire. **Rather,** must one **not conclude from** here that Rabbi Yehuda's opinion is that **the mitzva is to place it within ten handbreadths** of the ground and not higher?

אָמְרִי: לָא, לְעוֹלָם אֵימָא לָךְ אֲפִילּוּ לְמַעְלָה מֵעֲשָׂרָה; מַאי אָמְרַתְּ, אִבָּעֵי לָךְ לְאַנּוּחָהּ לְמַעְלָה מִגָּמָל וְרוֹכְבוֹ? כֵּיוָן דִּבְמִצְוָה קָא עָסֵיק, כּוּלֵּי הַאי לָא אַטְרְחוּהּ רַבָּנַן.

The Sages **say** in response: **No,** there is no proof from here. **Actually,** I could **say to you** that one may place a Hanukkah lamp **even above** a height of **ten** handbreadths, and as for **what you said,** that the owner of the camel can claim: **You should have placed** the lamp **above** the height **of a camel and its rider,** in response to this one can say: **Since** the store owner **is performing a mitzva** by placing his Hanukkah lamp outside, **the Sages did not trouble him to such an extent** to have him place his lamp at a height that would be inconvenient for him to reach.

אָמַר רַב כָּהֲנָא, דָּרַשׁ רַב נָתָן בַּר מִנְיוּמִי מִשְּׁמֵיהּ דְּרַבִּי תַּנְחוּם: נֵר חֲנוּכָּה שֶׁהִנִּיחָהּ לְמַעְלָה מֵעֶשְׂרִים אַמָּה – פְּסוּלָה, כְּסוּכָּה וּכְמָבוֹי.

Further on the subject of the height of a Hanukkah lamp, **Rav Kahana says** that **Rav Natan bar Minyumi taught in the name of Rabbi Tanḥum: A Hanukkah lamp that is placed higher than twenty cubits** from the ground is **unfit** to be used for the mitzva, since people do not generally look up to such a height, and the main purpose of the Hanukkah lamp is for it to be seen by others. In this regard, the *halakha* of the height of a Hanukkah lamp is **like** the *halakha* of the height of **a** ***sukka*** and the *halakha* of the height of a cross beam at the entrance to **an alleyway,**[N] which are unfit for their respective purposes if they are higher than twenty cubits.

הדרן עלך הכונס

NOTES

Spark – גֵּץ: According to most commentaries, this refers to a small spark from the blacksmith's hammer, whereas in the *Arukh* it is explained to mean a heated piece of metal that flies a long way off.

Unfit like a ***sukka*** **and an alleyway, etc. – פְּסוּלָה כְּסוּכָּה וּכְמָבוֹי וכו׳:** *Tosafot* ask why the Gemara states that the Hanukkah lamp is unfit to be used for the mitzva rather than simply stating that it should be lowered. They answer that since the case of *sukka* is also listed, which is by Torah law, the term unfit is appropriate. Furthermore, if one would merely lower the kindled lamp, he would not have fulfilled the mitzva, since it is the actual kindling of the lamp that constitutes the mitzva. Rather, he is required to extinguish the flame and rekindle it in its new position.

HALAKHA

A spark that emerged from under the hammer – גֵּץ שֶׁיָּצָא מִתַּחַת הַפַּטִּישׁ: If a spark flies off the hammer of a blacksmith and causes damage, it is comparable to one shooting an arrow, and he is liable (Rambam *Sefer Nezikin, Hilkhot Ḥovel UMazik* 6:11; *Shulḥan Arukh, Ḥoshen Mishpat* 384:2).

A camel that was laden, etc. – גָּמָל שֶׁהָיָה טָעוּן וכו׳: If a camel bearing a load of flax is passing through the public domain, and the flax protrudes into a store and catches fire from the storekeeper's lamp, causing the building to be set on fire, the owner of the camel is liable because he placed too large a load on the camel. If the storekeeper placed his lamp outside, he is liable to pay all of the damages, including to the owner of the camel. This applies even in the case of a Hanukkah lamp, in accordance with the opinion of the Rabbis (Rambam *Sefer Nezikin, Hilkhot Nizkei Mamon* 14:13; *Shulḥan Arukh, Ḥoshen Mishpat* 418:12).

Hanukkah lamp – נֵר חֲנוּכָּה: The proper way to perform the mitzva of the Hanukkah lamp is to place it between three and ten handbreadths from the ground. Nevertheless, if one places it higher than this, he has still fulfilled his obligation. If it is higher than twenty cubits, he has not fulfilled his obligation, in accordance with the opinion of Ravina in the name of Rav. The Rif and Rambam do require the lamp to be within ten handbreadths of the ground, since the proof from the mishna is rejected by the Gemara (Rambam *Sefer Zemanim, Hilkhot Megilla VaḤanukka* 4:7; *Shulḥan Arukh, Oraḥ Ḥayyim* 671:6).

Summary of **Perek VI**

This chapter addressed two primary topics. The first section completed the *halakhot* of acts of damage classified as Eating or Trampling. The second section dealt with acts of damage classified as Fire.

The Sages said that the Torah is not as stringent with the requirements for safeguarding with regard to Eating and Trampling as it is with regard to Goring. For this reason, if one puts his animal in a safe enclosure that is locked properly, and yet the animal emerges and causes damage, he is exempt from liability. In such cases the owner pays only for the value of his own benefit from the damage, e.g., the money he saved by not having to feed the animal. He is not required to pay compensation for the damage caused.

In terms of the amount of compensation paid for damage, if the animal ate unripe produce, the damage is assessed relative to an area sixty times larger than the area that was damaged. The amount for which one is liable is the prior value of the larger area less the current value of that larger area. This is the assessment whether the animal damaged a part of a field, a tree, a bush, or any produce that has not fully ripened. If the animal damaged ripe produce, the compensation is simply the value of the produce that was damaged.

In general, one is liable for acts of damage classified as Eating only if that damage occurred in private property belonging to another. Nevertheless, if one gave permission to another to store produce in his field, the owner of the field is liable if his animal damages that produce.

Tangential to the discussion of damages, the Gemara cited several instances in which one is exempt according to human laws but liable according to the laws of Heaven. Although, for technical reasons, the court does not obligate one to pay compensation for these kinds of damage, there is nevertheless a moral imperative to pay for the damage. One who does not pay for causing damage in instances such as these is considered evil both in the eyes of Heaven and in the eyes of others.

The main topic of this chapter is acts of damage classified as Fire. One who kindles a fire and does not adequately safeguard it is liable to pay for the damage caused. This is the *halakha* whether an item is destroyed completely, singed, or damaged in any other way due to the fire. An act of damage classified as Fire has a unique exemption: One is not liable for damage caused to items that are hidden from view. This exemption applies to items concealed within a stack of grain in a field and to similar cases. Despite this, if one's fire destroys the home of another, he must pay full compensation for everything contained within it that is common to keep there. This latter principle applies not only to an act of damage classified as Fire, but to any damage caused to items that it is common to keep in that location.

The Torah is lenient with the *halakhot* of an act of damage classified as Fire, and provided one safeguards his fire adequately, he is not liable for damage caused. Therefore, one who kindles a fire within his own property and exercises all due caution, distancing it appropriately from the borders of his property or ensuring that a fence, body of water, or empty space separates the fire from anything that it could potentially damage, is not liable to pay compensation for damage caused.

In a case where there is liability for damage caused by a fire, the one who caused the fire to spread is liable for the damage. If there were several partners involved in kindling the fire, the one who is the proximate cause is liable. For example, if an animal caused a previously controlled fire to blaze beyond control and cause damage, the owner of the animal is liable.

If one appoints a halakhically competent agent to kindle a fire on his behalf, the agent is liable for any damage subsequently caused. If the agent is not halakhically competent, the one who designated him is exempt according to human laws but liable according to the laws of Heaven. If he gave combustible materials to the agent that would definitely cause a fire, the court can also obligate him to pay compensation.

Image **Credits**

My Notes

My Notes

Contents

For the vocalized Vilna Shas layout, please open as a Hebrew book.

- Critical contextual tools surround the text and translation: personality notes, providing short biographies of the Sages; language notes, explaining foreign terms borrowed from Greek, Latin, Persian, or Arabic; and background notes, giving information essential to the understanding of the text, including history, geography, botany, archaeology, zoology, astronomy, and aspects of daily life in the talmudic era.
- Halakhic summaries provide references to the authoritative legal decisions made over the centuries by the rabbis. They explain the reasons behind each halakhic decision as well as the ruling's close connection to the Talmud and its various interpreters.
- Photographs, drawings, and other illustrations have been added throughout the text – in full color in the Standard and Electronic editions, and in black and white in the Daf Yomi edition – to visually elucidate the text.

This is not an exhaustive list of features of this edition, it merely presents an overview for the English-speaking reader who may not be familiar with the "total approach" to Talmud pioneered by Rabbi Steinsaltz.

Several professionals have helped bring this vast collaborative project to fruition. My many colleagues are noted on the Acknowledgments page, and the leadership of this project has been exceptional.

RABBI MENACHEM EVEN-ISRAEL, DIRECTOR OF THE STEINSALTZ CENTER, was the driving force behind this enterprise. With enthusiasm and energy, he formed the happy alliance with Koren and established close relationships among all involved in the work.

RABBI DR. TZVI HERSH WEINREB שליט״א, EDITOR-IN-CHIEF, brought to this project his profound knowledge of Torah, intellectual literacy of Talmud, and erudition of Western literature. It is to him that the text owes its very high standard, both in form and content, and the logical manner in which the beauty of the Talmud is presented.

RABBI JOSHUA SCHREIER, EXECUTIVE EDITOR, assembled an outstanding group of scholars, translators, editors, and proofreaders, whose standards and discipline enabled this project to proceed in a timely and highly professional manner.

RABBI MEIR HANEGBI, EDITOR OF THE HEBREW EDITION OF THE STEINSALTZ TALMUD, lent his invaluable assistance throughout the work process, supervising the reproduction of the Vilna pages.

RAPHAËL FREEMAN, EXECUTIVE EDITOR OF KOREN, created this Talmud's unique typographic design which, true to the Koren approach, is both elegant and user friendly.

It has been an enriching experience for all of us at Koren Publishers Jerusalem to work with the Steinsaltz Center to develop and produce the *Koren Talmud Bavli*. We pray that this publication will be a source of great learning and, ultimately, greater *avodat Hashem* for all Jews.

Matthew Miller, Publisher
Koren Publishers Jerusalem
Jerusalem 5772

Introduction by the Publisher

The Talmud has sustained and inspired Jews for thousands of years. Throughout Jewish history, an elite cadre of scholars has absorbed its learning and passed it on to succeeding generations. The Talmud has been the fundamental text of our people.

Beginning in the 1960s, Rabbi Adin Even-Israel Steinsaltz שליט"א created a revolution in the history of Talmud study. His translation of the Talmud, first into modern Hebrew and then into other languages, as well the practical learning aids he added to the text, have enabled millions of people around the world to access and master the complexity and context of the world of Talmud.

It is thus a privilege to present the *Koren Talmud Bavli*, an English translation of the talmudic text with the brilliant elucidation of Rabbi Steinsaltz. The depth and breadth of his knowledge are unique in our time. His rootedness in the tradition and his reach into the world beyond it are inspirational.

Working with Rabbi Steinsaltz on this remarkable project has been not only an honor, but a great pleasure. Never shy to express an opinion, with wisdom and humor, Rabbi Steinsaltz sparkles in conversation, demonstrating his knowledge (both sacred and worldly), sharing his wide-ranging interests, and, above all, radiating his passion. I am grateful for the unique opportunity to work closely with him, and I wish him many more years of writing and teaching.

Our intentions in publishing this new edition of the Talmud are threefold. First, we seek to fully clarify the talmudic page to the reader – textually, intellectually, and graphically. Second, we seek to utilize today's most sophisticated technologies, both in print and electronic formats, to provide the reader with a comprehensive set of study tools. And third, we seek to help readers advance in their process of Talmud study.

To achieve these goals, the *Koren Talmud Bavli* is unique in a number of ways:

- The classic *tzurat hadaf* of Vilna, used by scholars since the 1800s, has been reset for great clarity, and opens from the Hebrew "front" of the book. Full *nikkud* has been added to both the talmudic text and Rashi's commentary, allowing for a more fluent reading with the correct pronunciation; the commentaries of *Tosafot* have been punctuated. Upon the advice of many English-speaking teachers of Talmud, we have separated these core pages from the translation, thereby enabling the advanced student to approach the text without the distraction of the translation. This also reduces the number of volumes in the set. At the bottom of each *daf*, there is a reference to the corresponding English pages. In addition, the Vilna edition was read against other manuscripts and older print editions, so that texts which had been removed by non-Jewish censors have been restored to their rightful place.
- The English translation, which starts on the English "front" of the book, reproduces the *menukad* Talmud text alongside the English translation (in bold) and commentary and explanation (in a lighter font). The Hebrew and Aramaic text is presented in logical paragraphs. This allows for a fluent reading of the text for the non-Hebrew or non-Aramaic reader. It also allows for the Hebrew reader to refer easily to the text alongside. Where the original text features dialogue or poetry, the English text is laid out in a manner appropriate to the genre. Each page refers to the relevant *daf*.

Steinsaltz Center

Executive Director, Steinsaltz Center

Rabbi Meni Even-Israel

Managing Editor

Rabbi Jason Rappoport

Senior Content Editor

Rabbi Dr. Shalom Z. Berger

Editors

Rabbi Dr. Joshua Amaru, *Coordinating Editor*
Rabbi Avishai Magence, *Content Curator*
Tal Avrahami
Aryeh Bernstein
Menucha Chwat
Rabbi Yoel Domb
Rabbi Yehoshua Duker
Betzalel Philip Edwards
Rabbi Yonatan Shai Freedman
Raphael Friedman
Rabbi Uri Goldstein
Rabbi Alan Haber
Rabbi Tzvi Chaim Kaye
Stephen Lauber
Sholom Licht
Elisha Loewenstern
Rafi Miller
Rabbi Eli Ozarowski
Rabbi David Sedley
Shira Shmidman
Rabbi Michael Siev
Avi Steinhart

Copy Editors

Aliza Israel, *Coordinator*
Bracha Hermon
Ita Olesker
Debbie Ismailoff
Shira Finson
Ilana Sobel
Deena Nataf
Eliana Kurlantzick Yorav
Erica Hirsch Edvi
Nava Wieder
Sara Henna Dahan

Language Consultants

Dr. Stephanie E. Binder, *Greek & Latin*
Rabbi Yaakov Hoffman, *Arabic*
Dr. Shai Secunda, *Persian*
Shira Shmidman, *Aramaic*

KOREN

Design & Typesetting

Dena Landowne Bailey, *Typesetting*
Tani Bayer, *Jacket Design*
Raphaël Freeman, *Design & Typography*

Images

Eliahu Misgav, *Illustration & Image Acquisition*
Daniel Gdalevich, *Illustration & Image Acquisition*

הִנֵּה יָמִים בָּאִים, נְאֻם אֲדֹנָי יֱהֹוִה, וְהִשְׁלַחְתִּי רָעָב בָּאָרֶץ,
לֹא־רָעָב לַלֶּחֶם וְלֹא־צָמָא לַמַּיִם, כִּי אִם־לִשְׁמֹעַ אֵת דִּבְרֵי יהוה.

Behold, days are coming – says the Lord God – I will send a hunger to the land, not a hunger for bread nor a thirst for water, but to hear the words of the Lord. (AMOS 8:11)

The Noé edition of the Koren Talmud Bavli
with the commentary of Rabbi Adin Even-Israel Steinsaltz
is dedicated to all those who open its covers
to quench their thirst for Jewish Knowledge,
in our generation of Torah renaissance.

This beautiful edition is for the young, the aged,
the novice and the savant alike,
as it unites the depth of Torah knowledge
with the best of academic scholarship.

Within its exquisite and vibrant pages,
words become worlds.

It will claim its place in the library of classics,
in the bookcases of the Beit Midrash,
the classrooms of our schools,
and in the offices of professionals and business people
who carve out precious time to grapple with its timeless wisdom.

For the Student and the Scholar

DEDICATED BY LEO AND SUE NOÉ

Supported by the Matanel Foundation

Koren Talmud Bavli, The Noe Edition
Vol. 21d: Tractate Bava Kamma, Daf 55b through Daf 62b
Paperback, ISBN, 978-965-7765-97-5

First Hebrew/English paperback edition, 2023

Koren Publishers Jerusalem Ltd.
PO Box 4044, Jerusalem 91040, ISRAEL
PO Box 8531, New Milford, CT 06776, USA
www.korenpub.com

Steinsaltz Center

Steinsaltz Center is the parent organization of institutions established by Rabbi Adin Even-Israel Steinsaltz

PO Box 45187, Jerusalem 91450 ISRAEL
Telephone: +972 2 646 0900, Fax +972 2 624 9454
www.steinsaltz-center.org

Printed in Turkey

תלמוד בבלי

KOREN TALMUD BAVLI

THE NOÉ EDITION

בבא קמא

BAVA KAMMA

Daf 55b through Daf 62b

COMMENTARY BY

Rabbi Adin Even-Israel Steinsaltz

EDITOR-IN-CHIEF

Rabbi Dr Tzvi Hersh Weinreb

SENIOR CONTENT EDITOR

Rabbi Dr Shalom Z Berger

EXECUTIVE EDITOR

Rabbi Joshua Schreier

•

STEINSALTZ CENTER

KOREN PUBLISHERS JERUSALEM

Koren Talmud Bavli
THE NOÉ EDITION

BAVA KAMMA

Steinsaltz Center

KOREN